제2판

통합교육을 위한 보조공학

노석준 · 나경은 역

Lawrence A. Beard(Jacksonville State University)
Laura Bowden Carpenter(Auburn University at Montgomery)
Linda B. Johnston(The University of Tennessee at Chattanooga)

동 문 사

Vice President and Editor in Chief: Jeffery W. Jonston
Executive Editor: Ann Castel Davis
Editorial Assistant: Penny Burleson
Vice President, Director of Marketing: Quinn Perkson Marketing Manager: Erica DeLuca
Senior Managing Editor: Pamela D. Bennett Production Manager: Meghan DeMaio Creative **Director**: Jayne Conte
Cover Designer: Broce Kenselaar
Cover Image: Fotosearch.Com, LLC/Royalty Free
Full-Service Project Management/Composition: Joseph Barnabas Malcolm / GGS Higher Education Resources, PMG
Printer/Binder/Cover Printer: R.R. Donnelley & Sons Text Font: Palatino

Credits and acknowledgments borrowed from other sources and reproduced, with permission, in this textbook appear on appropriate page within text.

Every effort has been made to provide accurate and current Internet information in this book. However, the Internet and information posted on it are constantly changing, so it is inevitable that some of the Internet addresses listed in this textbook will change.

Library of Congress Cataloging-in-Publication Data
Beard, Lawrence A.
Assistive technology: access for all students / Lawrence A. Beard, Laura Bowden Carpenter, Linda Johnston.-2nd ed.
p. cm.
Prev. ed. cataloged under Johnston, Linda.
Includes index.
ISBN-13:978-0-13-705641-5
ISBN-10: 0-13-705641-9
1. Children with disabilities-Education-United States. 2. Self-help devices for people with disabilities-United States. 3. Special education-Technological innovations-United States. I. Carpenter, Laura Bowden. II. Johnston, Linda. ill. Johnston, Linda., Assistive technology. IV. Title.
LC4019.J576 2007
371. 9'0433-dc22

2010005165

10 9 8 7 6 5 4 3 2 1

ISBN 10: 0-13-705641-9
www.pearsonhighered.com ISBN 13: 978-0-13-705641-5

역자 서문

이 책 『통합교육을 위한 보조공학』은 Beard, L. A., Carpenter, L. B., & Johnston, L. B. (2011). *Assistive Technology: Access for All Students* (2nd Ed.). Pearson: Boston.을 번역한 것이다.

본 대표 역자가 이 책을 번역하게 된 계기는 다음과 같다. 개인적으로, 교육공학을 전공하면서 특히 원격교육을 위한 교수설계 분야 중 장애인을 위한 웹 접근성에 관심을 가지고 있었던 본 대표 역자는 해당 분야를 연구하면 할수록 장애인 관련 제반 분야에 대한 충분한 이해 없이는 웹 접근성을 고려한 교수설계를 하는 데 한계가 있음을 느끼게 되었다. 그 결과, 당시 전공인 교육공학뿐만 아니라 부전공을 하고 있었던 인지과학(Cognitive Science) 외에 특수교육(Special Education)을 복수전공하기로 결심하고 특수교육 관련 교과목들을 수강하면서 전공인 교육공학과 보다 밀접한 관련이 있는 보조공학(Assistive Technology)에 보다 관심을 갖게 되었다.

당시 본 대표 역자는 특수교육전공에서 요구하는 모든 교과목을 수강하였으나 경제적인 이유 때문에 1년간의 인턴십(Internship)을 마칠 수 없어 최종적으로 특수교육을 부전공으로 끝마치게 되었다. 그러나 전공인 교육공학에서 원격교육과 관련한 교수설계, 특히 웹 접근성을 고려한 원격교수설계에 관한 연구 및 한국형 웹 접근성 지침 제정 등과 관련된 활동들을 하면서 다양한 특성을 지닌 장애인을 위한 보조공학에 대한 최근 기술 동향, 이슈 등에 관한 연구 및 관련 자원(resources)에 대한 재검토의 필요성을 절감하면서 보조공학과 관련한 다양한 참고자료들을 살펴보게 되었다. 이 책의 제1판 역시 그러한 과정에서 보게 되었다.

이후, 특수교육, 특히 장애인의 특성, 보조공학, 웹 접근성을 고려한 원격교육 교수설계에 관한 연구나 관련 활동들에 참여할 때마다 이 책의 제1판을 참고하게 되었다. 특히, 이 책의 제1판을 볼 때마다 비록 그 두께는 그렇게 두껍지 않지만 다루고 있는 내용의 포괄성과 최신성, 체계적인 구성 등이 보조공학에 관한 다른 어떤 책들보다 더 우수하다고 생각했다. 그러던 차에, 최근에 제2판이 보다 최신의 자료와 내용으로 업그레이드되어 출판되었음을 알게 되었고, 반가운 마음에 곧바로 인터넷을 통해 주문하여 읽어 보게 되었다. 특히, 제2판은 특수교육 및 교육공학 분야 등에서 최근에 핫이슈로 다루어지고 있는 보편적 학습설계(Universal Design for Learning: UDL)와 원격교육(Distance Education) 부분을 보다 심도 있게 다루고 있어, 관련 분야의 최신 동향과 보조공학과의 관련성 등을 살펴보는 데 매우 도움이 되었다. 바로 이러한 이유 때문에, 본 대표 역자는 이 책이 관련 분야에 관심을 가지고 있는 사람들에게도 해당 분야를 이해하는 데 매우 도움이 될 것이라 생각하였으며, 그 결과 제2판을 번역하기로 결심하게 되었다.

이 책은 총 10장으로 구성되어 있다. 제1장에서는 보조공학의 개념을 포함하여 보조공학 관련 제반 법률들을 개관하고, 제2장에서는 보조공학, 보편적 학습설계, 그리고 중재반응에 대하여 살펴보며, 제3장은 보조공학 평가를 위한 모형들과 평가팀 구성원 및 역할, 평가 단계 등에 대하여 다루고 있다. 제4장부터 제9장까지는 영・유아에서부터 성인기까지의 인간발달 단계별 및 고빈도 발생 장애, 자세유지와 이동, 의사소통, 감각장애와 같은 장애 유형별 보조공학에 대하여, 그리고 제10장은 원격교육을 위한 보조공학에 대하여 심층적으로 다루고 있다.

이미 언급한 바와 같이, 이 책은 독자로 하여금 보조공학에 관한 최근 연구 성과뿐만 아니라 최신 정보를 제공해 주고 있다. 또한, 학습과제, 학습점검, 학습을 위한 보조공학, 보조공학 스냅샷, 보조공학 적용, 여백의 각주, 참고자료 사이트와 같은 여러 가지 교육적인 특징을 지닌 섹션들을 통해 학습자로 하여금 해당 내용을 보다 심도 있게 이해할 수 있도록 해 주고 있다. 특히, 각 장의 서두에 제시된 보조공학 스냅샷은 구체적인 사례를 통해 해당 장의 내용에 대한 이해가 왜 필요한지에 대한 문제를 제기할 뿐만 아니라 해당 문제의 복잡성 등을 잘 드러내 주고 있으며, 보조공학 적용은 해당 장을 통해 습득한 지식을 실제 사태에 적용해 볼 수 있는 기회를 제공하고 있어 교수자뿐만 아니라 학습자에게 교육내용에 대한 실제성(authenticity)을 극대화해 주고 있다. 또한, 여백의 각주는 해당 내용을 이해하는 과정에서 고려해 볼 수 있는 문제나 이슈, 자료 등을 제시함으로써 독자의 사고의 폭을 확장시켜 준다. 역자들은 이 책의 바로 이러한 우수한 교육적인 특징들 때문에, 이 역서가 보조공학 교수자뿐만 아니라 학습자, 그 외 보조공학에 관심을 갖고 있는 모든 사람들에게 보조공학을 이해하는 데 매우 커다란 도움이 되리라 확신한다.

본 대표 역자는 매번 역서를 낼 때마다 역자 스스로 능력의 한계를 느낀다. 다른 역자 역시 마찬가지 경험을 했으리라 생각한다. 특히, 우리나라의 경우 최근에 보조공학에 관한 활발한 연구가 진행되고 있음에도 불구하고 보조공학 연구 및 실제에 관한 역사가 그렇게 길지 않아 다양한 보조공학 및 장애유형 등에 대한 정확한 명칭이나 개념 등이 제대로 정립되어 있지 않은 실정이다. 그 결과, 장애나 보조공학 관련 용어 등을 번역하는 데 있어 많은 어려움을 겪었음에도 불구하고 독자들에게는 해당 용어 등이 여전히 적절하게 번역되었다고 보지 않을 수도 있다. 일부 오역의 가능성을 포함하여, 이러한 문제는 모두 역자들의 역량 부족으로 인한 문제라고 생각하며, 향후 수정할 기회가 있으면 독자 여러분들의 피드백을 최대한 수렴하여 반영하고자 한다. 특히, 용어의 번역 시 특수교육학용어사전(국립특수교육원, 2009)을 참조하였음을 밝힌다.

본 역서가 나오기까지 많은 분들의 노고가 있었다. 우선, 본 역서가 나올 수 있도록 흔쾌히 출판을 수락해 주시고 용기를 북돋아 주신 도서출판 동문사의 이중수 사장님과 유재영 부장님, 그리고 편집팀 여러분께 진심으로 감사를 드린다. 아울러, 1차 번역이 된 후 교정 등을 도와준 성신여자대학교 조아라, 서지혜 두 대학원생에게도 고마움을 표한다.

끝으로, 무엇보다도 이 책을 번역하느라 방학 중임에도 불구하고 많은 시간을 함께 하지 못한 아내 안영옥과 딸 수민에게도 미안한 마음과 함께 번역 작업에 전념할 수 있도록 도와준 것에 고마움을 표한다.

2011년 3월

성신여자대학교 수정관 연구실에서

역자 대표 노석준

서 두

제2판에서 새로운 것

『통합교육을 위한 보조공학』 제2판은 현직교사와 예비교사에게 보조공학(assistive technology: AT)에 관한 소개와 장(章) 개관을 제공한다. 이 책은 장애 학생의 다양한 요구를 충족시키기 위해 예비교사와 현직교사를 훈련시키기 위한 자료와 지침이다. 아울러, 제2판은 장애 학생이 중등 후 교육(postsecondary education)과 퇴직 후 기회(post-employment opportunity)라는 도전에 대처할 수 있도록 준비하고 있는 교육자에게도 적합하다. 제2판은 다음과 같은 내용을 포함하고 있다.

- 도입 장(제1장)은 AT와 관련된 구체적인 법률에 관한 갱신을 위해 재구조화되었고, 윤리적인 실천기준과 전문성 개발을 포함하였다.
- 이번 판은 보편적 학습설계(Universal Design for Learning: UDL)와 중재 반응 모델(Response To Intervention: RTI), 그리고 AT가 이 각각에서 얼마나 중요한 역할을 수행하는지에 관한 새로운 장(제2장)을 포함하고 있다.
- 제3장~제8장은 서비스에 관한 AT 장치와 애플리케이션의 활용 부문에서 현행 증거기반 실제(evidence-based practice)를 보여주기 위하여 갱신되었다.
- 제9장은 학생이 지역사회중심프로그램(community-based programs)에서 성공적인 학습자가 될 수 있도록 도와주는 데 있어서의 AT의 역할을 강조한다.
- 제10장은 AT가 어떻게 장애인이 대인 간 네트워크와 소셜 네트워크에 접근할 수 있도록 해 주는지를 기술한다.
- 모든 장은 최신 AT 자원(resources)으로 갱신되었다.

제2판은 다음과 같은 전제(premises)를 소개하고 확장함으로써 독자에게 도움을 줄 것이다.

- 교육자는 현재 매우 다양한 배경을 지닌 다양한 학생을 가르친다.

교육자가 교실과 직장(workplace) 모두에서 AT를 요구하는 법률(laws)과 입법(legislation)을 알고 이해하는 것이 중요하다. 교육자는 교수를 차별화해야 하고, 이러한 노력을 달성하기 위한 방법을 이해해야 한다. AT는 RTI와 UDL의 원리를 준수하기 위한 핵심적이고 강력한 방법이다.

- 교육자는 윤리(ethics)를 AT에 적용할 때 그것에 관한 이해를 가지고 있어야 한다. 교육자는 또한 다양한 윤리규범(codes of ethics)과 어떻게 윤리를 AT의 사용과 관련지을 것인지, 그리고 자신이 이러한 행동 규범에 의해 제한되고 있다는 것을 이해해야 한다. 전문성 개발(professional development)은 전문가의 의무 중 일부분이다.
- 현직교육자와 예비교육자는 개별 학생의 독특한 요구를 충족하기 위하여 다양한 유형의 적응(adaptation)에 관한 지식기반(knowledge base)을 갖추고 있어야 한다. 교육자는 학생의 삶의 모든 측면에서 이러한 적응을 행하는 방법을 이해할 필요가 있다. AT는 학생을 위해 적응될(adapted) 수 있는 수단이다. 적응은 태어날 때부터 시작되며 성인기까지 지속된다. 이것은 유치원 환경에서 시작되어 학생이 중등 후 고용 부문(employment sector)으로 전환될 때까지 지속된다.
- 현직교육자와 예비교육자는 자신이 이용할 수 있는 다양한 유형의 AT와 그러한 장치가 어디에 있고 그것을 위한 자금지원을 찾는 방법을 이해해야 한다.
- 지역사회중심서비스(community-based services)는 교실의 지식을 성인세계로 일반화하고 적용하는 데 필수적이다. AT는 장애 학생이 성공적인 성인이 되도록 도와주는 데 있어 중요한 도구로 사용된다.

이 책의 구조

이 책은 10개의 장으로 구성되어 있다. 제1장은 도입부분으로서, 독자에게 AT의 사용을 통제하는 법률에 대한 장(章) 개관(overview)과 AT에 적용되는 윤리에 관한 개요(synopsis)를 제공한다. 이 책에서 새로운 것은 RTI와 UDL에 관한 장(제2장)이다. 제2장은 일반교육 교육과정을 모든 학생이 접근 가능하도록 만드는 데 있어 이 두 가지가 어떻게 서로 상보적인지를 보여준다.

특 징

구조상의 특징: 각 장은 장(章) 개관(Chapter View)과 학습과제(Chapter Focus)로 시작한다. 이 두 가지 특징은 각 장에서 다루어지는 개요(overview)와 소개(introduction)를 제공한다. 학습점검(Chapter Review)은 각 장의 끝부분에서 요약을 제공한다.

보조공학 스냅샷: 각 장은 AT의 사용 및 이해와 관련된 실제 상황에 관한 심층적인 스냅샷(snapshot)을 포함하고 있다. AT 스냅샷은 각 장의 전체에서 구체적인 정보와 관련되어 언급된다.

학습을 위한 보조공학: 학습을 위한 보조공학(AT for Student Learning) 부분은 AT를 직접적으로 학생의 학습에 연결시킨다. 이 부분은 구체적이며, 해당 장에서 다루어진 정보에 기초한다.

보조공학 적용(spotlight): 각 장의 이 부분은 해당 장에서 다루어진 정보를 적용할 수 있는 AT의 특징에 초점을 둔다. 이는 독자에게 AT를 실제에 적용할 수 있도록 해준다.

여백의 주석: 각 장은 여백에 주석(notes)을 담고 있는데, 이것은 독자에게 다른 유형의 상황에 반응하도록 요구한다. 이 주석은 독자에게 읽었던 것을 적용할 수 있는 기회를 제공한다.

다양성: 이 책 전체에서 다양한 주제가 광범위하게 다루어진다.

참고자료 웹사이트: 참고자료 웹사이트(Companion Website)는 많은 다른 유형의 개인과 관련된 실제 상황과 관련된 파워포인트 슬라이드와 AT 활용 활동에 관한 자료를 포함하고 있다. 각 장에서 특색 있게

언급한 AT 자원은 참고자료 웹사이트에서 직접 연결할 수 있다.

감사의 말씀

이 책이 보다 좋은 책이 될 수 있도록 의견과 제안을 해 주신 다음과 같은 검토자 모두에게 감사를 드린다. Marygrove College의 Steffanie Bowles, Tennessee State University의 Sumita Chakraborti-Ghosh, James Madison University의 Richard Evans, Jr., University of Louisville의 Mary Hilsenbeck, 그리고 Eastern Michigan University의 Ann Orr가 그분들이다.

University of Alabama에서 박사학위 과정 중에 우리를 지도해 주시고 멘토해 주신 Raymond Elliott, Tommy Russell, 그리고 Charlie Horne 박사님들께도 감사드린다.

우리에게 다양한 학습자가 함께 일할 수 있도록 모든 교육자를 준비시키는 것의 중요성을 일깨워 준 우리 각자의 대학교의 예비교사들에게도 감사드린다.

내가 말하는 것을 항상 알지는 못하지만 여전히 들어주시는 어머니 Nita, 여동생 Cindy, 그리고 형 Kris에게 감사드린다. 나에게 자필 복사본이 eBay에서는 더 값이 나간다는 것을 상기시켜 줌으로써 계속적으로 그렇게 하도록 해준 딸 Laurel에게도 고마움을 표한다. 내가 올바른 방향으로 가도록 밀거나 잡아당기는 것을 결코 주저하지 않는 나의 가장 친한 친구이자 오른팔인 Patricia Hill에게도 용기를 북돋아 준 것에 대해 고마움을 표한다. Jacksonville State University의 교직원과 행정가에게도 내가 지속적으로 이 일을 할 수 있도록 허락해 준 것에 대해 감사드린다. 마지막으로, 내가 긴장을 늦추지 않도록 난해한 질문을 계속해서 묻는 Jacksonville State University의 현재 그리고 미래 교사들에게 감사드린다.

-Lawrence A. Beard -

나는 나의 동료이자 공동저자인 Larry와 Linda에게 감사드린다. 이 프로젝트는 진실로 협력적인 노력의 결과였다. 당신들 두 사람은 헌

신적이고, 창의적이며, 식견이 높고, 열정적이었다. 당신들이 최고다! 나는 오랜 친구인 Randy Estes의 우정에 감사를 표한다. Randy는, 특수교육자가 효과적인 교육자가 되어야 하는 이유를 지속적으로 상기시켜 주는 것을 포함하여, 나에게 인생에서 중요한 것에 초점을 맞추도록 해 주었다. 남편 Jim은 내 생애 작품을 위해 계속적으로 용기를 북돋아 주고 지원을 해 주었다. 나의 모든 꿈이 실현될 수 있도록 도와준 것에 대해 감사드린다.

-Laura Bowden Carpenter-

나의 삶의 빛이며 계속적으로 용기를 북돋아 주고 내가 노력을 할 수 있도록 지원해 준 남편 Charlie에게 감사드린다. 나에게 모든 예비교사를 준비시키는 데 있어 실천성을 인식시켜 주고 상기시켜 주는 교육자들인 딸과 사위 Becky와 Paul에게도 고마움을 표한다. 예비교사를 준비시키는 데 있어 내가 하는 모든 것의 미래를 나타내는 선지자들인 Emma Campbell과 Liam에게도 고마움을 표한다. 나에게 영감을 불어넣어 주는 Nickolas와 Kevin, 나에게 용기를 불어넣어 주고 계속적으로 많은 기회를 제공해 준 학과장이신 Valerie Rutledge 박사님, 그리고 마지막으로 공동저자들에게도 감사드린다. 이 2판에서 여러분들과 함께 연구할 수 있었던 것은 즐거운 일이었다.

-Linda B. Johnston-

차 례

역자 서문 ---- iii
서 두 ---- vi
제2판에서 새로운 것 ---- vi
이 책의 구조 ---- vii
감사의 말씀 ---- ix

제1장
보조공학: 도입과 개요

보조공학 스냅샷 ---- 2
보조공학 소개 ---- 3
법률과 보조공학 ---- 4
보조공학 연속선 ---- 14
보조공학을 위한 자금지원 ---- 17
보조공학과 윤리적 실무표준 ---- 20
전문성 개발 ---- 24
학습을 위한 보조공학 ---- 26
[보조공학 적용 1-1] ---- 31
[보조공학 적용 1-2] ---- 31
학습점검 ---- 31
참고문헌 ---- 34

제2장
보조공학, 보편적 학습설계, 중재반응

보조공학 스냅샷 ---- 38
보편적 학습설계: 소개 ---- 38
중재반응 ---- 43

RTI와 UDL ········ 44
AT: UDL과 RTI ········ 45
학습을 위한 보조공학 ········ 46
[보조공학 적용 2-1] ········ 47
학습점검 ········ 47
참고문헌 ········ 48

제3장
보조공학: 평가

보조공학 스냅샷 ········ 52
협력팀 구성 ········ 54
보조공학을 위한 의뢰와 사정 ········ 67
학습을 위한 보조공학 ········ 77
[보조공학 적용 3-1] ········ 78
학습점검 ········ 79
참고문헌 ········ 81

제4장
어린 아동을 위한 보조공학

보조공학 스냅샷 ········ 84
유아특수교육 ········ 85
전 환 ········ 88
보조공학과 서비스 전달 ········ 90
학습을 위한 보조공학 ········ 95
[보조공학 적용 4-1] ········ 105
학습점검 ········ 106
참고문헌 ········ 109

제5장
고빈도 발생 장애 학생을 위한 보조공학

보조공학 스냅샷 ··· 112
고빈도 발생 장애 ··· 113
보조공학과 학문 ··· 115
학습을 위한 보조공학 ··· 123
[보조공학 적용 5-1] ··· 130
학습점검 ··· 130
참고문헌 ··· 132

제6장
자세유지와 이동성을 위한 보조공학

보조공학 스냅샷 ··· 136
정형외과적 손상 ··· 137
일반교육 교육과정에의 접근을 위한 자세유지 ··· 138
이동을 위한 보조공학 ··· 142
학습을 위한 보조공학 ··· 150
[보조공학 적용 6-1] ··· 154
학습점검 ··· 155
참고문헌 ··· 157

제7장
의사소통을 위한 보조공학

보조공학 스냅샷 ··· 160
의사소통 ··· 162
의사소통 장애 ··· 165

보완대체의사소통 ······ 167
학습을 위한 보조공학 ······ 180
[보조공학 적용 7-1] ······ 188
학습점검 ······ 189
참고문헌 ······ 192

제8장
감각장애를 위한 AT 장치

보조공학 스냅샷 ······ 196
감각장애 ······ 198
감각장애를 위한 AT 장치 ······ 206
학습을 위한 보조공학 ······ 220
[보조공학 적용 8-1] ······ 227
학습점검 ······ 228
참고문헌 ······ 230

제9장
성인세계로의 전환을 위한 보조공학

보조공학 스냅샷 ······ 234
보조공학과 전환 ······ 235
보조공학과 중등 후로의 전환 ······ 238
보조공학과 고용으로의 전환 ······ 242
보조공학과 대인 간 네트워크 ······ 248
보조공학과 일상생활 ······ 251
학습을 위한 보조공학 ······ 252
[보조공학 적용 9-1] ······ 260
학습점검 ······ 261

참고문헌 ··· 264

제10장

원격학습을 위한 보조공학

보조공학 스냅샷 ··· 268
원격교육 ··· 268
원격수업 ··· 271
학습을 위한 보조공학 ··· 286
[보조공학 적용 10-1] ··· 289
학습점검 ··· 290
참고문헌 ··· 292

» 찾아보기 ··· 294

표 차례

〈표 1-1〉 보조공학 법률에 관한 웹 자료 …… 14
〈표 1-2〉 보조공학에 대한 자금지원 출처 …… 18
〈표 1-3〉 보조공학과 관련된 전문가 조직 …… 21
〈표 2-1〉 UDL 관련 자료 …… 39
〈표 3-1〉 보조공학을 위한 협력과 팀 활동 …… 62
〈표 3-2〉 학생 관찰 서식 …… 70
〈표 3-3〉 계속적인 사정을 위한 보조공학 점검표 …… 76
〈표 4-1〉 가족들을 위한 AT 정보 …… 89
〈표 4-2〉 어린 아동을 위한 보조공학 …… 95
〈표 4-3〉 장난감에 대한 정보 …… 99
〈표 5-1〉 AT와 읽기 관련 정보 …… 117
〈표 5-2〉 AT와 철자법 관련 자료 …… 122
〈표 5-3〉 보조공학과 쓰기 자료 …… 124
〈표 5-4〉 보조공학과 수학 …… 127
〈표 5-5〉 학교 조직화를 위한 보조공학 …… 129
〈표 6-1〉 앉기와 자세유지를 위한 보조공학 장치 …… 142
〈표 6-2〉 이동성 …… 147
〈표 7-1〉 말과 언어 자료 …… 163
〈표 7-2〉 대체 키보드 관련 자료 …… 178
〈표 7-3〉 터치스크린 관련 자료 …… 180
〈표 7-4〉 AAC를 위한 자료 …… 182
〈표 8-1〉 시각장애 관련 정보 …… 202
〈표 8-2〉 청각장애에 관한 정보 …… 205
〈표 8-3〉 농맹에 대한 정보 …… 207
〈표 8-4〉 시각장애를 위한 보조공학 자료 …… 209
〈표 8-5〉 청각장애를 위한 보조공학 자원 …… 215
〈표 8-6〉 보조공학과 미술자료 …… 226
〈표 9-1〉 보조공학 전환계획 스케줄 …… 238
〈표 9-2〉 전환을 위한 자원 …… 247
〈표 9-3〉 전환을 위한 도구 …… 257
〈표 10-1〉 원격교육을 위한 자원 …… 275
〈표 10-2〉 웹 접근성 도구 …… 286

그림 차례

[그림 1-1] 보조공학 서비스 …… 5
[그림 1-2] 표준기반 IEP을 위한 학생에게 적절한 보조공학 결정하기 … 29
[그림 1-3] 교육과정 표준과 보조공학 연속선 …… 30
[그림 2-1] AT와 UDL의 차이점 …… 41
[그림 6-1] 자세유지와 이동성을 위한 보조공학 …… 143
[그림 6-2] 표준형 수동휠체어 규격 …… 150
[그림 7-1] 키보드 고려 시 생각해 보아야 할 질문들 …… 178
[그림 9-1] SCANS 역량 …… 243
[그림 9-2] 전환을 위한 보조공학 지침 …… 245
[그림 10-1] 온라인 강좌 전달을 위한 IEP 팀의 고려사항 …… 278
[그림 10-2] 웹 접근성 해설 …… 283
[그림 10-3] 보조공학 입력, 처리, 출력장치의 예 …… 285

제1장

보조공학

도입과 개요

장(章) 개관

- 보조공학 스냅샷
- 보조공학 소개
- 법률과 보조공학
- 보조공학 연속선
- 보조공학을 위한 자금지원
- 보조공학과 윤리적 실무표준
- 전문성개발
- 학습을 위한 보조공학
- [보조공학 적용 1-1]
- [보조공학 적용 1-2]
- 학습점검
- 참고문헌

학습과제

1. 누가 AT에 대해 알 필요가 있는가?
2. AT의 정의는 어디에서 기원했는가?
3. AT와 관련된 법률을 열거하라.
4. AT 연속선의 특징은 무엇인가?
5. 어떻게 보조공학에 자금지원할 수 있는가?
6. AT 연속선은 학생을 위해 필요한 공학의 유형을 선정하는 데 있어 전문가를 어떻게 유도할 수 있는가?
7. 전문가는 왜 실천윤리강령이 필요한가?
8. AT는 어떻게 장애 학생이 일반교육 교육과정 표준을 달성할 수 있도록 할 수 있는가?
9. AT 서비스가 필요한 장애 학생은 교육자를 위한 효과적인 전문성 개발로부터 어떤 이점을 얻을 수 있는가?

보조공학 스냅샷

창희, 안 교장 선생님, 허 교사, 최 교사, 심 교사 사례

창희는 국립대학교 학생이다. 그녀는 현재 특수교육에서 학위를 획득하려고 노력하고 있다. 교사준비 프로그램의 일환으로서, 그녀는 보조공학(assistive technology: AT)에 관한 강좌를 수강해야 한다. 그녀는 이제 막 전문성 교육프로그램에 등록하여 개론적인 특수교육 강좌를 수강하고 있다. 그녀는 보조공학에 대해서 조금 알고 있지만, 보조공학 서비스와 장치가 장애 학생을 위한 일반교육 교육과정(general education curriculum)에서의 학습을 어떻게 지원하는지에 대해서 배워야 할 것이 더 많음을 알게 되었다.

올해는 안 교장 선생님이 천하 초등학교의 교장이 된 첫해다. 그는 이 직위를 위하여 많은 전문성 개발 행사에 참여해 왔다. 안 교장 선생님은 수업(teaching)을 확장하기 위한 교육공학을 알고 있다. 그러나 그가 좀 더 배워야만 한다고 느끼는 한 분야는 학생들 중 다섯 명이 성공적인 학습자가 되기 위하여 사용하는 보조공학이다. 보다 경험이 풍부한 교장들은 그에게 보조공학은 비싸며 많은 경우 불필요하다고 경고해 왔다.

허 교사는 23세의 특수교육자다. 지난 3년 동안, 그녀는 경도장애 학생들에게 학습전략을 가르치는 자료실에서 지도를 해 왔다. 교육청 특수교육 장학사가 학교를 방문하여 허 교사가 일반교육반(general education classes)에 포함되어 있는 세 명의 학생들을 위한 컨설팅교사(consulting teacher)가 되어 줄 수 있는지에 대한 가능성을 논의했다. 이 학생들 각각은 교실에 접근하고 지원을 받기 위하여 보조공학에 의존한다. 허 교사는 현재의 테크놀로지를 따라가려고 노력하여 왔으나 자신이 학생들의 보조공학의 사용을 지원하기 위한 지식과 기술을 가지고 있다는 확신이 없다.

최 교사는 오월 고등학교에서 세계사를 가르치고 있다. 그는 자신의 일을 좋아하며, 지도 학생들 모두의 복지와 교육에 대해 매우 관심을 가지고 있다. 다음 가을에 자신의 반에 들어 올 학생들을 위한 개별화교육프로그램(Individualized Educational Program: IEP) 모임에 참여하도록 초청되었다. 그 모임 동안, 그는 자신의 강좌에서 요구되는 교수-학습활동의 유형을 설명하도록 요구되었다. 그러한 다음, IEP은 학생이 세계사에서 성공적인 학습자가 되기 위하여 어떤 종류의 보조공학이 필요한지를 결정했다. 최 교사는 그 학생의 학문적인 요구를 어떻게 충족시켜 줄 수 있는지에 대하여 낙관적이기를 원하지만, 그는 자신이 보조공학에 대한 경험도 적고 지식도 거의 없다는 것을 알고 있다.

심 교사는 직업재활 카운슬러다. 그녀의 업무에는 장애 학생이 학교에서 성인세계로 전환할 수 있도록 도와주는 것이 포함되어 있다. 그녀는 최근 대학에 가기를 원하는 한 학생과 일해 왔다. 그 학생은 휠체어를 사용하며 의사소통을 위한 테크놀로지를 필요로 한다. 심 교사는 그 학생이 중등 후(postsecondary) 환경에서 어떤 종류의 기대를 충족시킬 수 있는지와 그 학생이 성공적인 학생이 되기 위하여 어떤 유형의 지원이 필요한지를 알 필요가 있다. 그녀는 그 학생이 성공적인 전환을 할 수 있도록 준비시키기를 원한다.

이러한 전문가들 모두는 다음과 같은 공통된 어떤 것을 가지고 있다. 즉, 그들은 보조공학에 대해 좀 더 알 필요가 있다. 그들은 보조공학이 어떻게 정의되는지를 학습하는 것으로부터, 그리고 보조공학을 제공하는 법률뿐만 아니라 전문가를 지원하는 윤리적인 실무표준을 이해하는 것으로부터 시작해야 한다. 이 장과 후속되는 장들은 장애 학생을 위해 서비스와 성공적인 학습기회를 제공하기 위해 보조공학에 대해 알아야 할 것들을 기술한다.

보조공학 소개

오늘날 다양한 학생들을 가르치고자 하는 도전은 모든 교육계획(educational initiatives)에서 가장 염두에 두는 것이다. 다른 어떤 시기에도 모든 학생들이 통합환경(inclusive setting)에서 일련의 전문가들에 의해 교육받는 그러한 기회는 없었다. 장애 학생, 영어학습자(English Language Learners: ELL), 학교 실패 위기에 처한 학생, 그리고 재능이 있는 학생은 이제 통합교육환경에서 서로 배울 수 있는 기회를 가지고 있다. 많은 학생들은 자신들의 요구를 충족시켜 주기 위한 잘 준비되고 친절한 교사, 효과적인 전략, 그리고 적절한 자원을 증대시켜 주는 통합환경으로부터 혜택을 받아 왔다. 그러나 몇몇 학생들에게 있어 그 길은 시련, 차별, 심지어 약간의 실수로 점철된 고행이었다.

교육자는 이제 교육에서 이전에는 결코 이용할 수 없었던 많은 테크놀로지 장치를 사용함으로써 교수(instruction)를 개별화할 수 있게 되었다. 많은 교사들은 교실에서 이러한 장치를 이용할 수 있다. 교육공학(educational technology) 또는 교수공학(instructional technology)뿐만 아니라 보조공학(assistive technology: AT)은 장애 학생의 요구를 충족시켜 줄 수 있도록 설정될(customized) 수 있다. 비록 AT가 장애 학생이 일반교육 교육과정(general education curriculum)에 참여할 수 있도록 보장하기 위하여 널리 사용되어 왔지만, 그것은 또한 ELL, 위기에 처한 학생, 그리고 재능을 지닌 것으로 여겨지는 학생을 위해서도 사용될 수 있다. AT는 통합환경에 있는 학생뿐만 아니라 성인에게도 새로운 세계를 제공할 수 있다. AT는 장애 학생이 일반교육 교육과정에 접근하고 성공적인 학습자가 될 수 있도록 해준다. 많은 전문가들은 학습을 접근 가능하도록 만들고 다양한 학생들에게 다가가기 위하여 교육공학과 AT를 병합하고자 노력하고 있다(Cavanaugh, 2007).

보조공학의 정의

AT를 이해하기 위해서는 먼저 그 용어를 정의하고 그것이 장애인을 위해 어떻게 발전해 왔는지를 이해해야 한다. 오늘날 우리가 알고 있는 바와 같이, **보조공학**(assistive technology)은 1988년의 장애인을 위한 테크놀로지 관련 지원법(Technology-Related Assistance for Individuals with Disabilities Act(Tech Act))(P.L. 100-407)에서의 정의로부터 발전해 왔다. **보조공학**은 상업적으로 구매가능하고, 기성품이며, 변형하거나 커스터마이즈(customized)할 수 있는, 그리고 장애인의 기능적인 역량(functional capacity)을 증가·유지·향상시키기 위하여 사용되는 품목(item)이나 장비(equipment), 또는 생산물 시스템(product system)이라고 정의된다.

AT 정의의 구성요소는 무엇인가?

법률과 보조공학

1988년의 장애인을 위한 테크놀로지 관련 지원법

1988년의 Tech Act로 더 잘 알려져 있는, 장애인을 위한 테크놀로지 관련 지원법(P.L. 100-407)은 Ronald Reagan 대통령에 의해 법률로 서명되었다. 원래의 1988년 법률은 장애인의 보조공학과 관련된 요구를 충족시키기 위하여 설계된 소비자 정보와 훈련프로그램을 개발하도록 주 정부에게 재정을 지원했다. 이 법률은 AT와 관련된 두 가지의 상이한 영역을 정의했는데, 그것을 **보조공학 서비스**(assistive technology services)와 **보조공학 장치**(assistive technology devices)라 칭했다. **보조공학 서비스**란 AT 장치의 선택, 구매, 또는 사용에 있어 장애인을 직접적으로 보조해 주는 모든 서비스를 말하며, **보조공학 장치**란 상업적으로 구매가능하고, 기성품이며, 변형하거나 커스터마이즈할 수 있는, 그리고 장애인의 기능적인 역량을 증가 · 유지 · 향상시키기 위해 사용되는 모든 장치나 생산물 시스템을 말한다(U.S. Congress, 1988). 후자는 여전히 교육적인 목적을 위해 빈번하게 사용되고 있다. Tech Act는 **AT 서비스**라는 용어를 이해할 수 있도록 해당 법률 내에 AT 서비스를 개괄적으로 제시했다([그림 1-1] 참조).

1. AT 장치에 대한 장애인의 요구 평가
2. 장애인에 의한 AT 장치의 사용을 위한 구매, 임대, 또는 제공
3. AT 장치의 선택, 설계, 커스터마이징(customizing), 활용, 그리고 유지
4. 다른 치료와 서비스를 AT 장치와 함께 통합 · 사용
5. 장애인을 위한 훈련과 기술 지원
6. 전문가를 위한 훈련이나 기술 지원

출처: U.S. Congress(1988)로부터 수정됨

[그림 1-1] 보조공학 서비스

[그림 1-1] 검토
어떤 학생의 IEP 팀이 AT를 계획할 때 이 정보가 얼마나 유용한지를 알 수 있는가?

이 법률에 의해, 장애인을 위한 주(州) 전체의 테크놀로지 관련 지원 프로그램과 관련된 시스템 변화 및 지원 활동을 지원하기 위하여 각 주에 재정지원을 했다. 1988년의 Tech Act는 AT 장치의 사용을 위한 논거를 실질적으로 제공한 최초의 법률이기 때문에 기념비적인 법률이다. 1994년에 Tech Act는 1988년의 장애인을 위한 테크놀로지 관련 지원법을 개정하고, 확장하며, 다른 목적을 위해

수정되었다(P.L. 103-218).

1996년의 통신법

1996년 2월 8일 Bill Clinton 대통령은 통신법에 관한 주요 개혁에 서명했다. 1996년의 통신법(Telecommunication Act of 1996)(P.L. 104-104)은 모든 시민들에게 혜택을 제공했는데, 그 이유는 그것이 미국을 21세기로 이끄는 정보고속도로와 관련되어 있기 때문이다. 이 법률은 2000년까지 모든 교실을 정보고속도로로 연결하기 위한 통로를 연 조항(provisions)을 포함하고 있었다. 이 법률은 또한 도서관을 연계하기 위한 조항을 제공했다. 이 법률과 관련된 접근성 지침(accessibility guidelines)이 1998년 연방관보(Federal Register)에 공시되었다. 접근성 지침은 통신법에 적용을 받는 통신장비의 접근성, 사용성(usability), 그리고 호환성(compatibility)을 제공한다. 지침은 구체적으로 기능성(functionality)을 향상시키기 위하여 변화나 업그레이드가 필요한 새로운 생산물이나 기존 생산물의 접근성, 사용성, 그리고 호환성을 위한 요구조건을 제공한다. 이 법률과 뒤이은 지침들은 정보고속도로가 모든 개인들에게 접근 가능하도록 보장하기 위한 토대를 제공했다.

1998년의 Carl D. Perkins 직업기술교육법

Perkins법(Perkins Act)으로 더 잘 알려진, Carl D. Perkins 직업기술교육법(Carl D. Perkins Vocational and Technical Education Act)(P.L. 101-392)은 1984년에 처음 승인되었다. 이 법률은 1998년에 재승인되었으며, 사람들에게 지식과 기술(skills) 경제에서 성공하기 위한 학문적·기술적인(technical) 기술을 제공했다. Perkins법에 의해 지원되는 활동들 중 몇 가지로는 장애 학생을 위한 직업(career)과 기술교육에 대한 접근, 최신 테크놀로지에 대한 접근을 보장하기 위한 장비의 구매가 포함된다. Perkins법에 의해 제공되는 자금지원은 중등(secondary)과 중등 후(postsecondary) 학교에 할당되었다 (Association for Career and Technical Education, 2005).

1998년의 보조공학법

Tech Act는 Bill Clinton 대통령에 의해 법률로 서명된 보조공학법(Assistive Technology Act)(P.L. 105-394)의 통과와 함께 1998년에 공식적으로 종료되었다. 이 법률의 목적은 각 주(州)가 장애인의 테크놀로지적 요구를 충족할 수 있도록 도와주기 위하여 각 주에 프로그램과 자금지원을 하는 것이었다. 보조공학법은 다음과 같은 네 부분으로 구성되어 있다.

Title I	주 보조금 프로그램(State Grant Programs)
Title II	국가 활동(National Activities)
Title III	대체 융자 기제(Alternative Financing Mechanism)
Title IV	수정법안의 폐기와 준수(Repeal and Conforming Amendments)
Title I	역량 구축과 지지 활동을 지원하기 위한 주(州)에 대한 보조금의 재정 기획. 이 보조금은 통합적인 주 전체의 테크놀로지 관련 지원 프로그램을 관리하는 데 있어 각 주에 대한 지원을 제공하기 위하여 기획되었다.
Title II	보편적 학습설계(Universal Design for Learning: UDL)의 원리를 통합한 AT와 관련한 연구 노력을 조정하기 위해 제공
Title III	장애인을 위한 AT 시스템을 위한 대체 융자와 관련된 설립, 행정, 또는 확장과 관련된 비용을 연방부담금으로 지급할 수 있도록 도와주기 위하여 각 주에 재원 제공
Title IV	1988년의 Tech Act 폐기(재활법 제508조(Section 508 of the Rehabilitation Act)에 대한 1998 수정법안)

연방 법안들은 지난 20여 년 동안 AT를 구체적으로 다루어 왔다. 그러나 학생이 일반교육에 접근할 수 있도록 지원한 것은 일찍이 1973년부터 연방 법률에서 위임되어 왔음을 기억할 필요가 있다.

2004년의 보조공학법

2004년의 보조공학법(Assistive Technology Act of 2004)(P.L. 108-364)은 장애인에게 직접적인 보조(aid)를 제공함으로써 개인에 대한 자금지원의 방향을 재설정했다. 2004년의 보조공학법의 재승인은 각 주(州)가 개인이 보조공학을 활용할 수 있는 인프라구조를 개발하도록 도와준 1988년의 보조공학법의 목적을 재정의했다. 이러한 재승인으로 인해, 이 법률의 초점은 전달구조(delivery structure)를 개발하는 것보다 오히려 장애인에게 AT를 전달하는 데 두게 되었다. 이 법률에 의해, 각 주는 AT 재활용 프로그램, AT 시범 프로그램, 대체 융자 프로그램, 그리고 장비 대여 프로그램을 포함한 직접 지원 프로그램에 주(州) AT 재원의 60%를 사용할 수 있게 되었다. 각 주는 또한 해당 주의 AT 재원의 70%를 직접 지원 프로그램에 사용할 것인지를 선택할 수 있고, 앞서 언급한 네 가지 프로그램 중 최소한 두 개에서 네 개 모두를 위해 자금을 할당할 때 완전한 재량권을 가질 수 있다. 2004년의 보조공학법은 또한 각 주가 AT 자금 사용방법에 관한 더 큰 책무성을 지게 했으며, 각 주가 프로그램의 효과성을 계속적으로 평가하도록 요구한다. 수백만 명의 미국 장애인이 자신의 일상적인 삶을 향유하기 위하여 AT에 의존하고 있다. 연방정부는 보조공학법을 통해 장애인이 테크놀로지에 접근할 수 있도록 도와주기 위하여 재원을 마련해 왔다.

1975년의 전장애아동교육법

전장애아동교육법(Education for All Handicapped Children Act: EHA)(P.L. 94-142)은 1975년 11월 29일에 법률로 서명되었다. 이 역사적인 법률은 학령기에 있는 장애 아동을 위한 교육을 바꾸어 버렸다. 이 법률은 모든 장애 아동이 자신의 독특한 요구를 충족하기 위하여 특수교육과 관련된 서비스를 이용할 수 있도록 보장하는 **무상의 적절한 공교육**(Free Appropriate Public Education: FAPE)에 접근할 수 있도록 보장했다. 이 법률은 더 나아가 개별화교육프로그램(IEP)은 학생에게 제공되는 특수교육서비스와 해당 학생이 일반교육 프로그램에 참여할 수 있는 정도에 관한 보고서(statement)를 포함해야 한다고 명시했다. 서비스와 일반교육 프로그램에의 참여는 이 법률이 통과된 이후 훨씬 더 증진되어 왔다. 1975년에, 교육자는 학생이 일반 교육환경에서 성공할 수 있도록 도와주기 위하여 자기 자신만의 장치를 만들어 왔다. 이러한 지원은 후에 AT라고 알려지게 되었다.

EHA는 1986년에 재승인되었으며(P.L. 99-457), 영・유아와 가족을 위한 서비스도 추가되었다. 개별화가족서비스계획(Individualized Family Services Plan: IFSP)이 재승인 속에 포함되었으며, 영아와 유치원 아동도 서비스를 받고 AT 장치를 활용할 수 있는 근거를 마련하였다. 이러한 초창기의 장치들은 주로, Vanderheiden(1984)에 의해 기술된 바와 같이, 이 책 전반에서 정의되고 논의될 라이트테크(light-tech) 유형이었다. 이 장치들은 장애 학생이 일반교육 교실에서 비장애 학생과 함께 교육받고 가치 있는 기술을 학습할 수 있는 기회를 신장시켜 주었다.

1990년의 장애인교육법

EHA는 장애인교육법(Individuals with Disabilities Education Act: IDEA)(P.L. 101-476)으로 이름이 변경되어 다시 재승인된 1990년까지 계속 유지되었다. 이 개정에서 개별화전환계획(Individual Transition Plan: ITP)이 추가되었으며, 해당 학생의 IEP의 일부가 되었다. IEP의 일부가 갱신됨에 따라, 전환계획은 개별 장애 학생을 위해 설계되었다. AT 장치는 그 전환계획을 위해 고려되어야 하며, IEP 팀이 그것을 학습자로서의 학생의 성공을 위해 필요하고 적절한 것으로 간주한다면 제공되어야 한다. 전환과 AT는 제8장에서 보다 심도 있게 논의된다.

1990년의 IDEA 수정법에는 장애 범주로 자폐증(autism)과 외상적 뇌손상(traumatic brain injury)이 추가되었다. 점점 더 많은 학생들이 이러한 범주에 속하는 것으로 판명됨에 따라, 이 범주에 대한 지원과 관련 서비스가 IEP의 중요한 구성요소가 되었다.

1997년의 장애인교육법

IDEA는 1997년에 재승인되었다(P.L. 105-17). IDEA(1997)는 **긍정적 행동중재지원**(Positive Behavioral Intervention Supports: PBIS)을 학생의 행동과 관련된 문제와 행동이 학습에 어떻게 관련되는지를 해결하기 위한 수단으로써 강조했다. IDEA는 또한 교육구와 주(州)의 시험 그리고 일반교육 교육과정에서의 장애 학생의 참여에 대해서도 다루었다. 이 법률에 이 세 가지의 주요한 사항들이 추가됨으로써 적절한 AT 장치의 사용을 위한 추진력을 제공할 수 있게 되었다.

1997년의 수정법안에서 행해진 변화는 교육자들에게 장애 학생은 비장애 동료 학생과 함께 교육되어야 함을 명확하게 명시해 주었다. 이러한 변화는 예비교육자를 준비시키고 있는 대학도 보다 다양한 학생 집단과 함께 일할 수 있도록 해 주었다. 일반교육자들은 일반교육 교실에서 장애 학생을 지원하기 위한 전략을 배웠다. AT 서비스와 장치가 보다 널리 사용되게 되었다. 교육자들은 AT와 관련된 전문성 개발을 원했으며 계속적으로 요구하고 있다. 이 장 서두의 보조공학 스냅샷(snapshot)에서 실례를 통해 설명한 바와 같이, 교육자들은 모든 학생들을 위해 서비스를 계획하고 전달하는 역할을 수행하고 있다. 그 결과, AT와 관련한 지식에 대한 요구가 계속 증가하고 있으며, 그에 따라 교육자들이 그러한 요구를 지원하는 전문성 개발 기회에 참여할 수 있는 기회를 갖는 것이 중요하게 되었다. 전문가의 책무성에 대한 보다 자세한 내용은 이 장의 뒷부분에서 찾을 수 있다.

2004년의 장애인교육증진법

2004년에, IDEA는 재승인되었다. 2004년의 장애인교육증진법(Individuals with Disabilities Education Improvement Act of 2004)(P.L. 108-446)은 AT의 정의를 추가했다. 1988년의 Tech Act에서 정의된 AT의 원래 정의는, 그 용어는 외과적으로 이식된 의료장치나 그러한 장치의 대체물은 포함하지 않음을 명확하게 한 것을 제외하고는, 기본적으로 변경되지 않은 채 그대로 유지되었다. Mandlawitz(2005)에 따르면, 이러한 추가는 학교 교육구들이 청각장애 아동을 위한 달팽이관 이식(cochlea implants)과 관련된 규정에 대하여 책임이 있는지에 관한 우려 때문이었다. 달팽이관 이식에 관해서는 제8장에서 좀 더 구체적으로 논의된다.

아울러, **보편적 학습설계**(Universal Design for Learning: UDL)라는 용어가 소개되었다. 비록 다른 법률에서 다루어졌지만, 이것은 그 용어가 특수교육 법률의 수정법안에서 처음으로 나타난 경우다. 이 정의는 1998년의 보조공학법 제3조에서 발견되는 의미로부터 도출되었다. **보편적 학습설계**(UDL)란, 광범위한 기능적 역량을 가지고 있는 사람들에 의해 사용 가능하고 (보조공학을 필요로 하지 않고) 직접적으로 사용 가능한 생산물과 서비스, 그리고 보조공학과 함께 사용 가능하도록 해 주는 생산물과 서비스를 포함하는, 생산물과 서비스를 설계하고 전달하기 위한 개념 또는 철학이다(Sec. 602[35]). 이 법률은 각 주와 학교 교육구들이 가능한 최대한 UDL의 원리를 사용하여 평가를 개발하고 시행할 것을 요구한다(Mandlawitz, 2005). AT의 사용과 UDL의 개념 모두 학생의 IEP 팀에 의해 다루어져야 할 고려사항임에 틀림없다. UDL과 그것의 AT와의 관계에 대한 좀 더 자세한 사항은 제2장에서 찾을 수 있다. 협력적인 팀 과정에 관한 세부사항은 제3장에서 찾을 수 있다.

1973년의 재활법 504조

AT를 이해하는 데 있어서 결정적인 두 가지의 중요한 법률들은 장애인을 위한 두 가지의 시민권 법률들이다. 이 법률들은 거의 20여 년간의 격차를 두고 통과되었다. 그러나 두 법률 모두 장애인의 성공을 지원하는 데 상당히 기여했다. 첫 번째로, 1973년의 재활법 제504조(Section 504 of the Rehabilitation Act of 1973)(P.L. 93-112)는 모든 장애인들에게 합리적인 접근(reasonable access)이 제공되어야 함을 요구했다. 이 법률은 공립학교와 학교 건물 밖의 일반 사회 모두에 적용되었다. 즉, 이 법률은 모든 공공건물에 대한 일반인의 접근을 보장했다. 접근은 장애인을 위해 학교와 보다 더 넓은 공공부문 양자에서 행해져야 했다. 이 법률 이전에, 대부분의 법률은 학령기 아동만을 다루었다. 제504조는 전체 작업장으로 확대되었다. 오늘날 많은 사람들은 이 법률이 IDEA와 미국장애인법(Americans with Disabilities Act: ADA)을 위한 경향(tone)과 토대를 형성했다고 믿는다.

1990년의 미국장애인법

1990년 7월 26일, George H. W. Bush 대통령은 미국장애인법(Americans with Disabilities Act: ADA)(P.L. 101-336)에 서명했다. 이 법률은 고용과 교통에서의 차별을 금지했으며, 공공 편의제공(accommodations)과 통신에 대한 접근을 제공했다. 2008년의 ADA 수정법(ADA Amendments Act of 2008)(P.L. 110-325)은 2009년 1월 1일에 발효되었다. 이 수정법은 문체(language)와 정의에서 약간의 변화가 있다. 그러나 원래 법률의 주요한 의도와 규정은 변경되지 않은 채 그대로 유지되었다.

ADA는 또한 정상화(normalization)의 개념을 실행했다. ADA는 장애인을 위한 고용부문에서의 접근을 보장했으며, 또한 장애인에 대한 작업장에서의 차별을 금지했다. ADA는 전화회사들이 농(deaf)이나 언어장애를 지닌 사람들이 통신서비스를 사용할 수 있도록 해주는 중계서비스(relay services)를 제공할 것을 요구했다. 이에 관하여는 제8장에서 기술한다.

2001년의 낙오아동방지법

낙오아동방지법(No Child Left Behind Act: NCLB)(P.L. 107-110)은 2002년 2월 8일에 법률로서 통과되었다. 이는 유치원부터 고등학교까지의 교육에 영향을 미치는 주요 연방법인 1965년의 초·중등교육법(Elementary and Secondary Education Act of 1965)(P.L. 89-10)을 재승인한 것이다. AT에 주로 초점을 맞춘 법률은 아니지만, NCLB의 네 가지 원칙들은 장애 학생에게 영향을 미친다. 이 네 가지 원칙들, 즉 (a) 결과에 대한 책무성, (b) 부모들을 위한 보다 많은 선택권, (c) 연방자금 사용에 있어서 보다 더 큰 지방의 통제권과 융통성, 그리고 (d) 과학적 연구에 기초한 우수 사례의 사용 강조는 장애 학생이 보다 많이 일반교육의 주류로 들어갈 수 있도록 해준다. 2004년의 장애인교육증진법은 장애 학생을 위한 증대된 지원과 향상된 산출(outcomes)을 제공하기 위하여 NCLB와 동일한 입장을 취한다. 장애 학생은 교과목에 능숙하게 되기를 바라기 때문에, AT는 그가 일반교육 교실에서 성공적인 학습자가 될 수 있도록 접근(access)을 제공할 것이다.

연방 법률은 장애인을 위한 평등한 접근을 보호하고 제공해 왔다. 많은 법률의 통과를 통해, 모든 개인은 이제 평등한 기초 위에 있다. AT의 사용을 통해, 장애인은 과거에는 불가능했던 생산적·독립적인 삶을 살아갈 수 있다. 초·중등교육법은 111번째 의회에 의해 재승인될 계획이다. 미국 특수아동학회(Council for Exceptional Children)(2009)는 재승인은 장애인의 권리가 보호될 수 있도록 주요한 구성요소를 장애인교육증진법과 적절하게 균형을 맞출 것을 권고했다.

테크놀로지는 학생이 성공적인 학습자가 되려고 노력할 때 이를 지원할 수 있다. 교육은 태어나면서부터 시작하여 평생 동안 계속되는 평생과정(lifelong process)이다. AT는 장애인이 새로운 기회에 접근하고, 획득하며, 받아들일 수 있는 능력을 부여할 수 있다. AT 분야를 형성해 왔던 법률에 대한 이해는 전문가로 하여금 실제에 적용할 수 있는 확고한 지식기반을 형성할 수 있도록 해준다. 〈표 1-1〉은 법률과 AT와 관련된 추가적인 자원을 제공한다.

〈표 1-1〉 보조공학 법률에 관한 웹 자료

1998년의 재활법 제508조 수정법(1998 Amendment to Section 508 of Rehabilitation Act) http://www.section508.gov	• 제508조에 관한 정보와 조언 제공. 법률에 관한 요약을 포함한 다양한 링크가 제공됨
2004년의 장애인교육증진법(Individuals with Disabilities Education Improvement Act of 2004) http://idea.ed.gov	• 이 법률에 대한 자료와 정보
미국장애인법(Americans with Disabilities Act) http://www.ada.gov	• ADA(Americans Disabilities Act)뿐만 아니라 2008년의 ADA 수정법(ADA Amendments Act of 2008)에 관한 정보와 기술 지원
1973년의 재활법 제504조(Section 504 of the Rehabilitation Act of 1973) http://www.section508.gov/index.cfm?FuseAction=Content&ID=15	• 제504조의 요약
2002년의 낙오아동방지법(No Child Left Behind Act of 2004) http://www2.ed.gov/nclb/landing.jhtml	• 유익한 링크들과 함께, 해당 법률의 요약
2004년의 보조공학법(Assistive Technology Act of 2004) http://www.ataporg.org	• 보조공학프로그램협회(Association of Assistive Technology Act Programs: ATAP)는, 보조공학법에 의해 자금지원을 받은 주(州) 보조공학법 프로그램들로 구성된, 전국적인 커뮤니티기반 조직이다. Tech Act 프로젝트들을 강조한다.

보조공학 연속선(continuum)

테크놀로지가 효과적이기 위해서는 복잡하고 비싸서는 안 된다. 2004년의 장애인교육증진법은 테크놀로지를 매우 복잡한 하이테크(high-tech) 기술혁신(innovation)으로부터 매우 간단하고 일상적인 라이트테크(light-tech) 장치들(devices)에 이르기까지의 광범위한 장치들을 포함하는 것으로 넓게 정의한다. 장치의 선택은 주의 깊고 심사숙고한 과정이어야 한다. 학생이 부적절한 장치를 선택하는 것이 해가 될 수 있는 것처럼, 장치가 필요하지 않을 때 그것을 선택하는 것은 해로울 수 있다. 개별 학생의 요구를 평가하면 올바른 장치가 학생의 산출을 향상시키기 위하여 사용될 수 있는 기회가 증대된다. AT 평가(assessment)는 특정 테크놀로지와 서비스의 어떤 조합이 개별 학생의 요구를 가장 잘 충족시켜 주는지를 결정해야 한다. 제3장에서는 AT 평가에 대하여 좀 더 자세히 기술한다.

다양한 유형의 AT의 범위(range)를 시각화하고 이해하는 한 가지 효과적인 방법은 AT를 일련의 연속선(continuum)상에서 생각하는 것이다. 이 연속선은 노테크(no tech)에서 라이트테크(light tech), 그리고 하이테크(high tech)에 이르기까지 다양한 AT 장치들에 대한 고려의 범위를 제공한다. 이 용어들은 Vanderheiden(1984)에 의해 처음으로 기술되었다. 이 장의 [보조공학 적용 1-1]은 AT의 연속선을 주요하게 다룬다.

노테크(No Tech)

전문가는 소위 테크놀로지적 강박(technological imperative)의 덫에 빠지지 않도록 주의해야 한다. 단지 어떤 것이 존재하기 때문에 그것이 사용되어야 하는 것을 의미하지는 않는다. AT의 초점은 장치나 학생의 가까운 또는 먼 미래의 요구에 있는 것이 아니라 학생과 학생의 현재의 개별적인 요구에 있다. 만약 학생이 어떤 장치를 사용할 준비가 되어 있지 않거나 현재에 어떤 장치를 사용할 수 없다면, AT의 사용을 포기하도록 하는 좌절감을 초래할 수 있다. 전문가는 학생이 어떤 AT 장치로부터 얼마나 혜택을 받을 수 있는지와 과제(task)가 테크놀로지를 사용하지 않고도 성공적으로 달성될 수 있는지를 주의 깊게 고려할 수 있는 시간을 가져야 한다. 타당하고 신뢰로운 평가는 어떤 장치가 필요한지의 여부를 결정하는 데 있어 매우 중요하다. 제3장은 평가에 관하여 더 많은 정보를 제공한다.

라이트테크(Light Tech)

여러분은 그것을 직접 사용해 왔기 때문에 이러한 유형의 테크놀로지에 대부분 익숙하다. 모든 그러한 가젯(gadgets), 띵거머직(thingamajigs), 기즈모(gizmos), 두히키(doohickeys), 그리고 화려한 이름을 가진 다른 품목들은 라이트테크로 간주된다. 우리가 그것을 무엇이라 부르든 상관없이, 그것은 일상적인 활동을 보다 쉽게, 또는 몇몇 경우에는 가능하게 만들어 주는 간단한 도구다.

라이트테크 AT 장치는 비전자적(non-electronic)이며, 상대적으로 저렴하다. 그것은 소근육 운동장애 학생이 연필을 적절하게 쥘 수 있도록 해 주는 연필집게(pencil grips), 시각장애인을 위한 돋움줄(raised lines)이 있는 인쇄종이나 특수종이를 확대하여 볼 수 있도록 해 주는 확대경, 또는 학생이 혼자서도 음식을 먹을 수 있도록 도와주기 위하여 변형된 식기도구처럼 간단한 것일 수 있다. 라이트테크 장치는 사용하기가 간단하며, 연속선상에서 노테크 장치 다음으로 간주되어야 한다.

하이테크(High Tech)

내용 영역(content area)과 관련된 노테크, 라이트테크, 하이테크 장치에 관한 한 가지 예를 제시하라. 최신 AT 장치에 관해서는 참고자료 웹사이트를 참고하라.

하이테크 장치는 일반적으로 전자적(electronic)이며, 통상적으로 전력장치가 연결되어 있고, 대체로 그것이 너무 방해하지(intrusive) 않도록 주의 깊은 계획이 필요하다. 통상적으로 비용 요인이 고려되어야 한다. 하이테크 장치의 몇 가지 좋은 예로 계단을 오르내리기 위한 휠체어(wheelchair)와 전맹인을 위한 레이저 지팡이(laser cane)가 있다. 수많은 컴퓨터 하드웨어와 소프트웨어는 또한 화면 확대(screen magnification), 합성음(synthesized speech), 촉각 디스플레이(tactile display), 또는 이러한 것들의 조합을 제공한다. 말하는 저울(talking scales), 말하는 당뇨측정기(talking glucometers), 말하는 시계(talking clocks), 색깔 식별기(color identifiers), 말하는 나침반(talking compasses), 그리고 음성 출력을 해 주는 다른 장치들과 같은 여러 가지 다른 장치들도 사용될 수 있다. 몇몇 장애 학생들이 성공적인 학습자가 되기 위해서는 하이테크 장치를 가져야 한다.

비용은 일반교육 교육과정에 대한 접근을 위해 장애 학생이 필요한 AT 유형을 제공하는 데 있어 문제가 될 수 없다. 따라서 AT를 위한 가능한 자금지원을 위한 재원을 확인하기 위해서는 매우 전문적인 기술이 필요하다.

보조공학을 위한 자금지원

AT를 위한 자금지원(funding)은 가족이 필요한 AT를 제공하는 데 있어 학교와 관계가 좋지 않다는 것을 알기 때문에 종종 논쟁하는 것이 난처하다. 이러한 일이 발생할 수 있지만, 협력의 정신으로 더 많은 것을 성취할 수 있다. 협력을 증진하는 한 가지 적극적인 전략은 IEP 팀이 자금지원 전략을 개발하는 것이다. AT 장치는 (연필집게나 특수종이와 같은) 라이트테크의 경우에는 비싸지 않은 것부터 하이테크의 경우에는 매우 비싼 것까지 비용 측면에서 다양하다. 먼저, 학생이 AT로부터 혜택을 받을 수 있는지를 결정하고, 그 다음에 학생이 필요로 할 수 있는 장치의 유형을 확인 후, 자금지원이 문제가 될 수 있다. 그러한 경우, IEP 팀이 그 학생은 일반교육 교육과정에 접근하고 성공적인 학습자가 되기 위해서 그 AT가 필요할 것이라는 것을 확신하는 것이 매우 중요하다. 다시 한 번, 이것은 정확한 AT 평가와 AT 연속선에 관한 지식의 중요성을 강조한다.

장애인교육증진법에 의해 정의된 13가지의 장애 범주들 중 하나에서 특수교육서비스를 받을 자격이 있는 학생의 경우, 학생의 IEP

에 포함된 어떤 AT 장치나 서비스를 위한 비용을 지불하는 것은 지방교육구의 책임이다. 교육적인 필요보다 의학적인 필요가 더 강한 AT의 경우, 노인의료보험(Medicare), 국민의료보조(Medicaid), 개인보험이 언어병리학자(speech-language pathologist) 또는 작업치료사(occupational therapist)와 같은 치료사(physician)나 관련 서비스 전문가에 의해 처방된 테크놀로지에 대한 자금을 조달하는 데 도움을 줄 수 있다. 직업적인 성공을 위한 AT는 학생이 작업장에서 일을 시작하고 유지하도록 도와주는 데 그 목적이 있다. IEP 팀은 올바른 용어를 사용함으로써 올바른 자금지원 출처를 결정할 수 있다.

비록 구매 가능한 AT를 위한 재원(지역교육기관과는 다른)이 제한되어 있을 수 있지만, 가족과 학교는 특수요구 도서관(special needs libraries), 대여 도서관, 장애단체, 교회집단과 서비스 클럽과 같은 자원봉사기관, 지방 사업체와 소매상, 그리고 가족과 친구와 같은 다른 자금 출처를 고려해야 한다. 〈표 1-2〉는 AT 자금지원 출처를 열거한 것이다.

AT 장치를 위해 IEP 팀은 학교 교육청과는 다른 어디에서 자금지원 출처를 찾을 수 있는가? 자금지원 출처에 대한 접근을 위해서는 참고자료 웹사이트를 참고하라.

〈표 1-2〉 보조공학에 대한 자금지원 출처

ATSTAR http://www.atstar.org/atinfo/funding.htm	• 보조공학 전략 도구 편의제공과 재원(Assistive Technology Strategies Tools Accommodations and Resources) Q&A에서 자금지원 문제를 다루고 있다.
테크놀로지접근연합체(The Alliance for Technology Access) http://www.ataccess.org	• 이 연합체는 AT 자원센터, 개별 및 조직적 협회, 그리고 테크놀로지 업체와 개발자로 구성된 전국적인 네트워크다. Guide to Low_Cost/No-Cost Online Tools for People with Disabilities를 포함하고 있다.
뇌성마비연합(United Cerebral Palsy) http://www.ucp.org/ucp_channeldoc.cfm/1/14/86/86-86/2938	• 보조공학 자금지원 검색 팁
다른 자금지원 출처(Other Sources of Funding) http://trace.wisc.edu/archive/fintech/fintech.html	• 국민의료보조, 개인보험, 그리고 사회보장을 통한 보조공학 자금지원에 관한 뛰어난 핸드북
테크놀로지 접근센터와 커뮤니티 테크놀로지 센	• 몇몇 ATA 센터는 중고 컴퓨터의 기부를

터 네트워크 리스트(A Listing of Alliance for Technology Access(ATA) Centers and Community Technology Centers(CTCs) Network) http://www.ataccess.org http://www.ctcnet.org	받은 다음, 그것을 수리하여 장애를 지닌 성인과 장애 아동의 가족에게 나누어준다. 몇몇 커뮤니티 테크놀로지 센터는 또한 해당 커뮤니티에 있는 사람을 위한 장비를 재활용한다.
자원봉사와 자선기관(Volunteer and Charitable Organization) http://www.elks.org/lodges/default.cfm http://www.easterseals.com http://www.lionsclubs.org	• 라이온스 클럽(Lions Club), 엘크스 클럽(Elks Club), 이스터 실즈(Easter Seals), 교회집단, 그리고 지방 자선 기관들이 테크놀로지 구매를 위한 지원을 해줄 수도 있다.
NECTAC http://www.nectac.org/topics/atech/funding.asp	• 미국 교육부 특수교육프로그램에 의해 지원되는 국립유아기술지원센터(National Early Children Technical Assistance Center)
컴퓨터를 위한 자금지원 출처(Funding Source for Computers) http://www.givetech.org/	• Give Tech로부터의 자금지원은 중증장애인들이 이용할 수 있다.

중등 후(postsecondary) 교육환경으로 전환하기 위하여 장애 학생과 일하는 전문가 및 가족은 AT를 위한 출처와 그 자원에 접근하는 방법에 관하여 알아야 한다. 이것은 학생이 중등 후 학교로 이동할 때 중요하다. 1973년의 재활법 제504조는 중등 후 학교가 학생이 고등교육기관에 완전히 접근할 수 있도록 AT 장치를 정당한 편의제공(reasonable accommodation)으로서 제공하도록 요구한다. 아울러, 몇몇 주(州)의 직업재활부(department of vocational rehabilitation)는 고객을 위한 AT 자금지원을 제공할 수 있다.

AT는 비쌀 수 있다. 그러나 중요한 것은 지역교육기관이 학생의 IEP에 진술된 AT 장치와 서비스를 제공할 법적 의무가 있다는 것이다. 학교와 가족은 AT 장치가 학생이 성공적인 학습자가 되기 위해 필요한 것임을 확실히 하기 위하여 함께 노력하는 것이 중요하다. 전문가는 장애 학생이 필요한 AT 장치와 서비스를 받는 것을 확실히 하는 데 있어서 자신의 역할과 책무를 이해해야 한다. 이해당사자 간에 갈등이 발생할 수도 있다. 모든 전문가들이 장애 학생을 위한 AT에 관한 의사결정을 할 때 교육자를 위한 윤리적 실무표준(ethical standards of practice)을 준수하는 것이 매우 중요하다.

보조공학과 윤리적 실무표준

교실은 장애 학생이 일반교육 교육과정에 대해 접근할 수 있게 됨에 따라 보다 더 다양화되고 있다. 장애 학생을 가르치고 있는 교육자는 복잡한 갈등, 도전, 그리고 문제에 직면하고 있다. 이러한 것에 대한 해결책은 교사를 지원하는 전문가 조직 내에서 찾을 수 있을 것이다. 그러한 조직은 윤리적인 실제를 위한 지침으로써 사용되는 윤리강령(code of ethics)과 전문가 실무표준(professional standards of practice)을 정의하고 확장한다.

윤리

AT 영역은 지난 10여 년 내에 엄청나게 성장해 왔다. 장애 학생을 위한 AT 장치와 서비스를 위한 평가와 계획과정에 관여해 온 전문가는 일반적으로 자신의 전문직을 위한 표준 윤리강령을 준수하고 있다. **윤리**(ethics)는 특정 전문직과 관련된 행동표준이라고 폭넓게 정의된다. 특수교육자의 경우, 미국 특수아동학회(1993)의 윤리강령이 적용된다. 언어병리학자의 경우, 미국언어청각협회(American Speech and Hearing Association: ASHA) 윤리강령이 적용된다. 대부분의 주는 현재 모든 교육자들을 위한 전문가 윤리와 실무표준을 채택하고 있다. 특정 주(州)에 대하여 보다 자세한 정보를 얻고자 하는 독자는 해당 주의 교육부를 직접 방문하라. 모든 전문가들은 자신의 전문가 조직의 구성원이어야 한다.

우리들 중 어느 누구도 해당 전문직 구성원들에 의해 만들어지고 그들을 위한, 해당 분야의 전문가들 사이에 집중적인 연구와 대담에 기초한, 그리고 해당 분야가 발전함에 따라 종종 변천하는 전문가 윤리강령과 실무표준에 등록하지 않고 준수하지 않는 어떤 전문가의 서비스도 사용하기를 원치 않는다. 전문가 표준은 법적, 윤리적인 실무 측면으로 간주된다. 어떤 사람이 어떤 전문직에 들어올 때, 그는 해당 전문가 조직에 의해 개발된 윤리적인 실무표준을 따를 것으로 기대된다. 점점 더 많은 일반교육교사들이 장애 학생들을 가르침에 따라, 그들은 장애 학생들과 함께 일하는 교사들을 위해 개발된 윤리적인 표준을 이해하고 준수할 필요가 있게 되었다.

북미재활공학·보조공학협회

AT는 일반교육 교실에서 장애 학생에 의해 점점 더 많이 사용되고 있다. AT 장치를 사용하는 학생의 수가 증가함에 따라, 북미재활공학・보조공학협회(Rehabilitation Engineering and Assistive Technology Society of North America)(RESNA, 2005)는 AT를 위한 사명선언서(mission statement)와 윤리강령을 채택했다.

RESNA는 재활과 AT의 발전을 위한 학제적(interdisciplinary) 협회다. 〈표 1-3〉은 RESNA와 다른 전문가 조직을 기술하고 있다. RESNA의 사명 선언서와 윤리강령은 AT에 초점이 맞추어져 있다. 많은 전문직들이 자신들의 윤리강령에 의해 표현되지만, RESNA 사명 선언서와 윤리강령은 AT 제공자를 위한 최적의 표준이다.

〈표 1-3〉 보조공학과 관련된 전문가 조직

미국 특수아동협회(Council for Exceptional Children: CEC) http://www.cec.sped.org/	• CEC는 장애인, 장애 학생, 그리고 영재를 위한 교육 산출물을 향상시키기 위해 전념을 다하고 있는 가장 거대한 국제 전문가 조직이다. CEC는 전문가 표준을 설정하고, 계속적인 전문성 개발을 제공하며, 새롭게 그리고 역사적으로 제대로 서비스를 받지 못한 사람을 옹호하고, 전문가가 효과적인 전문가적 실무를 위해 필요한 조건과 자원을 획득한다.
미국 특수아동협회의 공학매체부(The Technology and Media(TAM) Division of the Council for Exceptional Children) http://www.tamcec.org	• TAM은 장애인과 영재를 위한 테크놀로지와 매체의 이용 가능성과 효과적인 사용을 증진하기 위하여 노력하는 CEC의 공식적인 부서다.

국제교육공학협회(International Society for Technology in Education: ISTE) http://www.iste.org	• ISTE는 교육에서의 테크놀로지의 효과적인 사용을 촉진시킴으로써 교수·학습을 향상시키기 위해 리더십과 서비스를 제공한다.
국제공학교육협회(The International Technology Education Association: ITEA) http://www.iteaconnect.org	• ITEA는 K-12 학교 수준에서 테크놀로지, 혁신, 설계, 그리고 공학(engineering) 경험을 통해 공학교육(technology education)을 신장시키기 위하여 전념을 다하는 가장 거대한 전문가 교육협회, 주요 대변자, 그리고 정보교환기관이다. 회원 자격은, 주요 회원은 북미이지만, 전 세계 45개 이상 국가의 개인과 기관을 포함하고 있다.
북미 재활공학·보조공학협회(Rehabilitation Engineering and Assistive Technology Society of North America: RESNA) http://www.resna.org	• RESNA는 테크놀로지와 장애에 관한 공통된 관심사를 지닌 사람의 학제적 협회다. 주요 목적은 장애인이 테크놀로지의 활용을 통해 자신의 목적을 달성할 수 있도록 잠재력을 신장시키는 것이다. 이 기관은 테크놀로지에 관한 연구, 개발, 교육, 옹호, 제공을 증진함으로써, 그리고 이러한 활동에 참여하는 사람을 지원함으로써 그 목표를 달성하기 위해 노력하고 있다.

미국 특수아동협회

> **[Webquest 1.1]**
> CEC의 윤리강령을 보려면, http://www.cec.sped.org/Content/NavigationMenu/ProfessionalDevelopment/ProfessionalStandards/EthicsPracticeStandards/default.htm으로 가라.

장애 학생은 특성상 상처받기 쉽다. 그는 역사적으로 차별을 받아 왔으며, 표준 이하의 교육서비스를 받아 왔다. 보다 더 심한 차별을 예방하고 높은 표준의 교육서비스를 지원하기 위하여, 미국 특수아동협회(CEC)는 장애인의 교육자를 위한 윤리강령을 가지고 있다.

CEC는 장애인 교육에 관심을 가지고 있는 전문가 집단에 의해 1922년에 조직되었다. 그 이후, CEC는 장애인을 위한 교육적 산출물을 향상시키는 데 전념하고 있는 가장 거대한 국제적인 전문가 조직으로 성장하였다. CEC는 적절한 정부의 정책을 지지하며, 전문가 표준을 설정하고, 전문성 개발을 위한 기회를 제공한다. 아울러, CEC는 새롭게 그리고 역사적으로 제대로 서비스를 받지 못한 장애인을 지원하며, 전문가가 효과적인 전문가적 실무를 위해 필요한 조건과 자원을 획득할 수 있도록 도와준다(Council for Exceptional Children, 2008). CEC의 윤리강령과 실무표준은 CEC 웹사이트를 통해 접속할 수 있다(〈표 1-3〉 참조). CEC의 윤리강령과 실무표준의 일부분이 이 장의 다른 부분에서 통합되어 설명된다.

왜 일반교육교사가 장애 학생을 연구하는 전문가의 윤리표준을 이해할 필요가 있는가?

전문가 윤리와 특수교육

윤리는 간단히 옳은 것을 행하는 것으로 정의할 수 있다. 그러나 윤리는 모든 측면을 고려해야 한다. 교육자로서 우리는 옳은 것을 행하는 것을 보아야 하며, 테크놀로지가 학생을 위해 할 수 있는 것과 해야 할 것을 명확하게 이해해야 한다.

"우리는 학생을 위해 이것을 할 수 있는가?"의 개념과 더불어, 교육자는 "우리는 학생을 위해 이것을 해야 하는가?"라는 질문을 고려해야 한다. 우리는 학생, 학교, 그리고 학생이 활동해야(function) 할 환경에 관한 우리 행동(actions)의 결과(consequences)를 검토해 보아야 한다(Vertrees, Beard, & Parnell, 1997).

[Webquest 1.2] 전국교육학회(NEA)의 윤리강령을 보려면, http://www.knea.org/profession/codeofethics.html로 가라.

보조공학에 대한 고려할 사항과 윤리

IEP 팀은 AT의 적절한 사용에 관해 누가 (학생이 아니라) 교직원을 훈련시킬 것인지를 고려해야 한다. 관련된 모든 사람들이 AT를 결정하고 AT 장치와 서비스를 실행할 때 윤리적 실무표준을 따르도록 명확히 하는 것은 IEP 팀의 책임이다. 이 과정에 참여한 모든 전문가들은 자신들의 전문가 조직에 의해 설정된 윤리강령을 준수할 것으로 기대된다. IEP 팀은 교사와 서비스 제공자가 AT를 효과적으로 사용할 수 있게 하기 위하여 전문성을 개발하고 있다고 주장할 수도 있다.

전문성 개발

테크놀로지는 급격하게 성장하며, 변화하고, 확장되는 분야다. 전문교육자들(professional educators)이 최신의 테크놀로지와 관련한 지식 및 기술을 습득하는 것은 상당한 도전으로 남아 있다. AT 분야도 다른 테크놀로지 분야들과 다르지 않다. 전문교육자들은 전문가들이 평생교육 프로그램을 수행할 수 있도록 해 주는 의미 있고 목적적인 전문성 개발에 참여함으로써 현 상태의 테크놀로지를 유지할 수 있다. 이러한 기회는 지식과 기술에서의 발전을 이룰 수 있도록 해 줌으로써 전문교육자가 높은 수준의 역량을 유지할 수 있도록 해준다. 이러한 발전은 전문교육자가 장애인들의 변화하고 있는 요구에 대응할 수 있도록 해준다(Council for Exceptional Children, 1993).

전문가는 자신의 지식과 기술을 다양한 방식으로 발전시킬 수 있다. 대부분의 학교 교육구들은 교육자의 전문적인 요구를 적절하게 해결해 준다면 학습을 위한 강력한 기회가 될 수 있는 현직연수 기회를 제공하고 있다. 전문가 조직은 특수한 훈련을 필요로 하는 교육자를 위해 전문가 회의와 주제별 워크숍을 제공한다. 예를 들어, RESNA는 AT를 사용하는 장애인과 함께 일하는 사람들의 기술을 촉진하기 위하여 다양한 온라인 강좌, 프로그램, 그리고 전자기반(electronic-based) 정보뿐만 아니라 연차회의를 제공하고 있다. 〈표 1-3〉은 AT 서비스와 장치에 대해 더 많이 알 필요가 있는 전문가에게 비슷한 자원을 제공하는 다른 전문가 조직들에 대한 리스트를 제공하고 있다.

전문 출판물

AT 분야에서 자신의 지식기반(knowledge base)과 기술을 향상시키기를 원하는 교육자를 위한 또 다른 자원은 이 주제에 관하여 이용할 수 있는 전문 문헌이다. 전문 저널은 전자자료, 인쇄물, CD-ROM을 포함하여 다양한 형태가 있다. 전자저널은 도서관 데이터베이스와 인터넷을 통해 얻을 수 있다. AT 분야 대부분의 전문가 조직들은 전문 문헌을 출판하며, 그것들 중 대부분은 전자적인 형태로 이용 가능하다. 전문가 조직에 소속됨으로써 얻을 수 있는 혜택들 중 하나는 회원자격의 일환으로 전문 출판물을 받을 수 있는 기회가 있다는 것이다. 예를 들어, RESNA는 AT와 재활공학의 활용, 그리고 관련된 서비스의 전달에 관한 전문 저널을 출판한다. CEC의 공학매체부도 또한 전문가에게 새로운 테크놀로지, 현행 연구, 우수 사례, 관련된 이슈, 그리고 국가적인 정책적 이벤트에 관한 정보를 제공하는 저널과 뉴스레터를 발간하고 있다.

전문가 조직

교사는 교직을 옹호하는 전문가 조직에 가입하고 참여할, 학생의 산출물을 향상시킬, 그리고 전문적인 성장을 이룰 책임이 있다. 대부분의 교사 조직은 대표적인 전문실무에 관한 윤리적 표준을 정의한다. 기존과 다르게 학습하며 일반교육 교육과정에 접근하기 위하여 AT를 필요로 하는 학생을 가르치고 있는 교사는 AT를 사용하는 교사를 위한 실무표준과 자원을 제공하는 전문가 조직을 확인해야 한다. 〈표 1-3〉은 관심 있는 전문가 조직들을 열거하고 있다.

전문성 개발을 위한 계획

교사는 전문성 개발 기회를 계획하는 체계적이고 효과적인 방법이 필요하다. 전문성 개발 계획을 구조화하기 위한 한 가지 제안은 자기평가 활동에 참여하는 것이다. 전문가 조직에 의해 제공되는 우수 사례의 표준을 사용하면 자기평가의 방법을 제공해 준다. (이 장의 뒷부분에서 찾을 수 있는) [보조공학 적용 1-2]는 보조공학에 능숙하기 위하여 요구되는 상위 10가지의 기술들을 사용하는 방법을 제공한다. 전문가는 자신을 각 개별 영역에 대하여 "초보자" 또는 "전문가"라고 평정한다. "초보자"라고 표시한 영역의 경우, 전문가는 "초보자"에서 "전문가"로 올라가기 위하여 적절한 전문성 개발 기회를 찾기 위한 검색을 할 수 있다.

전문가의 특정 요구분야에서 훈련을 받도록 하는 것은 누구의 책임인가?

학습을 위한 보조공학

일반교육 교육과정에 접근

몇 가지 예외를 제외하고, 장애 학생은 비장애 동료와 동일한 높은 학업표준을 달성할 것이 기대된다. 2004년의 장애인교육증진법(IDEIA)과 2002년의 낙오아동방지법(NCLB)은 모든 아동들이 장애에 상관없이 일반교육 교육과정에 접근할 수 있어야 한다는 철학을 지원한다. AT의 의미, AT와 관련된 용어, 그리고 AT를 강제화하는 법률과 윤리적 표준에 대한 이해는 AT가 어떻게 장애 학생을 일반교육 교육과정에 접근하고 성공적인 학습자가 되도록 해 주는지를 학습하는 데 필수적이다.

편의제공과 수정. 이 책의 목적상, 편의제공(accommodations)과 수정(modifications)이라는 용어들은 장애 학생이 어떻게 일반교육 교육과정에 접근하며 성공적인 학습자가 될 수 있는지를 기술하기 위하여 사용된다. **편의제공**은 학생이 일반교육 교육과정에 접근할 수 있도록 해준다. 그것은 수업전략에 있어서의 변화, 물리적 접근을 위한, 그리고 학습을 촉진하기 위한 물리적 환경의 변경(adaptation)이며, 학생이 습득한 지식이나 기술을 시범보이기 위하여 학습상황에 어떻게 반응하는지와 같은 요구의 평가를 포함할 수 있다. 학생의 IEP 팀은 장애 학생을 위한 편의제공에 대한 주요한 결정을 다루어야 한다.

수정은 교육과정 문제에 더 밀접하게 관련되어 있다. 수정은 표준이나 기대를 바꿈으로써 내용이나 수준에서의 변화를 제공한다. 교육과정 내용이나 요구된 표준으로부터의 기대 수준을 바꾸기 위한 어떤 결정은 해당 학생의 IEP 팀에 의해 행해져야 한다. 학생의 교육과정이 수정되었을 때, IEP 팀은 또한 사정(assessment)과 등급 매기기(grading) 문제를 다루어야 한다.

IEP 팀은 먼저 일반교육 교육과정에 어떻게 접근하는지, 그리고 두 번째로 그렇게 하기 위해서 해당 학생은 어떤 편의제공과 수정이 필요한지를 확인할 책임이 있다. 이러한 결정을 하는 데 있어, IEP 팀은 먼저 해당 학생을 위한 학습목표를 결정해야 한다. 그런 다음, IEP 팀은 해당 학생이 그러한 목표를 달성하기 위하여 어떤 관련된 서비스나 편의제공, 또는 (AT와 같은) 수정이 필요한지를 결정해야 한다. 교수의 전달, 해당 학생이 교수를 받게 될 환경, 그리고 사정 문제는 심사숙고하고 신중하게 고려되어야 한다. AT 장치는 이러한 구성요소 각각에 대해 고려될 수 있다. 예를 들어, 해당 학생은 텍스트, 학습을 위한 유인물, 그리고 사정자료와 같은 인쇄물을 읽기 위하여 CCTV를 사용할 필요가 있을 수도 있다. 많은 장애 학생들은 AT가 없으면 교수와 사정에 접근하는 것이 제한되거나 불가능하다.

IEP 팀은 또한 해당 학생이 접근하기 위해서 요구하는 자료들을 주도면밀하게 검토해야 하며, 그런 다음 학생의 성공적인 학습을 위해 AT 장치와 서비스를 어떻게 지원하고 허용할 것인지를 결정해야 한다. 예를 들어, 시각장애 학생은 더 나은 조도(illumination)의 인쇄자료로부터 혜택을 받을 수 있다. 지도와 같은 유인물을 보기 위해 적절한 밝기를 제공하는 전구상자를 사용하는 학생은 그것을 볼 수도 있다. IEP 팀과 교사가 교수자료와 관련된 이러한 문제를 다룰 때, IEP 팀은 "다양한 요구를 지닌 많은 학생들을 포함하기 위하여 자료를 어떻게 선택하고 사용할 것인가?"라는 질문에 답해야 한다.

표준기반 개별화교육프로그램. 2004년의 장애인교육증진법은 모든 장애 학생들이 일반교육 교육과정에 접근할 수 있어야 한다고 규정했다. 따라서 교육자는 학생이 그러한 접근을 할 수 있도록 보장하기 위한 목표를 설정해야 한다(McGrath, Johns, & Mathur, 2004). 학생은 규정된 고부담 사정(high-stakes assessment)에서 잘 수행하기 위해 교육과정 내용에 적절하게 접근할 수 있어야 한다. AT 서비스와 장치는 접근을 제공한다. IEP 팀은 AT 서비스와 장치를 관련된 서비스로 간주할 수도 있다. 그들은 또한 편의제공과 수정을 위해 AT 서비스나 장치를 고려할 수도 있다.

표준(standard)은 학생이 각 학년도 말에 달성해야 할 기대치다. 교사는 각 주(州)가 모든 학생들이 달성해야 할 것으로 결정한 교육과정 표준을 가르쳐야 한다. 이것은 모든 교사들이 일반교육 교육과정에 기초한 주(州) 표준에 익숙해질 수 있는 기회를 신장시켜 준다. 교사가 주(州)의 교육과정 표준을 알고 이해할 때, 그는 주(州)의 표준을 달성하기 위해 학생의 수행을 신장시킬 수 있을 뿐만 아니라 AT가 이러한 노력에서 어떻게 사용될 수 있는지에 대한 보다 유능한 결정을 할 수 있다.

학생은 통합환경에서 일반교육 교육과정에 접근할 수 있다. 교사는 어떻게 표준지향 교수를 하며, 교육과정을 각 학생에게 유의미하게 만들 것인지를 결정해야 한다. 그러나 해당 학생이 이러한 표준을 어떻게 달성할 것인지를 최종적으로 결정하는 것은 바로 IEP 팀이다.

표준기반(standard-based) IEP는 장애 학생이 표준을 달성하기 위하여 어떻게 학습해야 하는지를 결정하는 것이다. 표준기반 IEP는 해당 학생의 개별적인 요구에 빠르게 반응해야 하며, 학생이 주(州)의 표준을 달성하였음을 어떻게 보여줄 수 있는지를 정의한다(Snell & Brown, 2006). 모든 학생들의 목표는 졸업, 직업 준비, 그리고 평생 학습을 지원하는 장기적인 교육 산출물의 학년 수준 능숙도(proficiency)와 성취도(achievement)다.

학생은 일반교육 교육과정에 의미 있는 방식으로 참여하고 자신에게 적절한 방식으로 표준을 충족시킬 수 있다. 교수의 전달은 각 학생의 개별적인 요구에 기초하여 모든 학생들을 수용할 수 있도록 수정될 수 있다.

AT는 라이트테크에서 하이테크에 이르기까지 교육목표를 달성하는 데 매우 유용하다. IEP 팀은 학생이 어떤 수정이나 편의제공 없이도 표준기술을 수행할 수 있는지를 스스로 반문해 보아야 한다. 학생이 그렇게 할 수 있다면, 특수하게 설계된 교수는 필요 없다. 표준기반 IEP를 설계할 때, [그림 1-2]는 각 학생을 위한 수행 산출물의 적절성과 AT가 학생의 성취도에 어떤 영향을 미칠 수 있는지를 결정할 때 IEP 팀을 안내할 수 있다. [그림 1-3]은 AT 연속선을 사용하여 어떤 목표가 8학년 과학 교육과정에 기초한 주(州) 표준과 어떻게 관련되는지를 예시하고 있다.

학생에게 어떤 표준이 적절한가?

↓

학생은 설정된 학년 수준의 기술을 수행할 수 있는가?

↓

만약 그렇지 않다면, 적절한 라이트테크 AT가 수행을 증진시켜 주는가? 만약 그렇다면, 어떤 유형의 라이트테크가 적절한가?

↓

만약 그렇지 않다면, 적절한 하이테크 AT가 수행을 증진시켜 주는가? 만약 그렇다면, 어떤 유형의 하이테크가 적절한가?

↓

이것이 표준을 충족하기 위한 학생의 수행을 신장시켰는지를 결정하기 위해 AT가 어떻게 사정될 수 있는가?

[그림 1-2] 표준기반 IEP을 위한 학생에게 적절한 보조공학 결정하기

비밀유지와 사생활보호 문제

법률에 의해 요구되고 CEC에 의해 지지된 바와 같이, 장애 학생과 함께 일하는 전문가들은 사생활보호 문제에 관한 엄격한 정책을 준수해야 한다. CEC 표준은 전문가들이 장애 학생과 그들의 가족들에 대한 정보에 관하여 비밀을 유지해야 함을 상기시킨다. 아울

러, 전문가들은 학부모들과 의사소통할 때에도 비밀을 유지해야 한다. 이것은 AT 및 장애 학생과 관련한 어떤 문제들도 포함한다.

주(州) 표준. 우주와의 관계 속에서 행성을 알기

IEP 목표. 철수는 질문에 답함으로써 표현적인 문체를 시범 보일 수 있다.

하이테크 AT
행성에 대한 선다형 평가문항이 주어졌을 때, 철수는 질문에 답하기 위하여 자신의 컴퓨터에 있는 스크린리더와 대체 키보드를 사용할 수 있다.

라이트테크 AT
과학 수업에서 소집단으로 학습할 때, 철수는 데스크톱 컴퓨터에 첨부되어 있는 예와 아니요 그림기호를 가리킴으로써 예와 아니요 질문에 답할 수 있다.

노테크 AT
교사는 철수에게 그 질문을 읽어주고, 철수는 각 질문에 대한 정답을 구두로 답할 수 있다.

[그림 1-3] 교육과정 표준과 보조공학 연속선

장애 학생과 학부모들은 연방 법률에 어떤 권리가 부여되어 있다. 형태로써의 절차적인 보호(procedural safeguard)와 적법 과정(due process)에 대한 권리가 있다. 2004년의 장애인교육증진법은 가족교육권리 및 사생활보호법(Family Educational Rights and Privacy Act: FERPA)에서 발견되는 신조(tenets)를 통합하고 확장한다. 일반적으로, FERPA는 학부모에게 지역교육기관에 의해 유지되는 학생의 교육기록에 대한 확실한 권리를 준다(FERPA, 2005). 학교는 또한 학부모나 자격이 있는 학생으로부터 학생의 기록에 있는 정보를 공개하기 위해서는 문서로 된 허락을 받아야 한다. IEP 팀 구성원들에게 FERPA와 장애 학생을 위한 다른 절차적인 보호에 대하여 상기시켜 주는 것은 좋은 습관이다.

[보조공학 적용 1-1]

AT 연속선

전문성 개발을 위한 자기평가: 나에게 필요한 영역은 어디인가?

1. 자기평가를 받은 후에, "초보자"라고 표시된 영역에 관한 리스트를 만들라.
2. 이 영역들에서 "초보자"에서 "전문가"로 이동할 수 있도록 전문성 개발 프로그램을 제공하는 곳을 검색하라. 예를 들어, 워크숍, 전문 문헌, 온라인 강좌, 대학 강좌 등을 검색할 수 있다.

[보조공학 적용 1-2]

전문성 개발을 위한 자기평가: 어떻게 상위 10위에 점수를 매길까?

기술	초보자	전문가
1. 다양한 장애의 특성에 관한 교육적 시사점		
2. 장애 학생 및 보조공학과 관련된 정의와 용어		
3. 보조공학과 관련된 학생, 가족, 교사, 그리고 다른 전문가들의 권리와 책임		
4. 보조공학과 관련한 법률, 정책, 그리고 윤리적 원칙		
5. 보조공학을 사용하는 장애 학생을 위한 개별화 프로그램을 계획하고 실행하는 데 있어서의 교사의 역할		
6. 보조공학을 사용하는 학생과 관련된 자문과 협력 전략		
7. 보편적 학습설계(UDL)의 원리		
8. 일상의 교수(instruction)를 계획하는 데 있어서의 보조공학의 실행		
9. 보조공학의 유지		
10. 평가를 수행하기 위한 보조공학의 사용 통합		

학습점검

- 1973년경에 장애 학생은 무상의 적절한 공교육을 받기 위하여 편의제공을 받았다. 이러한 편의제공 중 많은 것이 AT, 즉 상업적으로 구매가능하고, 기성품이며, 변형하거나 개별화(customized)할 수 있는, 그리고 장애인의 기능적인 역량(functional capacity)을 증가·유

지 · 향상시키기 위한 품목이나 장치, 또는 생산물 시스템의 형태였다. AT는 Tech Act의 통과와 함께 1988년에 공식적으로 정의되었다. 뒤를 이은 1998년의 보조공학법으로부터 2004년의 장애인교육증진법에 이르기까지, AT는 계속적으로 발전해 왔다.

- 장애 학생은 1975년에 전장애아동교육법에 따라 무상의 적절한 공교육(FAPE)을 보장받았다. 이것은 개인의 요구를 충족시키기 위해 설계된 특수교육과 관련된 서비스의 시작이었다. 이 시기 동안, 교육자는 학생이 일반교육 교육과정에서 성공하기 위하여 사용할 적응장치(adaptation devices)를 설계하였다. 이 법률은 영 · 유아와 가족을 위한 서비스를 포함하기 위하여 1986년에 보다 더 확장되었다.
- Tech Act의 이름은 1990년에 흔히 IDEA 수정법안이라고 일컬어지는 장애인교육법으로 바뀌었다. 이 수정에는 IEP의 갱신의 일환으로 전환계획이 추가되었다. AT는 다시 IEP 팀이 그렇게 결정한다면 전환계획의 일부로 의무화되어진다.
- IDEA는 1997년에 다시 재승인되었다. 이 수정법안은 AT 사용을 위한 시사점을 가지고 있는 세 가지 영역을 강조했다. 첫 번째가 행동을 긍정적인 방식으로 해결하기 위한 긍정적인 행동중재지원(PBIS)이었다. 두 번째는 학생에게 교육구 전체와 주 전체의 검사 프로그램에 참여할 수 있는 기회를 제공했다. 세 번째는 학생에게 일반교육 교육과정에 대한 접근을 승인했다. 의회는 장애 학생이 비장애 동료와 함께 교육되어야 함을 매우 분명하게 명시하였으며, 그 결과 대학교가 예비 교육자를 훈련하는 방법 중 상당부분이 바뀌었다. 강조점은 보다 다양한 학생들과 일할 수 있는 전문지식을 제공했던 교사준비 프로그램으로 전환되었다. AT는 장애인교육증진법이 통과된 2004년에 해당 법률에서 처음으로 정의되었다. AT라는 용어는 그 당시에 외과적으로 이식된 의학적인 장치나 그러한 장치의 대체는 포함하지 않았다.
- AT를 위한 법률은 모든 학생들이 FAPE를 이용할 수 있게 됨에 따라 계속적으로 발전하고 있다. 1990년에 법률로 서명된 미국장애인법(ADA)은 고용, 통신, 공공 편의제공, 그리고 통신 부문 내에서의 AT를 위한 요구를 보다 더 강조했다. 이 법률은 장애인에 대한 차별을 금지했다. 연방 법률은 모든 개인이 평등한 접근과 생산적인

시민이 되는 것을 가능하게 한다.

- 일반교육교사는 모든 장애 학생들의 요구를 충족시키고 그들을 위한 적절한 장치를 사용할 수 있도록 하기 위한 FAPE를 제공하기 위하여 테크놀로지 연속선을 사용할 수 있다. 보조공학 연속선은 교육자에게 하이테크와 같이 복잡한 것에서부터 가장 간단한 것에 이르기까지 광범위한 장치들을 제공하는데, 그것들 모두는 수업전략을 위해 개별화(customize)될 수 있다.
- AT 장치를 위한 자금지원은 IEP 팀이 그것이 해당 학생을 위해 적절한 것이라고 결정하면 학교시스템에 의해 제공되어야 한다. 다른 가능한 자금지원 출처로는 노인의료보험, 국민의료보조, 그리고 개인보험이 있다. AT는 또한 대여 옵션이나 대여기관을 통해 확보될 수 있다.
- 장애 학생을 가르치는 교육자는 교사를 지원하는 전문가 조직들로부터 질문에 대한 답을 얻을 수 있다. 이러한 조직들은 윤리강령과 전문가적 실무표준을 제공하는데, 이러한 것은 윤리적 실제를 위한 지침으로 사용된다.
- 윤리는 특정 전문직과 관련된 행동표준이라고 폭넓게 정의된다. 장애 학생을 위한 AT 서비스와 장치를 위한 사정과 계획 과정에 관여한 전문가는 일반적으로 자신의 전문직을 위한 표준 윤리강령을 준수한다. 특수교육자의 경우 CEC 윤리강령이 적용된다.
- 모든 학생들은 규정된 사정에서 성공하기 위하여 각 주에 의해 설정·제시된 교육과정 표준을 충족해야 한다. 이러한 것이 이루어지기 위해서, 교사는 모든 학생들을 위한 주 교육과정 표준에 대하여 가르쳐야 한다. IEP 팀은 각 학생을 위한 적절한 수정과 편의제공을 갖춘 표준기반 IEP를 설계해야 한다. 결과적으로, 모든 학생들은 일반교육 교육과정에 접근할 수 있어야 한다. 교수의 전달은 학생이 어디에서 교수를 받느냐에 따라 고려사항이 된다. AT 장치는 이 영역들 각각에서 고려될 수 있다.
- 교사는 전문성 개발 기회를 계획할 수 있는 체계적인 수단이 필요하다. 그는 전문가 조직에 의해 제공되는 우수 사례 표준을 사용하는 계획을 개발하고 자기사정(self-assessment) 활동에 참여할 수 있다.
- 장애 학생과 함께 일하는 전문가들은 사생활보호 문제에 관한 엄격

한 정책을 준수해야 한다. CEC 표준은 전문가로 하여금 비밀유지 문제를 상기시켜 준다. 장애 학생과 학부모들은 절차적인 보호와 적법 과정에 대한 권리를 포함한 권리가 부여되어 있다. 2004년의 장애인교육증진법은 FERPA에서 발견되는 신조(tenets)를 통합하고 확장한다. FERPA는 학부모들에게 지역교육기관에 의해 유지되는 학생의 교육기록에 대한 확실한 권리를 준다.

참고문헌

ADA Amendments Act of 2008 (P.L. 110-325). Retrieved April 29, 2009, from http://www.ada.gov/pubs/ada.htm

Amendment to Section 508 of the Rehabilitation Act of 1998 (1998). Retrieved March 10, 2005, from http://www.section508.gov/index.cfm?FuseAction=Content&ID=14

Assistive Technology Act. (2004). *ATAP Press Release: Congress passes the Assistive Technology Act of 2004.* Retrieved April 10, 2005, from http://www.ataporg.org/ATpressrelease.pdf

Association for Career and Technical Education. (2005). *Carl D. Perkins Act-Background.* Retrieved December 12, 2005, from http://www.acteonline.org/policy/legislative_issues/Perkins_background.cfm

Cavanaugh, T. (january, 2007). Assistive educational technology takes shape: An interview with Dr. Terry Cavanaugh. *FCTD News and Notes.* Retrieved on April 29, 2009, from http://www.fctd.info/resources/newsletters/displayNewsletter.php?newsletterID=10043

Council for Exceptional Children. (1993). *CEC Code of Ethics.* Retrieved on April 29, 2009, from http://www.cec.sped.org/Content/NavigationMenu/AboutCEC/CECsMissionandVision.

Council for Exceptional Children. (2008). *CEC's Mission and Vision.* Retrieved on April 29, 2009, from Council for Exceptional Children. (2009). *Public policy agenda for the 111th United States Congress: January 2009-2011.* Retrieved on January 14, 2010 from http://www.cec.sped.org/AM/Template.cfm?Section=Home&TEMPLATE=/CM/ContentDisplay.cfm&CONTENTID=11301 http://www.cec.sped.org/Content/NavigationMenu/AboutCEC/CECsMissionandVision.

Family Educational Rights and Privacy Act. (2005). *General information.* Retrieved March 16, 2005, from http://www.ed.gov/policy/gen/guid/fpco/ferpa/index.html.

U.S. Congress. (1988). U.S. Congress, Pub. L. No. 100-407. Individuals with Disabilities Education Improvement Act of 2004. Pub. L. No. 108-446. 118 STAT.2647.

Mandlawitz, M. (2005). *What every teacher should know about IDEA 2004.* Boston: Allyn & Bacon/Pearson Education.

McGrath, M. 2., Johns, B. H., & Mathur, S. R. (July/August/September 2004). Tips to help special educators deal with NCLB. *CEC Today, 10(7)*, 1.

No Child Left Behind Act of 2001. Pub. L. No. 107-110. 115 STAT.1425.

Rehabilitation Engineering and Assistive Technology Society of North America. (2005). *About RESNA.* Retrieved March 12, 2005, from http://www.resna.org/AboutRESNA/AboutRESNA.php.

Snell, M. E., & Brown, F. (2006). *Instruction of students with severe disabilities* (6th ed.), Upper Saddle River, NJ: Merrill/Pearson Education.

Telecommunications Act Accessibility Guidelines, Final Rule. Published in the *Federal Register*, February 3, 1998. 36 CFR Part 1193.

U.S. Office of Special Education. (2005). *Individuals with Disabilities Education Improvement Act Resources.* Washington, DC: Author.

Vanderheiden, G. (1984). High and light technology approaches in the development of communication systems for the severely physically handicapped persons. *Exceptional Education Quarterly, 4*(4), 40-56.

Vertrees, D., Beard, L., & Parnell, E. (1997). Special education technology: and then what? *Florida Technology in Education Quarterly, 9*(2), 26-36.

제2장

보조공학, 보편적 학습설계, 중재반응

장(章) 개관

- 보조공학 스냅샷
- 보편적 학습설계: 소개
- 중재반응
- RTI와 UDL
- AT: UDL과 RTI
- 학습을 위한 보조공학
- [보조공학 적용 2-1]
- 학습점검
- 참고문헌

학습과제

1. 보편적 학습설계(Universal Design for Learning: UDL)란 무엇인가?
2. 중재반응(Response to Intervention: RTI)이란 무엇인가?
3. UDL과 RTI는 서로 어떻게 보완해 주는가?
4. 보조공학은 RTI와 UDL 개념 모두에서 유용한가?

보조공학 스냅샷

강 교사 사례

강 교사는 고려 초등학교의 학교행정가다. 고려 초등학교는 시골에 위치한 작은 초등학교다. 학교는 영어학습자(English Language Learner: ELL)로부터 사회경제적으로 상류층에 속하는 학생까지 다양하다. 학교는 학생을 잘 보살피고, 교사가 잘 가르치며, 학생의 적절한 진전도(progress)를 점검하기 위해 지속적인 모임을 갖는 것으로 유명하다. 장애를 지닌 모든 학생은 가능한 최대한 일반교육 교육과정에 유의미하게 통합되어 있다. 학교는 저성취 학생을 위한 중재를 점검하기 위해 해당 교육청 소속 학교 중에서 처음으로 RTI를 도입했다. 학교는 높은 학교수준을 유지하고 모든 학생들의 요구를 충족시키기 위해서 교사가 유의미한 전문연수에 참여하도록 독려한다. 교사는 성공적인 학습자가 되기 위해 중재가 필요한 학생이 있는지에 관심을 갖고 이러한 학생을 발견해 내도록 훈련받아 왔다.

강 교사는 또한 제안서 작성에 뛰어나 다양한 지원제도를 이용해 학교에 자금지원(funding)이 되도록 한다. 최근 강 교사는 교육공학을 위한 자금지원을 해 주는 제안지원서를 받았다. 강 교사는 제안서에서 그러한 교육공학이 필요하다는 사실뿐만 아니라 학생에게 어떤 영향을 줄 것인지도 강조해서 써야 함을 알고 있다. 자금지원은 기존의 교육공학의 질을 한층 끌어올리는 데 지대한 기여를 할 것이다. 강 교사의 계획은 고학년 지원에서 시작되며, 개별 학생의 요구를 충족시킬 수 있도록 점차 다양한 전략과 자원, 사정방법 등을 사용하는 것뿐만 아니라 유연한 교실환경을 조성하는 것이다. 강 교사는 모든 학생이 똑같이 학습에 대해 접근할 수 있도록 효과적인 교실을 만들기를 원한다.

보편적 학습설계: 소개

보조공학 스냅샷에서, 강 교사가 학생의 다양한 요구를 충족시키기 위해 교실을 구조화하기를 원함을 알았다. 강 교사는 단지 학생의 학습양식이나 능력, 배경 등이 매우 다양하기 때문에 학생이 전형적이라고 이해한다. 이러한 다양성에 기초한 계획을 수립할 때 강 교사는 다른 교수자들이 하는 것처럼 학생 학습에 긍정적인 영향을 끼치기 위해서 교사가 유연한 수업(teaching)양식을 가지고 모든 학생의 요구를 충족시키기 위한 교수전략을 사용해야 한다고 생각한다. 교수(instruction)를 주의 깊게 계획하고 설계하면, 모든 학습자는 성공할 수 있다. 보편적 학습설계(Universal Design for Learning: UDL)는 교수(instruction)를 강조하는 하나의 개념 또는 철학이며, 다양한 능력을 지닌 학생을 위해 사용될 수 있는 서비스다(Taylor, Simley, & Richards, 2009).

보편적 학습설계(UDL)라는 용어는 건축에서 비롯되었다. UDL은 연방 법률이 장애인이 건물이나 구조물에 보편적으로 접근 가능하도록 하기 위해 제공했을 때 건축설계 분야에서 시작되었다(Lieberman, Lytle, & Clarcq, 2008). 정의는 1998년의 보조공학법(이 법안에 대한 더 많은 정보는 제1장을 참고할 것) 제3조(Section 3)에서 발견된 의미에서 비롯되었다. UDL은 다양한 기능적 능력을 지닌 사람에 의해 사용되는 상품이나 서비스를 설계 또는 전달하는 것으로서, AT 없이 직접 사용 가능하기도 하고, AT와 함께 사용하도록 만들어진 상품이나 서비스를 포함하는 개념이나 철학을 말한다(Sec. 602[35]). Connell, Mace, Mueller(1997)에 따르면, 보편적으로 설계된 상품과 환경은 공평하고, 유연하며, 간단하고, 직관적이며, 실수를 수정할 수 있는 기회가 주어진다. 또한 물리적인 노력을 최소로 요구하고, 지각할 수 있는 정보를 제공하며, 접근과 사용을 위해 필요한 규모와 공간을 제공한다. 보편적 설계센터(Center for Universal Design)와 설계원리에 대한 정보는 〈표 2-1〉과 같다.

교실에서 교사가 어떻게 UDL을 구체적인 교과영역에 적용시킬 수 있는지에 관한 사례를 생각해 보라.

〈표 2-1〉 UDL 관련 자료

보편적 설계센터(Center for Universal Design) www.design.ncsu.edu/cud	• 보편적 설계센터(Center for Universal Design)는 주택과 공공기관, 사설기관 및 관련된 생산물에 있어 보편적 설계를 평가하고 개발하며 이를 촉진하도록 하는 연구를 실시하고, 정보를 제공하며, 기술적 지원을 하는 센터다.

TES(Teaching Every Student) www.cast.org/teachingeverystudent	• Teaching Every Student(TES)는 교육자가 UDL에 대해 학습하도록 지원하고 UDL을 실행할 수 있도록 지원하는 기관이다.
TES 툴킷(Tool Kits for Teaching Every Student) www.cast.org/teachingeverystudent/toolkits	• 응용특수공학센터(Center for Applied Special Technology: CAST) UDL 툴킷은 교육자가 교실에서의 UDL 원리를 이해하고 적용할 수 있도록 돕는다. 툴킷은 UDL 준거틀을 사용함으로써 교사와 학습자의 다양한 학습양식과 요구, 그리고 선호하는 것을 지원한다. 상호작용하는 활동이나 개별지도서와 도구가 온라인으로 제공되는데, 다양한 버전들을 다운받거나 출력할 수 있다.
모든 학습자들을 위한 UDL 계획(UDL Planning for All Learners) www.cast.org/teachingeverystudent/templates/UDLSolutionsTemplate.pdf	• UDL 해결책 도출 템플릿(Deriving UDL Solution Template)은 교사가 학생에게 제한을 최소화하도록 하기 위해서 도구나 전자교재, 웹기반 자료 등을 포함한 다양하고 유연한 학습자료와 방법을 선택하거나 만들 수 있도록 돕는다. 교사는 MS 워드나 PDF 형식으로 다운받아 이용할 수 있다.
국가교수자료 접근성 표준(National Instructional Materials Accessibility Standard: NIMAS) http://www.afb.org/nimas.asp	• NIMAS는 쉽게 접근할 수 있는 형식으로 바꿀 수 있는 전자교과서와 다양한 교수자료를 생산하고 배포한다.

이러한 원리는 교육자가 모든 학습자들이 성공적으로 해낼 수 있도록 하는 준거틀(frameworks)을 제공하고 모든 학생들이 일반교육 교육과정에 접근할 수 있는 능력을 신장시킬 수 있도록 준거틀을 설계할 수 있도록 했다. 교육과 관련된 것으로서, UDL은 모든 학습자들을 위해서 모든 교재나 방법, 전략, 그리고 접근 가능하고 장애물 없는 교수전달과 평가도구를 변형시키는 하나의 수단이다. 본질적으로 교육자는 모든 학생들이 성공적인 학습에 접근할 수 있도록 적절한 교육프로그램을 설계할 수 있다.

이를 달성할 수 있는 한 가지 방법은 다양한 학습자들의 요구를 수용하는 유연한 목표, 전략, 자원, 그리고 사정을 만들기 위한 지도를 제공하는 UDL의 개념을 사용하여 개인차를 반영하는 것이다 (Meyer & Rose, 2002). 이것은 모든 학생들이 페다고지(pedagogy)와 자원으로부터 발생하는 방해요인이 무엇인지를 밝혀내고, 방해요인을 제거하며, 나아가 융통성을 도입함으로써 교육목표를 달성할 수 있도록 해준다. UDL을 위한 준거틀은 교육자를 도와 교육과정 내에서 사용된 교재에 방해요소가 없어야 한다는 것과 학습자가 관심을 가지고 교재에 접근하고 그것을 사용하는 데 있어 선택권이 모든 학습자에게 더 나은 학습환경을 제공할 것이라는 사실을 알고 이해하도록 돕는다(Hitchcock, Meyer, Rose, & Jackson, 2002; Meyer & Rose, 2002). 이러한 준거틀 내에서 보편적으로 설계된 학습자료는 모든 학생의 교육을 향상시킨다(Hitchcock, 2001).

AT	UDL	예시
장애 학생을 위해 특별히 고려됨	더 많은 학생들에 의해 사용됨	• 김 교사는 생물 시간에 또래보다 읽기능력이 저조한 모든 학생들을 위해 랩톱과 스크린리더를 제공한다. 정형외과적 장애가 있는 민철이는 컴퓨터에 접근하기 위해 특별히 설계된 스위치를 필요로 한다.
IEP 팀에 의해 결정된 교육과정에 대한 기대치를 충족시키기 위해 장애 학생에 의해 사용됨	교육과정을 다양한 요구를 가진 학생에게 접근 가능하도록 함	• 김 교사의 생물수업을 듣는 모든 학생들은 컴퓨터시험이나 지필시험 중 하나를 선택할 수 있다. 인지적 손상이 있는 지민이는 컴퓨터를 사용하여 생물시험을 치른다.
특수교사와 IEP 팀이 AT에 대한 의사결정을 함	일반 교육자에 의해 의사결정되고 시행됨	• 김 교사는 주(州)의 학습지도 요령과 주(州)에서 채택한 교재, 그리고 UDL 생물수업을 설계하기 위해 테크놀로지를 사용했다. 김 교사는 학생이 성공적인 학습자가 되도록 하기 위해 다양한 방법으로 수업자료를 제시했다. IEP 팀은 민철이와 지민이의 IEP 목표를 설정했고, 김 교사의 생물수업에서 성공적인 학습자가 되기 위해 필요할 것으로 여겨지는 AT가 무엇인지를 결정했다.

[그림 2-1] AT와 UDL의 차이점

UDL은 테크놀로지 이상의 것임을 기억하는 것이 중요하다. 즉,

UDL은 UDL 교실을 조성하기 위한 동력을 제공한다. UDL은 모든 학습자들을 위해 학습에 대한 동등한 접근을 제공하며, 학생들이 교실에 들어오기 전에 이미 준비되어 있어야 하는 것이다. 테크놀로지는 모든 학생들을 위한 교실을 설계하는 데 있어 결정적인 역할을 할 것이다. UDL 교실의 맥락 내에서, AT는 장애 학생의 개별적인 요구를 충족시키기 위한 접근성을 제공한다. 그러나 더 많은 교육자들이 AT에 대해 점차 알아가고 있으며, 자신들의 교실 내에서 모든 학생들의 요구를 충족시키기 위해 그것을 사용하고 있다. 장애로 진단된 학생에게 구체적으로 어떤 AT가 학생을 성공적인 학습자가 되도록 하며 일반교육 교육과정에 접근할 수 있도록 해주는지를 구체적으로 결정하기 위해 학생과 UDL 환경을 평가한 이후에 IEP 팀에 의해 고려된다.

이상적으로, UDL은 이미 모든 교실에 준비되어 있어야 한다. IDEIA 2004(이 법률에 대한 정보는 제1장 참조)는 UDL 원리를 지원하는 기술을 위한 자금지원을 제공한다. UDL 개념은 이 법률의 수정조항을 통해 발견된다. UDL의 개념을 적용한 교수자원을 제공하는 것은 모든 학생들, 특히 장애 학생들처럼 다르게 학습하는 학생들에게 큰 함의를 갖는다. IEP 팀이 학생이 성공적인 학습자가 되기 위해서 필요한 수정과 편의제공이 무엇인지를 고려할 때, 필요한 지원이 이미 교실 안에 준비되어 있다면 많은 경우 학생은 성공적인 학습자가 될 수 있다. 따라서 IEP 팀이 할 일은 이미 가지고 있는 자원과 학생의 개별적인 요구를 맞추는 것이다.

만일 어떤 학생이 일반교육 교육과정에서 진전이 없다면 어떻게 할까? 이런 경우에 대한 대비책으로, 모든 학교가 학생의 학습을 위해 가장 시급할 것으로 예상되는 것을 고려하기 위해 필요한 절차를 따를 것을 제안한다. 이러한 절차들 중에 의뢰(referral) 팀을 구성하는 전문가 팀이 포함된다. 이 전문가 팀은 저성취 학생 또는 학업성취를 방해하는 행동문제를 가진 학생을 위한 교육적 지원을 설계한다. 중재반응(response to intervention: RTI)은 이러한 지원을 제공하기 위한 하나의 방법이다. RTI는 학생이 일반 교육환경에 기반한 질 높은 교수와 행동지원을 제공받아 왔을 것으로 간주한다. UDL 교실의 성공적인 실행은 질 높은 교수자료와 연구에 의존한다. UDL의 사용과 RTI의 절차는 단지 장애 학생뿐만 아니라 모든 학생들을 위해 준비되어 있다. UDL과 RTI 모두에 접근하고 있는 학생은 결코 더욱 집중적이고 개별화된 중재를 필요로 하지 않는다. 그러나 다른 학생들에게 RTI의 절차는 학생의 학습과제를 진단하고 AT의 사용을 포함하는 집중적인 중재를 제공하기 위한 문제해결의 준거틀을 제공한다.

중재반응

장애인교육증진법(IDEIA, 2004)은 개별 교육구가 RTI를 학생이 특수한 학습장애(specific learning disability, SLD)인지를 결정하기 위한 평가절차의 일부로 사용하도록 하는 근거를 제공하고 있다. 이 과정은 과학적 연구에 기반한 중재를 사용할 것을 강조하는 통합적인 접근법(comprehensive approach)의 실제를 실행한다(Johnson & Smith, 2008). RTI는 SLD를 가지고 있을 것 같은 학생을 판별하기 위해 여러 해 동안 사용된 불일치 모델에 대한 대안으로 설명되어 왔다. 불일치 모델은 학생이 실패할 때까지 기다리는 모델이었다. 학생은 서비스를 받기 위한 초기중재 이전 3~5년 동안 뒤로 처졌다. 대부분의 학생들을 위한 전통적인 교수유형은 동일하거나 차이가 없고, 학생이 SLD이라고 진단받을 때까지 특별한 중재를 받지 못했다. Fuchs와 Fuchs(2006)에 따르면, RTI는 불필요하거나 약간의 장애가 있다고 진단받기 전에 학문적·사회적 실패를 막을 수 있는 다층구조 체계를 말한다. RTI 모델은 만일 학생이 장애로 진단되면 일반교육 교실이든 특수교육서비스의 범위에 있든 관계없이 교수를 증진하는 하나의 수단으로 활용될 수 있다. 어느 학생에게나 서비스를 제공하기 위한 자원은 학생의 성공을 명확하게 하기 위하여

RTI 과정이 학생의 학습을 증진하기 위하여 어떻게 교육과정에 통합될 수 있는지에 관한 사례를 제공하라.

UDL의 개념에 관한 더 많은 정보는, 참고자료 웹사이트를 보라.

적절하게 할당되어야 한다.

Jimmerson, Burns, VanDerHeyden(2007)은 RTI가 모든 학생의 학습에 도움이 되도록 자원을 적절히 배치하기 위해 자료를 체계적으로 사용해야 한다고 제안했다. 이것은 실제로 누가 특수교육서비스를 필요로 하는지를 선별하는 과정을 도와줄 것이다. RTI는 학생이 가장 성공적이기 위해서는 어떤 중재가 효과적인지를 결정하는데 기초를 제공할 뿐만 아니라 SLD 과정에서 진단의 근거가 될 수 있다.

RTI 모델은 일반적으로 2단계에서 4단계의 중재를 사용한다. 각 단계는 부분적으로 학생의 요구와 교수자가 각 단계에서 얼마나 교수를 잘 전달하느냐에 따라 다르다. 교수와 학생의 학습을 개선하기 위해 교육자에 의해 사용되는 이 모델은 교수의 강도를 높이기 위해 더 많은 단계를 포함한다. 표준적인 처치가 일반적으로 더 개별적이거나 사람들이 학생을 위한 교수전달을 철수하는 방법이라고 말할 수 있는 것이다(Strangeman, Hitchcock, Hall, & Grace, 2006). 교육자에 의해 둘 다 사용되어 왔지만, 이 둘의 구체적인 차이점은 RTI 모델이 일반교육 교실에서 사용될 중재를 제공하는 것이고, 학생의 상세한 요구를 목표로 삼아야 한다는 것이다. UDL과 RTI는 일반교육 교실에서 모든 학생의 요구를 충족시키기 위한 기초를 제공하기 위해서 서로 조화롭게 고려되어야 한다. UDL 개념은 RTI의 목표를 달성하기 위한 환경과 접근 가능한 교육과정 교재와 일반교육 교육과정에 접근하기 위한 수단을 제공할 수 있다. 다시 강조하자면, AT는 더욱 집중된 교수를 요구하는 학생에게 꼭 필요한 지원일 수 있다.

UDL의 원리를 따른다면, RTI가 필요한가?

RTI와 UDL

RTI와 UDL은 둘 다 모든 학생의 교육과 관련이 있기 때문에 상호보완적이다. RTI는 더욱 과정 중심적이며 학교에서 실패할 위험에 처해 있는 학생에 대한 의사결정 시 사용된다. RTI는 아동이 일반교육 교육과정에 성공적으로 접근하도록 하기 위해 어떤 구체적인 중재가 개별 아동의 요구를 가장 잘 충족시키는지에 대한 의사결정을 돕는다. UDL은 학생이 일반교육 교육과정에서 가능한 한 성공적인 학생이 되도록 돕는다. RTI와 UDL 모두 교육적인 지원을 제공함으로써 학생의 결과물을 향상시키는 것을 목표로 하고 있다(Strangeman, Hitchcock, Hall, & Meo, 2006). UDL 개념은 AT와 통합됨으로써 협력팀이 모든 아동이 일반교육 교육과정에 접근하는 데 더욱 성공적이 되도록 하는 중재를 확장시키는 데 도움이 된다. UDL 개념과 RTI 과정을 함께 고려하는 것은 특수교육서비스를 위한 의뢰(referrals)를 줄이고, 개별 교실에서의 다양한 요구를 충족시키는 데 유용한 것으로 밝혀진 중재를 확장시키기 위한 수단을 제공한다는 점에서 중요하다(Strangeman, Hitchcock, Hall, & Meo, 2006). 테크놀로지를 가능한 중재로서 사용하는 것은 대다수의 학생을 위해 교수를 차별화시키는 수단일 수 있다. 오늘날 대부분의 교실에서 테크놀로지는 교사에게 많은 학생들에게 유용한 강력한 중재를 제공해 준다.

AT: UDL과 RTI

테크놀로지가 RTI와 UDL 모두를 개발하고 실행하기 위한 필수요건은 아니지만, UDL 교실에서는 일반적이다(Council for Exceptional Children, 2005). UDL 설계자는 테크놀로지를 통해 UDL 준거틀의 도전에 대처할 수 있다. 그는 테크놀로지를 사용함으로써 교육과정을 더 빨리 설계·개발할 수 있다. 테크놀로지는 다양한 학습요구를 지닌 학생을 위해 교육과정과 교수를 향상시키고, 교육과정과 학습에의 접근을 제공하며, 학생을 의미 있는 학습경험으로 참여시키고 동기화시킨다(Council for Exceptional Children, 2005; Crowder, 1999). 테크놀로지의 사용, 특히 AT는 많은 학생들에게 매우 강력한 중재일 수 있다.

RTI와 UDL은 교수자료의 제작과 설계를 제공하고 다양한 능력을 가진 학생이 학습목표에 도달할 수 있는 활동을 제공한다. 이러한 목표는 유연한 교육과정 자료와 학생이 학습할 수 있도록 하기 위한 다양한 방법을 활용한 대안적인 학습기회를 제공하는 활동을 통해 달성된다. 이러한 선택권은 교수자료 설계 시 고려될 수 있다(Crowder, 1999). 따라서 UDL 제품은 다양한 학습자의 요구를 충족시키기 위한 다양한 접근법을 제안하고 교수자가 개인차를 고려하여 교수할 수 있도록 한다(Rose & Meyer, 2002). 교수자는 이것을 염두에 두고, 이러한 접근방법을 RTI 과정 중에 개별 학생을 위한 구체적인 중재 설계 시 사용할 수 있다. 그 결과, 그는 개별 학생의 구체적인 요구를 충족시키고 모든 학생을 위해 더욱 보편적으로 설계된 교실을 만들 수 있다. 예를 들어, 교사는 교과서와 함께 소프트웨어를 사용하거나 읽기를 위해 음성이나 하이라이트와 같은 보조적인 기능이 있는 소프트웨어를 사용할 수 있다. 테크놀로지를 사용하는 다른 컴퓨터 프로그램 역시 개별 학생의 성취를 지원하기 위해 각 교실에 UDL의 개념을 통합하기 위한 노력으로 간주될 수 있다.

> 모든 수준에 있는 교사가 교수를 증진하기 위하여 어떻게 UDL을 사용할 수 있는가? 자료 웹사이트를 보라.

> RTI와 함께 사용하기 위한 AR 소프트웨어에 관한 더 많은 정보는, 참고자료 웹사이드를 보라.

학습을 위한 보조공학

UDL과 RTI: 모든 학생을 위한 학습에의 영향

UDL과 RTI 모델은 모든 학생들에게 중요한 함의(implication)가 있다. 교육과정을 위한 적응과 교실 설계를 위한 UDL 개념을 설명하는 교수자는 모든 학생들에게 최적의 학습과정이 되게 한다. RTI 과정은 교사에게 개별 학생의 개인적 요구에 기초한 다양한 중재의 성공적인 적용에 대해 다른 동료로부터의 투입을 제공하는 역할을 한다. 이 장의 서두에서 소개되었듯이, 교수자가 UDL 개념에 기초하여 자신의 교실을 재설계하는 데 있어 개방적인 태도를 취하는 것이 중요하다. 이것은 매우 중요한 사안이기 때문에 과학으로 묘사되어 왔다(Jimerson, Burns, & VanDerHeyden, 2007). UDL과 RTI를 통합하는 실제는 교수 전달을 개선시키고 특수교육 의뢰율을 줄인다. 각각의 학습양식을 조절하기 위해 교실에서 더 나은 중재를 받는 학생은 학문적으로 더 나은 수행을 보인다. UDL과 RTI를 결합하면, AT의 사용은 모든 학생들이 일반교육 교육과정에서 진전할 수 있도록 하는 가장 강력하고 핵심적인 지원이 될 수 있다.

[보조공학 적용 2-1]

UDL과 RTI: 고려사항

1. UDL은 모든 학생들이 학습할 수 있는 접근 가능한 교실을 제공한다.
2. RTI는 특정 학생의 요구에 더 잘 부합하기 위해 제공되는 교수방식을 바꿀 수 있는 중재를 고려하기 위한 과정을 제공한다.
3. UDL은 교실에서의 적응 가능성을 제공한다.
4. RTI는 중재과정에서 학생을 위해 과학적인 연구에 기초한 전략을 사용할 수 있도록 해준다.
5. UDL과 RTI는 개별 학생이 각 교실에서 최적의 학습기회를 가질 수 있도록 끊임없이 사정된다.
6. UDL 개념에서, 교육과정 자료와 전략, 사정수단은 모든 학생의 요구에 부응하도록 충분히 유연하게 설계한다(Hitchcock, Meyer, Rose, & Jackson, 2002).

학습점검

- UDL이라는 용어는 건축에서 유래된 용어다.
- UDL 준거틀은 교수자에게 다음의 세 가지 원리를 제안한다. (a) 정보제시의 다양성; (b) 학생의 학습 표현의 다양성; (c) 학생 동기화와 참여의 다양성(Meyer & Rose, 2002).
- UDL은 모든 학생들에게 학습에 대한 동등한 접근을 제공한다.
- 장애인교육증진법(IDEIA, 2004)은 개별 교육구에 특수한 학습장애(SLD)를 진단하기 위한 사정과정의 일부로 RTI의 실제를 사용하도

록 하고 있다.

- RTI 모델은 2단계에서부터 4단계까지의 중재를 사용한다. 각 단계는 부분적으로 학생의 요구에 따라 교수자가 각각의 단계에서 교수를 얼마나 잘 전달할 것인지를 중요시한다.
- UDL과 RTI는 적절히 사용되면 모든 학생의 성취를 개선시킬 수 있다.
- UDL과 RTI를 함께 고려하여 사용하는 실제는 교수전달을 개선할 뿐만 아니라 SLD의 특수교육 의뢰율을 줄일 수 있다.

참고문헌

Connell, B. R, Jones, M., Mace, R, Mueller, J., Mullick, A, Ostroff, E., Sanford, J., Steinfeld, E., Story, M., & Vanderheiden, G. (1997). *Principles of Universal Design.* Center for Universal Design. Retrieved on April 29, 2009, from http://www.design.ncsu.edu/cud/about_ud/ud-principles.htmlformat.html#top.

Crowder, E. (1999). Universal design: Ensuring access to the general education curriculum. *Research Connections in Special Education, 5*, 1-8.

Council for Exceptional Children (2005). *Universal Design for Learning: A guide for teachers and education professionals.* Upper Saddle River, NJ: Pearson.

Fuchs, L. S., & Fuchs, D. (2006). A framework for building capacity for responsiveness to intervention. *School Psychology Review, 35*(4), 621-626.

Hitchcock, C. (2001). Balanced instructional support and challenge in universally designed learning environments. *Journal of Special Education Technology, 16*(4), 23-30.

Hitchcock, c., Meyer, A., Rose, D., & Jackson, R. (2002). Providing new access to the general curriculum: Universal design for learning. *Teaching Exceptional Children, 3*(2), 8-17.

Jimerson, S. R, Burns, M. K., & VanDerHeyden, A. H. (2007). *Handbook of response to intervention: The science and practice of assessment and intervention.* New York: Springer.

Johnston, E. S., & Smith, L. (2008). Implementation of response to intervention at middle school: Challenges and potential benefits. *Teaching Exceptional Children, 40*(3), 46-52.

Lieberman, L. J., Lytle, R K., & Clarcq, J. A (2008). *Getting it right from the start: Employing the universal design for learning approach to your curriculum. JOPERO, 79*(2), 32-40.

Meyer, A, & Rose, D. H. Universal design for individual differences. *Educational Leadership*, 39-43.

Strangeman, N., Hitchcock, C.. Hall, T., & Meo, G. (2006). *Response to instruction and universal design for learning: How might they intersect in the general education classroom*? Retrieved March 11, 2009, from http://ldonline.org/article/13002

Taylor, R. L., Smiley, L. R., & Richards, S. B. (2009). *Exceptional students: Preparing teachers for the 21st century*. Boston: McGraw-Hill.

제3장

보조공학
평가

장(章) 개관

- 보조공학 스냅샷
- 협력팀 구성
- 보조공학을 위한 의뢰와 사정
- 학습을 위한 보조공학
- [보조공학 적용 3-1]
- 학습점검
- 참고문헌

학습과제

1. 장애 학생을 위한 의사결정을 안내하기 위해 어떤 종류의 팀이 형성되어야 하는가?
2. 개별 팀 구성원의 역할은 무엇인가?
3. 보조공학을 위한 사정에서 팀의 역할은 무엇인가?
4. 보조공학(AT) 과정을 위한 의뢰와 사정에서 각 단계는 무엇인가?
5. 지속적인 사정 AT 체크리스트(Ongoing Assessment AT Checklist)는 미래 보조공학을 결정하는 데 있어 얼마나 유용할 수 있는가?

보조공학 스냅샷

승호 사례

승호는 현재 고려 초등학교 유치원에 등록된 3살 아이다. 그는 지방 병원의 사회복지사인 어머니와 함께 살고 있다. 승호의 아버지는 승호가 2살 때 돌아가셨다.

승호는 태어날 때부터 **경련성 마비**(spastic paraplegia)(다리 내부에서 근육 긴장이 증가하는 것), 소두증(microcephaly), 그리고 발작 장애를 가진 것으로 진단되었다. 그의 가장 최근의 사정은 **전반적인 수준의 지원**(광범위한 지원)이 요구되는 것으로 나타났다. 승호의 유치원 교사인 이 선생님은 AT가 승호의 진단된 장애에 의해 기인하는 발달지체를 해소해 줄 것으로 생각한다. 이 선생님은 심지어 제한된 자발적인 운동이 승호의 적응적, 사회적, 정서적 기술의 발달을 증진시켜 줄 것이라고 생각한다.

출생 이후, 승호와 승호 어머니는 장애 서비스를 받아왔으나 초기중재 프로그램을 미루어 왔다. 초기중재는 승호 어머니가 승호가 너무 커서 더 이상 유모차를 이용하기가 곤란해져 승호를 위한 소아용 휠체어를 구입할 때 도움이 되었다. 작업치료사(occupational therapist: OT)와 물리치료사(physical therapist: PT)는 승호의 요구에 맞는 적절한 유형의 휠체어를 결정했다. (작업치료사는 프로그램을 설계하고 개인이 유익한 활동에 참여할 수 있도록 도와주는 적절한 교수자료의 활용에 관한 사용설명서를 전달한다. 물리치료사는 개인이 운동을 통해 근육과 정형외과적인 활동을 개발, 유지할 수 있도록 함께 노력한다.) 비록 그 휠체어는 승호가 혼자서 앉고 자신의 트레이(tray) 위에 놓여 있는 활동에 참여할 수 있도록 설계되었지만, 승호의 어머니는 그것을 주로 승호를 한 장소에서 다른 장소로 이동시키는 유모차로 사용했다. 승호의 어머니는 승호에게 음식을 먹이기 위하여 그를 계속해서 잡아주었으며 다른 활동을 위해 그를 푹신한 의자(beanbag chair)가 있는 마루에 앉혀 놓았다. 그 결과, 승호는 상당기간 동안 휠체어에 앉아 있는 것이 익숙하지 않았다.

이 선생님의 목표들 중 하나는 승호가 교실에서 더 많은 독립성을 갖는 것이었다. 그러나 승호는 휠체어 바퀴의 위치 때문에 휠체어를 조정할 수가 없었다. 승호는 휠체어와 식탁의 높이가 달라 식탁에 있는 활동에 접근할 수 없었다. 승호는 또한 교실 환경에서 다른 장애에 직면했는데, 그것은 그로 하여금 집단 활동에 참여할 수 없도록 만들었다. 예를 들어, 승호의 동료들이 써클타임(circle time)[1]을 위해 이 선생

---

1) [역자 주] 선생님이 한가운데 위치하고 아이들이 원형이나 부채꼴을 그리면서 둘러앉아 진행하는 놀이시간

님 주변에 모여들었을 때, 그들은 교실 바닥에 앉았다. 승호는 교실 바닥에 앉을 수 없었기 때문에 그 집단의 일원이 되지 못했다. 또한 승호 어머니는 빈번하게 승호의 트레이를 학교에 가져오지 않아서 승호는 많은 일상 활동에 참여할 수 없었다. 승호는 휠체어에 앉아 있는 것을 좋아하지 않았으며, 매우 큰 소리로 울어 자신의 불만을 표출했다. 이 선생님은 승호가 얼마나 오랫동안 휠체어에 앉아 있어야 하는지를 정확히 알 수 없어서 승호를 의자에 앉혔다가 끄집어내는 데 많은 시간을 소비했다. 이 선생님은 또한 승호가 구내식당에서 동료들과 함께 휠체어에 앉아 점심을 먹기를 원했지만 승호는 휠체어에 앉아서 점심을 먹는 것을 거부했다.

일주일 후, 이 선생님은 승호가 독립심과 발달 영역에서의 향상이라는 목표를 달성하기 위해서는 도움이 필요하다는 것을 깨달았다. 아울러, 승호는 이 선생님이 전에는 목격하지 못했거나 그의 학생기록부에서는 볼 수 없었던 행동적인 문제들을 보이기 시작했다. 이 선생님은 승호의 유치원특수교육교사와 컨설팅을 한 후, AT 문제를 해소하기 위하여 개별화교육프로그램(IEP) 팀과 모임 일정을 잡았다.

이 선생님은 승호의 IEP 팀의 정식 구성원들뿐만 아니라 학교 AT 전문가(AT specialist)도 초청했다. IEP 팀은 승호와 이 선생님을 도와주기 위하여 체계적인 문제해결 접근법을 사용했다. IEP 팀은 현재의 앉아 있도록 하는 것이 승호에게는 부적절하며 아마도 그것이 승호의 신체적, 정서적인 문제를 더욱 악화시켰을 것이라는 데 전적으로 동의했다. 긍정적인 학생 산출을 증가시키기 위하여 승호에게 적절한 AT 장치를 사정하는 과제가 AT 전문가에게 할당되었다.

OT와 PT는 사정이 끝날 때까지 승호에게 학습활동, 놀이, 음식 섭취를 위해 안전하고 적절하게 배치하여 앉히도록 이 선생님 및 승호의 어머니와 긴밀하게 협조할 것이다. IEP 팀은 AT 전문가에게 가능한 한 빠른 시일 내에 기능적인 사정(functional assessment)을 마치고 승호에게 적절한 AT 산출물을 결정하기 위하여 다시 IEP 모임을 소집할 것을 요청했다.

이 선생님은 승호의 IEP 팀의 정규 구성원뿐만 아니라 OT, PT, 그리고 학교 AT 전문가를 초청했다. OT는 프로그램을 설계하고 개인이 유익한 활동에 참여할 수 있도록 도와주는 적절한 교수자료의 활용에 관한 사용설명서를 전달한다. IEP 팀은 만나서 승호와 이 선생님을 도와주기 위하여 체계적인 문제해결 접근법을 사용했다.

Webquest 3.1
여러분에게 방금 뇌성마비가 있는 학생이 배정되었다. http://www.merckbooks.com/mmha/index.html로 가서 뇌성마비에 관한 정의를 찾아보라.

협력팀 구성

승호의 사례에서 볼 수 있는 바와 같이, AT에 관한 결정은 팀(team)에 의해 행해진다. 학생을 위한 교육계획을 고안하기 위하여 함께 노력해야 한다는 팀의 개념은 제1장에서 논의했던 1975년의 전장애아교육법(EAHCA)에서 기원했다. 협력팀(collaborative team)은 함께 일하는 교수자들에게 방법을 제공하는 다른 모형들을 제시한다. 세 가지의 다른 팀 모형들이 여러 해에 걸쳐 발전하여 왔으며, 그것들은 개인들에게 학생의 교육프로그램을 계획하기 위하여 함께 할 수 있는 기회를 제공한다. 이러한 팀 모형들에는 (a) 다학문 모형(multidisplinary model), (b) 학제 모형(interdisplinary model), 그리고 (c) 범학문 모형(transdisplinary model)이 있다.

다학문 모형

다학문 모형은 가장 오래되었고, 학문구체적(discipline-specific) 전문지식에 기초하고 있다. 학생의 교육프로그램을 계획할 때 많은 개인들의 정보와 전문지식이 활용된다. AT 전문가는 학생의 IEP 계획과 정보에서 중요한 역할을 수행한다. AT 전문가의 역할은 이 장의 뒷부분에서 정의된다.

학제 모형

팀 구성원들은 학제 모형을 활용할 때 자신들의 사정을 개별적으로 수행하지만, 학생의 교육프로그램을 계획하고 개발하기 위하여 함께 노력한다. 팀 구성원들은 정보를 공유하고 각 학생에게 특수한 중재전략을 계획하기 위하여 함께 일한다. 가족(family)은 학제적인 팀의 통합적인 부분이다. 팀 구성원들은 학문구체적인 중재를 실행할 책임이 있다. 예를 들어, AT 전문가는 AT 사정 결과에 기초한 중요한 정보를 제공한다.

범학문 모형

범학문 모형의 주요한 특성은 한 전문가가 코디네이터로 봉사하며 학생을 위한 서비스의 대부분을 실행하는 책임을 진다는 것이다. 많은 경우, 이러한 역할을 하는 전문가는 특수교육교사다. 이 모형에서, AT 전문가는 AT 사정 결과를 제공하며, 학생을 위한 AT의 사용을 실행하기 위한 주요한 서비스 제공자가 된다. 승호의 IEP 팀은 이 모형을 따랐다.

IEP 팀

Friend와 Bursuck(2002)는 효과적인 팀 구성원들은 자신들이 팀이며, 개인적인 차이점을 제쳐 놓아야 하고, 장애 학생을 위한 최상의 프로그램을 설계해야 하는 이유를 기억해야 한다고 주장했다. 대부분의 경우, 이 팀은 해당 학생의 IEP 팀이다. 제1장에서 IEP 팀의 구성요소에 대해 소개했다. 이 팀의 각 구성원의 역할은 공식적인 사정절차와 협력적인 문제해결을 하는 데 있어서 매우 중요하다. AT에 관한 의사결정 시 팀이 고려해야 할 사항으로는 (a) AT 사정과정에 참여와 문서화, (b) AT 활용을 위한 학생과 교사지원 결정, (c) AT 활용 후의 학생의 학문적인 진전도 사정, (d) 학생, 가족, 교사, 그리고 다른 서비스 제공자가 AT를 실행하는 과정에서 접할 수 있는 장애를 제거하기 위한 문제해결이 있다.

IEP 팀 구성원들의 역할

학생에게 적합하며 무상의 적절한 공교육(FAPE)의 전달을 보장하는 IEP를 계획하기 위한 협력팀 구성 과정에는 많은 개인들의 참여가 필요하다. IEP 팀 구성원들은 (a) 어느 팀 구성원들이 학생의 IEP 팀으로 봉사해야 하는지를 결정하며, (b) 사정 결과에 관한 논의와 검토, (c) 그 결과들에 기초한 다양한 IEP 부분들을 쓰는 것을 포함하여 IEP 설계 시 완수해야 할 몇 가지 과제들을 가지고 있다. 이러한 과제들은 교육수행의 현재 수준, 연간 목표, 벤치마킹, 최소제한 환경, 그리고 과정이 언제 어떻게 보고되어야 하는지를 다룬다.

IEP 팀 구성원들 모두는 IEP의 각 부분에 공헌한다. 개별 구성원의 전문성은 다양하며, 학생의 요구에 따라 결정된다. AT 전문가는 팀의 필수적인 구성원이다. 협력팀의 다른 구성원들로는 일반교육교사, 특수교육교사, 학교행정가, 지역교육기관(Local Education Agency: LEA) 대표, 학부모, 학교심리학자, 학교상담사, 물리치료사(PT), 작업치료사(OT), 사회복지사, 학교양호교사, 언어병리학자, 지역사회중심기관 대표, 그리고 (적절한 경우) 해당 학생이 포함된다. 각 IEP 팀 구성원은 구체적인 역할을 수행하며, 학생이 자신의 요구를 충족시켜 주고 일반교육 교육과정에 대한 접근을 제공해 주는 최상의 가능한 프로그램을 제공받을 수 있도록 보장해 주는 많은 다른 방법들을 통해 정보를 제공한다. 각 팀 구성원은 학생과 과정(process)에서 중요하다.

AT 전문가. AT 전문가는 일반교육 교육과정에 접근하기 위하여 요구되는 적절한 AT 장치를 결정하기 위하여 학생에 관한 철저한 AT 사정을 수행한다. AT 전문가는 AT 장치 결정 시, 그리고 종종 그것을 구축하거나 만들 수 있도록 도와주는 데 있어 중요한 역할을 수행하는 사람이다. AT 사정의 목적은 어떤 AT 장치가 일반교육 교육과정에 대한 접근을 저해하는 장애를 가능한 한 최대로 줄이면서 효과적인지를 결정하는 것이다. AT 전문가는 목표를 정의하는 것을 도와주며, 그러한 목표가 학생을 위한 IEP의 개발과 관련될 때 벤치마킹한다.

일반교육교사. 2004년의 장애인교육증진법(IDEIA)은 일반교육교사가 만약 아동이 일반교육 교육과정에 참여하고 있거나 참여할 계획이라면 각 IEP 팀의 일원이 되어야 함을 요구한다. 일반교육교사는 일반교육 교실에서의 학생의 수행과 관련된 많은 문서들을 가지고 있어 IEP의 개발에 크게 기여할 수 있다. 그는 학년별 교육과정 표준과 교육과정에 관한 지식 및 문서에 관해 IEP 팀에게 알려줄 수 있다. 그는 학생이 일반교육 교육과정에 접근할 수 있는 방법과 이러한 목표를 달성하기 위하여 어떤 유형의 지원이 제공될 수 있는지를 알며 이해하고 있다.

일반교육교사는 만약 필요하다면 학생이 어떤 AT를 필요로 하는지에 관한 매우 좋은 정보원(source of information)이 될 수 있다. 일반교육교사는 또한 교실에서 수행되는 비공식적이며 문서화된 사정을 통해 사정과정에서 필요로 하는 정보를 제공해 준다. 일반교육교사는 교육과정이 각 학생의 요구를 충족할 수 있도록 접근 가능하게 만들기 위하여 그것을 수정할 수 있는 최상의 방법에 관한 정보를 가지고 있어야 한다.

특수교육교사. 특수교육교사는 학생의 요구에 따라 다른 역할을 수행한다. 그러한 역할에는 방문 순회하는, 통합적인 특별교육실(resource-room) 교사에서부터 일반교육교사의 컨설턴트에 이르기까지 다양할 수 있다. 특수교육교사는 일반적으로 IEP 모임을 수행하는 과정에서 스케줄을 잡고, 조직하며, 많은 일을 한다. 특수교육교사는 사정과 관련된 정보뿐만 아니라 학생의 이전 경험에 기초한 일반교육 교육과정에 가장 잘 접근하는 방법을 제공할 수 있다. 그는 또한 학생이 성공할 수 있도록 도와줄 수 있는 AT 장치나 서비스를 정의할 때 전문지식을 제공한다. 흔히 AT 사정 의뢰자(referral)는 바로 특수교사다. 특수교육교사는 장애 관련 법률, 정책, 그리고 규제뿐만 아니라 다양한 유형의 장애를 알고 이해하고 있으며, 교수 프로그램을 계획할 때 이러한 정보를 제공할 수 있다.

학교행정가. 학교행정가는 교수(instruction)의 리더로서 학교 내의 모든 교육과정 프로그램의 과실에 대한 책임을 지고 있다. 그는 교사들의 역할 모델이다. 교사들은 종종 학교행정가로부터 암시(cue)를 받는다. 만약 학교행정가가 모든 아동들은 학습할 수 있음을 믿는다는 것을 프로그램 개발을 통해 전달한다면, 다른 직원들은 그 지도를 따를 것이다. 학교행정가는 모든 학생들이 무상의 적절한 공교육(FAPE)을 받고 있음을 명확하게 해야 한다. 따라서 학교행정가는 IEP 팀에 나타나야 하며, 팀의 일원이어야 할 뿐만 아니라 IEP의 실제 개발에 공헌해야 한다. 몇몇 학교행정가들은 IEP 모임 일정을 잡고 모임을 진행하는 책임을 지고 있다. 몇몇 학교행정가들은 IEP 모임에서 자신들을 대변하도록 행정보조원, 학교상담사, 또는 다른 교사를 지명한다. 아울러, 학교행정가는 지역교육기관(Local Education Agency: LEA) 대표의 역할을 수행할 수도 있다.

지역교육기관 대표. IEP 팀은 종종 지역교육구의 LEA 대표를 포함한다. 비록 LEA 대표의 역할은 교육구 시스템마다 다소 차이가 있지만, 각 IEP 팀이 그러한 대표를 포함하는 것이 중요하다. LEA 대표는 특수교육서비스의 국장, 교육과정 코디네이터, 부교육감, 또는 (위에서 언급한 바와 같이) 학교행정가일 수 있다. LEA 대표는 학교시스템(school system)을 대신하여 말한다.

학부모. 학생의 학부모는 IEP 팀의 중요한 부분이다. 법률은 IEP 과정에서 학부모의 참여에 관하여 매우 강력하게 언급하고 있다. 학부모는 어느 누구보다 아동을 더 잘 알고 있다. 학부모는 교수자를 위한 가장 지원적인 사람이며, 교수자는 그들의 정보를 가치 있게 다루어야 한다. 학부모는 모든 환경에서 아동을 위한 지원을 제공한다. 그들은 종종 학교 환경에서 도입한 것을 가정에서도 계속한다. 만약 AT가 아동의 연간 목표를 달성하는 데 있어 해당 아동의 성공에 중요하다면, 학부모 및 학교시스템의 대표와 협력적으로 일하는 것이 매우 중요하다. 그러한 협력은 또한 만약 아동이 모든 환경에서 AT 장치를 활용한다면 AT의 포기(abandonment) 가능성을 줄여준다.

학교심리학자. 학교심리학자는 일반적으로 의뢰팀(referral team)에 의해 적절한 것으로 간주되는 공식적인 사정과 다른 사정을 수행한다. 학교심리학자는 검사 결과를 해석하기 위하여 추천팀과 함께 일한다. 학교심리학자는 IEP 개발 시 도움을 줄 수 있는 정확하고 실제적인 권고를 하기 위하여 평가자료를 분석한다. 몇몇 주(州)는 이러한 서비스를 수행하기 위하여 주(州) 교육부와 같은 기관으로부터 인증된 사람을 고용하고 있다. 예를 들어, 앨라배마 주의 경우, 심리측정가(psychometrist)는 사정서비스를 수행하기 위하여 인증을 받아야 한다.

학교상담사. 상담사는 학생의 IEP 개발 과정에서 많은 역할을 수행한다. 그는 사정 결과에 대한 해석을 도와줄 수 있고, 해당 학생의 교사(들)로부터 받은 정보와 관련된 문제를 보고할 수 있다. 학교상담사는 또한 만약 IEP 팀이 학생을 위해 적절하다고 생각한다면 상담서비스를 제공한다. 만약 AT가 필요하다면, 상담사는 학생이 학교 환경에서 AT 장치 사용법을 배울 때 해당 학생을 상담할 수 있다.

물리치료사와 작업치료사. 이 전문가들은 지체장애 학생과 함께 비의약적인(nonmedical) 방법으로 일한다. 물리치료사(PT)는 적절한 활동이 대근육 운동기술, 자세유지(positioning), 그리고 운동(movement)과 관련되어 있을 때 그러한 활동에 있어서의 신체적인 기술과 관련된 정보를 제공한다. 작업치료사(OT)는 학생의 소근육 및 시각 운동기술 관련 활동에 관한 정보를 제공한다. PT와 OT는 사정 결과 이러한 서비스가 필요한 것으로 나타날 때 종종 IEP 과정에 참여한다. 이러한 서비스는 IEP 개발에서 **관련 서비스**(related services)라고 일컬어진다. PT와 OT는 또한 어떤 유형의 AT 장치와 서비스가 필요한지를 결정할 때 AT 전문가를 도와준다.

사회복지사. 사회복지사는 지역기관들(community agencies)이 학생을 도와주도록 하기 위하여 많은 시간을 보낸다. 그는 학교 환경 밖에서 아동에 관한 정보를 수집할 수 있다. 이것은 IEP 팀이 모든 환경에서 실행할 수 있는 결정을 할 수 있도록 도와준다. 사회복지사는 또한 AT가 필요하다면 그것이 모든 환경에서 어떻게 작동하는지를 결정하는 데 기여한다.

학교 양호교사. 이 전문가는 선발과정(screening process) 동안 도움을 준다. 그는 시각과 청각장애 학생을 선발한다. 의학적으로 병약한 학생의 경우, 그는 학생의 병력(medical history)을 설명해 줄 수 있다. 이것은 IEP 팀이 AT 장치나 서비스를 선택하는 데 있어 기초를 제공한다.

언어병리학자. 언어병리학자(speech-language pathologist: SLP)는 별도 교실과 일반교육 교실에서 말(speech) 및 언어(language)와 관련된 서비스를 제공한다. 관련된 서비스가 보완대체의사소통(AAC) 장치와 관련될 때 SLP는 IEP 과정의 중요한 부분이다. 적절한 AAC 장치의 선택은 의사소통을 위해 중요하며, SLP는 학생의 IEP 팀 구성원으로서 이러한 결정을 하는 데 주요한 정보를 가지고 있다.

다른 구성원. 다른 전문가들은 직업재활(vocational rehabilitation: VR), 인적 서비스, 유치원 서비스 제공자, 그리고 다른 의학전문가들을 의미한다. 모든 사람들이 잠재적으로 IEP 팀의 구성원이다. 이 전문가들은 학생의 요구를 가장 잘 충족시켜 주기 위하여 IEP를 개발하는 데 있어 전문화된 정보를 제공할 수 있다.

학생. IEP가 작성된 학생은 적절할 때는 언제든지 IEP 팀 모임에 참석할 수 있어야 한다. 학생은 자신의 학교 경력 초기에 IEP 개발의 일부분임을 이해하고 느껴야 한다. 학생은 IEP 팀 모임에 참석했을 때 자신의 IEP를 이끌고, 자신에 대한 정보를 제시하며, IEP 팀 구성원들과 이야기를 함으로써 값진 정보를 추가할 수 있다. 학생은 AT가 필요하다면 자신이 사용하기에 가장 편리하다고 생각하는 AT유형을 결정하는 데 도움을 주어야 한다. 학생이 의사결정 과정에 관여한다면, 그가 모든 환경에서 자신의 AT 장치를 사용할 가능성은 더 높아질 것이다.

팀 참여와 사정과정

위에서 진술한 바와 같이, IEP 팀의 각 구성원은 특별한 역할을 가지고 있다. Friend와 Bursuck(2002)는 그러한 역할에는 전문가적, 개인적, 그리고 팀 역할이 포함되어 있다고 주장했다. 전문가적 역할에서, 각 구성원은 자신의 전문지식을 통해 기여한다. 예를 들어, 이 선생님은 전형적으로(typically) 발달하고 있는 유치원 학생이 달성해야 할 것으로 기대되는 것에 관한 자신의 이해를 통해 승호에게 도움을 줄 수 있다. 아울러, 이 선생님은 승호가 자신의 유치원 교실에서 현재 어떻게 수행하고 있는지에 관한 정보를 제공할 수 있다. IEP 팀은 이러한 정보를 통해 AT가 유치원 교실에 있는 승호를 어떻게 지원할 수 있는지에 대한 의사결정을 할 수 있다. 다른 IEP 팀 구성원들에는 해당 학생의 사정팀에 있었던 동일한 구성원들이 포함될 수 있다. 그러나 다양한 학생의 요구를 충족시키기 위하여 새로운 구성원도 추가될 수 있다(Best, Heller, & Bigge, 2005). 예를 들어, 승호의 경우에는 AT 전문가가 추가되었다.

각 구성원은 또한 IEP 팀에서 개별적인 역할을 가지고 있다. 개별적인 특성은 사정과정에서 긍정적으로 기여할 수 있다. 예를 들어, 격려자인 팀 구성원은 그 과정이 도전적일 때 구성원들을 격려할 것이다.

Friend와 Bursuck(2002)에 의해 제안된 세 번째 역할은 팀 역할이다. 예를 들어, 팀 구성원은 팀의 목표를 명료화하고 그것을 모든 팀 구성원들이 이해할 수 있는 방식으로 표현하는 데 능숙할 수도 있다. Friend와 Bursuck에 의하면, IEP 팀의 효과적인 기술을 위해 공통된 역할이 필요하다. 이러한 역할로는 팀 촉진자(facilitator), 시간관리자(timekeeper), 기록자, 그리고 독자가 포함될 수 있다. 이러한 역할은 모든 사람들이 팀 활동 과정에 참여할 수 있도록 주기적으로 순환될 수 있다. 각 팀 구성원의 적극적인 참여와 기여는 성공적인 학생 산출물을 보장하는 데 있어서 매우 중요하다.

팀 활동 과정에서 가족의 중요한 역할을 인정하는 것이 필수적이다. 다시 한 번, 2004년의 장애인교육증진법(IDEIA)은 가족 구성원을 협력팀의 통합된 일부분으로 포함시킨다. 효과적이고 적극적인 가족 참여를 독려하고 소중히 하는 것뿐만 아니라 가족 구성원에게 팀 역할을 할당하는 것은 다른 팀 구성원들의 의무다. 〈표 3-1〉은 협력적인 팀의 노력을 지원하는 자원을 제공한다.

여러분은 협력팀에게 자산(assets)이 될 수 있는 어떤 개인적 특성을 가지고 있는가?

〈표 3-1〉 보조공학을 위한 협력과 팀 활동

교육적인 변화(Educational Change) http://newhorizons.org	• 이 사이트는 교육적인 변화(educational change)을 촉진하는 데 초점을 두고 있으며, 특수교육과 협력에 관한 절을 포함하고 있다.
교사/학교행정가를 위한 특수교육 자원(Special Education Resources for Teachers and School Administrators) http://seriweb.com http://www.techlearning.com/article/2818	• 특수교육 관련 분야와 연관이 있는 사람에게 흥미로운, 인터넷으로 접근 가능한 일련의 정보자원을 담고 있다.
국제특수아동협회(International Council for Exceptional Children) http://www.cec.sped.org	• 국제특수아동협회의 공식 웹사이트
장애 학생을 위한 테크놀로지 활용(Technology Use for Students with Disabilities) http://www.closingthegap.com	• 장애 학생을 위한 테크놀로지의 활용을 촉진하는 웹사이트 • 특수교육과 협력에 관한 예를 포함하고 있다.

교사를 위한 통합 사이트(Comprehensive Site for Teachers) http://teacher.net http://www.readingrockets.org/article/211	• 협력과 관련된 주제에 관한 몇 가지 채팅방을 포함하고 있다.
전국전문수업표준위원회(National Board for Professional Teaching Standards) http://www.nbpts.org	• 전국전문수업표준위원회를 위한 이 사이트는 조예가 깊은 교사들의 자발적인 인증을 위한 표준을 담고 있다. 이 위원회의 인증을 위한 많은 평가들은 협력 시 시범적인 지식과 기술을 포함하고 있다.

학생과 교사 지원

장애 학생의 독특한 요구를 충족시키기 위하여, 종종 추가적인 서비스를 갖춘 개별화교수(individualized instruction)를 제공할 필요가 있다. 이러한 서비스는 **관련 서비스**(related services)라고 불린다. IEP 팀에 의해 확인된 이러한 서비스는 학생이 특수교육으로부터 혜택을 받을 수 있도록 지원한다. IEP 팀이 다면평가(multifactored evaluation)를 마친 후에, 요구되는 지원을 확인하는 것이 중요하다. 이러한 지원에는 학생, 가족, 그리고 교사를 위한 AT 사용과 유지에 관한 사용설명서, 교실에서 AT를 사용하기 위한 주변적인 지원, 그리고 AT를 수용하기 위한 교실과 가정에서의 환경적인 변화가 포함될 수 있다.

문제해결

IEP 팀이 직면하고 있는 거의 모든 활동과 과제는 해결할 필요가 있는 몇 가지 유형의 도전으로 개념화될 수 있다(Friend & Cook, 2003). 종종 "무상의 적절한 공교육(Free Appropriate Public Education: FAPE)"에서 "적절한(appropriate)"이라는 용어는 어떤 AT가 적절한가에 대한 논쟁을 초래한다. AT의 사용 및 제공과 관련된 복잡한 문제들 때문에, 문제해결(problem solving)은 IEP 과정의 필수적인 부분이다. 문제해결 문제들은 강도(intensity)가 다양하며, 대응적인(reactive) 접근방법이나 예방적인(proactive) 접근방법에 기초하여 대면되고 해결될 것이다.

예방 대(對) 대응. 승호의 경우, 유치원 교사는 승호의 유치원 프로그램을 계획하는 데 있어 IEP 팀의 예방적인 문제해결에 참여했다. 이 선생님은 승호의 독립성 수준을 결정하기 위하여 적절한 AT를 사용했다. 심지어 계획에 대한 예방적인 접근방법을 사용하더라도 위기와 딜레마가 일어나는 것은 피할 수 없지만, 이러한 문제해결 스타일은 가장 바람직한 것이다. 대응적인 접근방법은 일반적으로 문제가 발생하는 것을 예방하는 것보다 기존의 문제를 수정하는 데 더 많은 시간과 노력을 필요로 한다.

학생, 가족, 교사, 그리고 다른 서비스 제공자가 예방적인 문제해결 접근방법에 참여함으로써 AT를 실행하는 데 있어 어떤 문제와 장애에 직면하게 될 것인지를 예측하거나 예상할 수 있다. 이 단계에서, 가능한 장애와 문제가 발생하기 전에 그것을 제거하기 위한 시간을 가짐으로써 학생의 진보를 보장하기 위하여 실행될 수 있는 해결책을 만들 수 있다. 이것은 또한 IEP 팀이 좌절감과 부정성(negativity)이 문제해결 과정의 일부가 되어버리기 전에 협력하는 문화를 형성할 수 있도록 해준다.

모든 학생의 학문적인 성과를 사정하는 과정은 협력팀의 지속적인 역할이다. 이것은 협력팀이 학생의 진보를 면밀하게 모니터하고 문제를 해결할 수 있도록 해준다. AT를 효과적이고 효율적으로 사정하지 못하면 학생이 원하는 성과에 있어서의 감소와 AT의 남용, 무사용(nouse), 그리고 결국에는 폐기를 초래할 수 있다.

장애 학생의 교사가 직면하는 가장 커다란 도전들 중 하나는 교육환경에서 정당한 편의제공(reasonable accommodation)과 수정(modification)을 함으로써 학생이 일반교육 교육과정에 접근하고 법률에 의해 보장된 FAPE를 받을 수 있도록 도와주는 것이다. (편의제공과 수정은 제1장에서 정의되었다.) 많은 편의제공은 안전과 접근을 위해 환경을 단순히 재배치하는 것으로 구성된다. 간단한 편의제공은 투사되는 교수자료를 보다 더 잘 볼 수 있도록 시각장애 학생을 교실 앞쪽으로 더 가깝게 이동시키는 것이 될 수 있다. 몇몇 학생들은 보다 대규모 장비에 대한 편의제공이 요구될 수 있다. 예를 들어, 대체 또는 변형된 키보드나 전문화된(specialized) 소프트웨어를 갖춘 컴퓨터 시스템은 학생의 일반교육 프로그램에의 참여를 증진시켜 줄 수 있는 AT일 수 있다. 제1장에서는 AT 연속선과 관련된 일련의 옵션을 기술하였다.

교육과 마찬가지로, AT는 "하나의 사이즈로 모두에게 적합하게 한다(one size fits all)"라는 생각으로 접근해서는 안 된다. AT는 개별 학생의 요구에 따라 특수해야(specific) 한다. 승호의 경우처럼, 결정은 보조공학을 위한 의뢰와 사정(Referral and Assessment for Assistive Technology: RAAT)과정과 같은 기능적인 사정과정을 사용한 결과이어야 한다. 이 과정은 이 장의 뒷부분에서 상세하게 논의된다.

보조공학에 대한 고려사항

2004년의 장애인교육증진법(IDEIA)은 교육구들이 학생의 개별화 교육프로그램을 개발하기 위하여 팀 접근방법을 사용할 것을 요구하고 있다. 이러한 팀 구성원들은 해당 학생을 잘 알고 있으며, 그들 중 한 사람은 제1장에서 정의된 바와 같은 AT 장치와 서비스에 관한 상당한 지식을 가지고 있어야 한다. 총체적으로, 그들은 학생을 위한 장치와 서비스에 관한 정보에 근거한 결정을 내리기 위하여 AT에 대한 적절한 지식을 가지고 있어야 한다. 이것은 각 구성원이 AT에서 전문가가 되어야 함을 의미하는 것이 아니라 그 구성원이 협력팀이 학생에게 적합한 AT에 관한 합의에 이를 수 있도록 해줄 정도로 AT를 잘 알아야 함을 의미한다.

IEP은 집중적이고(intensive), 초점을 둔(focused), 다방면에 걸친(multifaceted) 사정에 기초하여 개발된다. 학생의 목표는 해당 학생의 개별적인 요구에 기초하여 작성된다. 이러한 요구는 사정과정 동안 수집된 자료들에 의해 결정된다. AT는 학생이 IEP 팀에 의해 결정된 개별적인 IEP 목표를 달성할 수 있도록 도와주는 도구다. 그러므로 학생을 위한 성과(outcomes)는 어떤 유형의 AT 장치가 적절한지를 결정하기 위한 과정에 따라 순서대로 먼저 작성되어야 한다. 우수 사례는 AT 장치(들)의 유형이 해당 학생의 IEP 팀에 의해 행해질 최종 결정들 중 하나임을 보여준다. 사정, IEP 목표, 그리고 AT의 상호관련성은 이 장의 마지막 절인 '학습을 위한 보조공학'에서 더 상세하게 제시된다.

개별적인 요구 고려. 첫 번째로 가장 중요한 것은 AT는 하나의 도구이며 사람들은 그러한 견지를 잃지 말아야 한다는 것이다. AT는 학생의 개별적인 요구를 충족시켜 주기 위하여 사용되며, 그렇게 함으로써 해당 학생이 IEP의 목표와 다른 교육과정 표준을 달성할 수 있도록 도와준다. AT가 아니라 학생이 주요한 초점임을 기억할 필요가 있다. Scherer(2008)는 AT의 초점을 학생의 독특한 요구와 선호도에 맞추는 것이 중요함을 강조한다. 그녀는 또한 AT 사용자와 AT 비사용자가 AT 장치의 선택에 접근하는 방법에 있어서 특징적인 차이점이 있음을 발견하였다. IEP 팀은 이러한 차이점에 관한 지식을 가짐으로써 AT가 사용될 수 있는 모든 환경에서 개별적인 요구를 지속적으로 검토할 수 있다.

둘째, AT는 특수화되어(specialized) 있으며, 학생이 개별적인 교육목표를 충족할 수 있도록 도와주기 위하여 설계되었다. 다양한 목표를 달성하는 데 하나의 특별한 AT 장치를 사용하는 것은 유용하다. 그러나 어떤 AT가 학생이 어떤 분야에서 단 하나의 목표만을 달성할 수 있도록 해준다는 이유로 소홀하게 취급되어서는 안 된다. 만약 그 장치가 학생이 그 목표를 달성할 수 있도록 도와준다면, 그것은 중요하게 고려되어야 한다. 만약 하나의 하이테크 장치가 최소수준에서 학생이 몇 가지 목표들을 달성할 수 있도록 도와준다면, 이것은 해당 학생의 협력팀이 AT를 고려할 때 하나의 요소(factor)가 되어야 한다. IEP 팀은 AT를 결정할 때 학생의 요구가 무엇인지에 관한 견지를 잃어서는 안 된다.

셋째, AT는 노테크(no tech)에서부터 하이테크(high tech)에 이르기까지의 연속선상에 위치한다. (AT 연속선에 대해서는 제1장에서 자세하게 논의되었다.) 일반적으로, 장치가 하이테크이면 일수록 가격은 더 비싸고, 해당 장치를 습득, 훈련, 사용하는 데 관련되는 시간은 더 길어진다. 법률적으로, 비용은 AT를 결정하는 데 있어 중요한 요소가 될 수 없지만, 실질적으로 개별 교육구에게 있어 비용은 중요한 고려사항이다. IEP 팀은 특정 장치가 단순히 "가지면 좋은 것(nice thing to have)"인지 또는 그것이 학생의 교육프로그램을 위한 개별적인 목표를 달성할 수 있도록 도와주는지의 여부를 결정할 수 있도록 도와주어야 한다. 종종 교육구와 가족 간에 **적절한**(appropriate)의 정의와 관련하여 심각한 불일치가 전개되기도 한다. 예를 들어, 수기기술(handwriting skills)이 빈약한 학생은 확대 키보드(enlarged keyboard)가 장착된 워드프로세서를 활용하면 도움이 될 것이다. 그러나 손/팔을 이용하여 필기를 할 수 있도록 도와주는 소품인 펜슬그립(pencil grip)과 돋움줄(raised lines)이 있는 종이도 연필을 흔들리지 않게 안정적으로 해 주며 수기(handwriting)을 향상시켜 줄 수 있어 결과적으로 확대 키보드가 장착된 워드프로세서와 동일한 결과를 제공해 준다. 자금지원에 관한 충돌은 실제적인 문제이며 그러한 문제가 발생하자마자 처리되어야 한다. (제1장에서는 AT 자금지원에 관한 더 많은 정보가 제공되고 있다.)

보조공학을 위한 의뢰와 사정

AT를 위한 평가(evaluation)와 사정(assessment)은 장애를 지닌 것으로 의심되거나 이미 장애를 지닌 것으로 진단된 학생의 전반적인 사정(assessment)에 밀접하게 관련되어 있으며 통합되어 있다. 철저하고 기술적인 사정이 채택되고 수행되는 한, AT 사정은 IEP 팀이 특수한 AT 장치와 서비스에 관한 의사결정을 하기 위해 필요한 자료를 제공해야 한다. 모든 팀 구성원들과 추가적인 이해당사자들이 선정과정을 이해하는 것이 중요하다. 사정과정은 또한 다양한 출처로부터 도출된 정보를 포함할 수 있을 정도로 포괄적이어야 한다.

이 장에서 기술된 과정은 보조공학을 위한 의뢰와 사정(RAAT)이다. 그것은 학생의 개별적인 요구와 그러한 요구를 충족시키기 위한 적절한 AT, 지속적인 지원, 그리고 계속적인 사정을 제공하기 위한 네 단계 과정이다.

단계 1: 보조공학 사정 의뢰

AT 사정을 위해 학생을 의뢰하는 구체적인 절차는 교육구의 공식적인 정책과 절차에 따라 다양하다. 이 장에서는 AT 사정과정을 학교가 의뢰를 받는 시점에서부터로 간주한다. 이것은 최초의 의뢰, 전학하는 학생의 의뢰, 또는 이미 특수교육서비스를 받고 있는 학생의 요구일 수도 있다. 가족 구성원, 의뢰기관, 의사, 교사, 또는 다른 학교전문가가 의뢰할 수도 있다. [보조공학 적용 3-1]은 학부모에 의해 쓰인 의뢰서(referral letter)의 예다.

의뢰가 된 후, 통합팀은 그 요구를 고려하기 위하여 만난다. 의뢰에서는 모든 이전과 현재의 사정자료들이 고려되어야 한다. 의뢰에서 제공된 정보가 많으면 많을수록 통합팀은 사정이 행해져야 하는지의 여부에 대한 더 나은 아이디어들을 가질 수 있다. 교육구는 통합팀이 고려해야 할 정보를 담고 있는 서식을 가지고 있을 것이다. 통합팀은 다음과 같은 정보를 조직하고 고려하기를 원할 것이다.

- 학생에 관한 자료 또는 개인 정보
- 핵심적인 관심사에 대한 의학적인 자료

• 현재 사용 중인 테크놀로지나 장비에 대한 정보
• 이전에 학생에게 제공된 어떤 관련 서비스에 관한 배경 정보

일단 통합팀이 모든 사정자료를 수합하고 가족이나 다른 팀 구성원들의 관심사를 들으면, 사정하기 위한 결정이 내려질 수 있다.

단계 2: 보조공학 사정 수행

앞에서 언급한 바와 같이, 학생의 교수 프로그램은 해당 학생의 능력과 요구에 따라 특별하게 맞추어져야 한다. 다방면에 걸친 (multifaceted) 과정을 통해 장애 학생의 독특한 요구와 능력이 다루어진다. AT 사정은 학생의 기록, 추가적인 비공식적 관찰과 정보 수집, 그리고 학생의 기존 기술에 대한 공식적인 사정을 포함하여 다양한 자료로부터 수집된 정보에 기초한다. 사정을 수행하는 것은 AT 전문가의 업무이지만, 통합팀 구성원들은 AT 전문가를 도와주는 데 있어 중요한 역할을 가지고 있다. AT 전문가가 원래의 의뢰 모임에 참석하지 않았을 때, AT 전문가는 학생의 기록에서 찾을 수 있는 정보뿐만 아니라 몇몇 일반적인 배경 정보를 수집하기를 원할 것이다. 이러한 정보는 몇몇 환경에서 학생에 관한 직접적인 관찰을 통해, 가족 구성원, 교사, 그리고 해당 학생과의 공식적, 비공식적 인터뷰를 통해 획득될 수 있다.

직접적인 관찰. 직접적인 관찰 동안, AT 전문가는 다음과 같은 것을 포함하여, 해당 학생의 능력과 기술을 관찰하는 데 초점을 맞추어 시간을 보낸다.

• 인지기능
• 현재 사용 중인 AT 장치
• 감각기능
• 운동기능

- 의사소통 기능
- 사회적 기능

전환서비스(transition services)를 받고 있는 장애를 지닌 나이 든 학생의 경우, AT 전문가는 자립생활(independent living) 기술과 직업적인 수행을 관찰하기를 원할 수도 있다. (전환에 대한 더 많은 사항은 제9장에서 볼 수 있다.)

장애를 지닌 매우 어린 아동을 사정할 때, 가족 사정(family assessment)을 포함하면 도움이 된다. (어린 아동과 관련된 구체적인 사정 요구에 관한 논의는 제4장에서 볼 수 있다.) AT 전문가는 특별한 유형의 AT 장치에 대한 의사결정 시 이 정보를 준거(reference)로 기록해야 한다. 〈표 3-2〉에서 볼 수 있는 학생 관찰 서식은 효과적인 자료수집 도구일 수 있다.

〈표 3-2〉 학생 관찰 서식

학생 성명:
관찰자:

날짜/시간/환경	관찰사항	의견
	인지적 요인 현재 사용 중인 AT 감각기능 운동기능 의사소통 기능 사회적 기능	

첫 번째 칸에는 시간, 날짜, 환경을 적을 수 있다. 시간과 환경은 학생의 능력과 그 학습환경에서의 해당 학생에 대한 기대와 상당한 관련성을 가질 수도 있다. 두 번째 칸은 관찰된 능력을 상기시켜 주는 것을 적는다. 관찰하는 동안 학생에 관한 전체적인 사항을 파악하기 위하여 이러한 모든 영역들이 세심하게 고려되어야 한다. 세 번째 칸은 비고, 메모, 그리고 학생과 관련된 다른 사람들의 말

을 적절하게 인용하기 위한 공간을 제공한다.

이러한 관찰은 항상 전체 환경에서 행해져야 한다. 하루에 여러 번 교실을 변경하는 나이 든 학생의 경우, 가능하다면 모든 환경, 즉 모든 교실에서 관찰이 행해져야 한다. 예를 들어, 체육교육(physical education)에 있는 학생에 대한 기대는 동일한 학생이 역사 교실에 있을 때의 해당 학생에 대한 기대와는 다르다. 보다 어린 학생의 경우, 적극적인 학습 사태(learning events)뿐만 아니라 놀이 시간 동안에도 관찰하는 것이 도움이 될 것이다. 학생에 따라, 학생이 교과 외(extracurricular) 활동과 집, 공동체 내에 있는 동안과 같은 학교 외적인 환경에 있을 때에도 관찰하는 것이 도움이 될 수 있다.

관찰은 IEP 팀에게 성공적인 학습자가 되기 위한 학생의 능력에 관하여 추론할 수 있는 행동들에 관한 피드백을 제공한다. 관찰은 또한 장애 학생의 행동과 전형적으로 발달하고 있는 동료들, 즉 비장애 동료 학생들의 행동을 비교할 수 있도록 해준다. 만약 다양한 환경에서 관찰하는 것이 불가능하다면, 사정은 학부모, 교사, 그리고 필요한 경우 해당 학생과의 인터뷰에 의존할 수도 있다.

인터뷰. 인터뷰는 AT 전문가가 구체적인 관심영역에 대한 정보를 수집하고 학부모, 교사, 그리고 해당 학생에게 자신의 경험, 흥미, 관심사를 표현할 수 있는 기회를 제공해 준다. 몇몇 공식적인 사정은 학부모와 해당 학생을 잘 알고 있는 다른 사람들로부터의 보고에 상당 정도 의존하는 인터뷰 요소를 포함한다. AT 전문가는 독자적인 인터뷰 질문을 개발할 수 있다. 이러한 인터뷰는 다음과 같은 것을 포함한 풍부하고 유용한 정보를 산출할 수 있다.

- 가족의 관심사와 기대
- 지각된 학생의 요구와 능력
- 학문적인 기대
- 진단 정보

- 의료 정보

아울러, 학교에서 성인세계로 전환해야 하는 장애를 지닌 나이 든 학생의 경우, 인터뷰는 자립생활 기술과 직업적인 수행을 포함해야 한다.

서비스 제공자, 교사, 또는 가족 구성원으로서, 여러분은 이러한 문제들에 답하도록 질문을 받을 수 있다. 여러분은 매우 정확하고 정직하게 답해야 한다. 사정을 위한 인터뷰에의 참여는 학교와 가정에서 학생의 요구를 반영한 관심사와 목표를 확인할 수 있도록 도와준다.

공식적인 사정. 공식적인 AT 사정은 일반적으로 미리 결정된 환경에서의 선택된 활동을 포함한다. AT에서의 한 가지 요구 분야는 공식적인 AT 도구(instruments)의 개발과 발간이다. 이러한 도구는 희소하기 때문에, AT 전문가는 AT를 사정하기 위하여 특별하게 설계되지는 않았지만 학생의 기술이 AT의 요구와 어떻게 관련되어 있는지에 관한 추론을 할 수 있도록 해 주는 도구를 사용할 수 있다. AT 전문가는 사정과 사정의 각 부분을 학생의 연령, 경험, 인지수준, 행동적인 문제, 그리고 사회적 기술과 일치시킬 필요가 있을 수도 있다. AT 사정과정 동안 수집된 모든 정보에 관한 요약은 AT가 성공적인 학생 산출을 위해 필요한지의 여부에 대한 의사결정을 하는 데 있어 기초가 될 것이다.

모든 것을 통합. 의뢰, 정보 수집, 그리고 사정 절차가 완료되었을 때, AT 전문가는 학생의 장점과 요구에 관한 통합적인 입장을 구안할 수 있을 것이다. AT 전문가에 의해 공식적인 서면보고서가 작성되어야 하며, 해당 학생의 IEP 팀에게 제출되어야 한다. 이 보고서의 서식은 교육구에 따라 다양할 수 있다.

단계 3: IEP 팀

AT의 선택(selection)과 실행(implementation)은 개인의 결정이 아니며, 이미 논의된 바와 같이, 팀의 개념을 염두에 두고 접근해야 한다. 본질적으로 다학문적인 특성을 지닌 IEP 팀은 AT 전문가에 의해 제출된 보고서에 기초하여, 그리고 학생의 IEP에서 발견된 다른 정보의 관점에서 의사결정을 내릴 것이다. IEP 팀은 학생의 학습목표를 주의 깊게 고려해야 하며, AT가 해당 학생으로 하여금 어떻게 교육과정에 접근할 수 있도록 해 주는지를 살펴보아야 한다.

승호의 선생님이 승호가 보다 독립적이 되고 학습활동을 시작하기를 원했던 것을 회상해 보라. IEP 팀은 사정에 기초하여 승호가 독립적으로 과제를 완수할 수 있도록 해줄 수 있는, 트레이(tray)가 장착된 맞춤형 소아용 휠체어 형태로 된 보다 안정적인 좌석이 필요하다고 결정했다. 아울러, IEP 팀은 승호가 학교와 집에서 혼자서 음식을 먹을 수 있도록 하기 위하여 손잡이가 장착된(built-up) 개조된 식기를 사용해야 한다고 결정했다. IEP 팀은 또한 향후 승호가 전동 휠체어를 작동할 수 있도록 하기 위하여 스위치를 조작하는 방법을 익히기 시작해야 한다고 결정했다. 비록 배경 정보에는 기록하지 않았지만, AT 전문가는 여러 가지 환경에서 승호를 관찰한 후에 승호는 말이 뒤처져 있고 전환(transition)을 쉽게 하지 못했음을 알아냈다. IEP 팀은 승호가 전환하는 것을 도와주기 위하여 그림 일정표(picture schedule)를 사용하기 시작해야 한다고 결정했다. AT 전문가는 교사와 SLP의 도움으로 그림 일정표가 있는 고정적인 의사소통판(communication board)을 설계했다. AT 전문가는 또한 승호가 자신의 요구를 보다 적절한 방식으로 표현할 수 있도록 도와주는 다른 그림을 포함시켰다. SLP는 승호가 의사소통을 위해 사용하는 그림이 있는 단어와 짝지을 수 있도록 도와주기 위하여 교사와 함께 일할 것이다.

IEP 팀에 의해 행해진 다른 결정들은 학생 및 학생과 일하는 사람들을 위한 훈련에 대한 요구가 포함된다. 여기에는 가족도 포함된다. 훈련과 관련된 문제가 논의되어야 하며, IEP 개발 시 결정되어야 한다. IEP 팀은 AT 장치에 완전히 투자하기 전에 장치를 시험해 보고자 할 수도 있다.

장치 시험. IEP 팀이 학생이 접근과 지원을 위한 AT가 필요하다고 결정하고, 학생이 필요로 할 수 있는 장치를 결정한 후에, IEP 팀이 해당 장치를 획득할 시점이 된다. 많은 장치들이 하이테크이며 비싸기 때문에, IEP 팀은 자신들이 고려하고 있는 장치들을 연구해 보아야 한다. 그렇게 하지 못했을 경우 비용을 과다지출하거나 과소지출할 수 있다. IEP 팀은 해당 장치를 시험 삼아 사용해 보아야 한다. 이렇게 하려면 해당 장치를 상당 기간 동안 대여해야 할 수도 있다. 아마도 거주지역에 있는 대여자 프로그램(loaner program)을 이용할 수 있을 것이다. (제1장에서는 AT 장치의 대여와 자금 지원을 위한 자원에 관한 정보를 제공하고 있다.) 만약 대여자 프로그램이 없다면, 아마도 해당 장치는 단기 임대할 수도 있을 것이다. 만약 다른 학생이 너무 성장하여 비슷한 장치를 사용할 수 없거나 버렸다면, 그것을 시험기간 동안에 빌릴 수도 있을 것이다. 시험기간 동안, 학생뿐만 아니라 해당 학생과 일하는 다른 사람들도 훈련되어야 한다.

그러나 만약 IEP 팀이 장치를 획득할 수 있다면, 해당 학생과 밀접하게 일할 사람들은 그 장치를 사용하는 방법을 알아야 한다. 시간적인 요소가 고려되어야 하며, 만약 대여자가 제한된 시간 동안만 사용할 수 있도록 동의한다면 시간적인 요소는 특히 중요하다. 몇몇 인기 있는 상업용 장치들은 제한된 시간 동안 이용 가능하며 30일 동안의 "구매 전 시험 사용" 프로그램을 가지고 있을지도 모른다. 심지어 사용하기 쉬운 장치도 해당 장치의 올바른 사용법과 학생이 그 장치를 사용하게 될 상황을 학습할 시간과 노력이 요구된다. 일반화의 문제를 가지고 있는 몇몇 인지장애 학생은 모든 환경에서 장치를 사용하는 방법을 보여줄 필요가 있을 수 있다. 훈련 프로그램이 진행되는 동안, 장치가 학생의 요구를 어떻게 충족하는지를 결정하기 위한 자료가 수집되어야 한다. 이러한 자료는 유의미한 결정을 내리기 위한 정보를 제공할 수 있다.

단계 4: 보조공학 장치 실행

사정에 기초하여 모든 예비적인 작업과 의사결정이 행해진 후, 장치를 구매하고 학생의 학습 산출을 달성하기 위하여 해당 장치를 실행할 시간이 온다. (자금지원과 자금지원에 관한 자료원(resources)은 제1장에서 볼 수 있다.) 일단 학생을 위해 장치가 구입되면, 해당 장치가 시험 기간 동안에 사용해 본 장치와 다르다면 추가적인 훈련이 필요할 수 있다. 추가적인 훈련이 끝난 후, 학생이 해당 장치를 올바르고 적절하게 사용하는지를 확인하기 위하여 단기간의 지원과 모니터링이 필요할 수도 있다. 초기 단계 동안, 학생, 교사, 그리고 가족이 관련 서비스 담당자와 IEP 팀의 다른 구성원들로부터 지원을 받는 것이 매우 중요하다. 관련 서비스 담당자로는 AT 전문가, 언어치료사, 작업치료사(OT), 그리고 물리치료사(PT)가 포함될 수도 있다. 학생의 개별적인 요구에 따라, 다른 관련 서비스 담당자와 다른 기관 담당자가 지원을 해줄 수도 있다.

특수교육교사는 장치의 실행(implementation) 과정에서 중요한 역할을 수행해야 한다. 이 역할에는 학생이 원할 때 지원이 행해지도록 하며 해당 학생이 성공적인 학습자인지를 알아보는 것이 포함된다. 학생이 학습목표를 제대로 달성하였는지를 알아보기 위하여 학생을 사정할 때, AT 장치도 사정해야 한다. 이러한 계속적인 사정은 장치의 효과성을 확인하는 데 있어 필수적이다.

학생과 빈번하게 접촉하는 교사들과 다른 관련 서비스 담당자들은 학생이 일반교육 교육과정에서 얼마나 진보하고 있는지에 관한 뛰어난 전체적인 판단력을 지니고 있을 개연성이 높다. 이러한 사람들은 AT 장치와 학생의 장치 사용을 사정하기 위하여, 〈표 3-3〉에서 볼 수 있는 바와 같이, 점검표를 사용할 수 있다. 이러한 비공식적인 사정은 IEP 팀이 학생을 위한 AT와 관련된 미래의 의사결정을 할 수 있도록 도와준다. 학생이 사정될 때마다 학생이 IEP 목표와 다른 교육과정 표준을 달성하는 방향으로 진보하고 있는지를 결정하기 위하여 이 점검표를 여러 번 사용하기를 권장한다.

의뢰와 사정과정이 AT에 관한 의사결정을 하는 데 있어 IEP 팀을 어떻게 예방적이 되도록 할 수 있는가?

"아니요"나 "결정 못 함"에 표시된 항목은 해당 문제를 해결하기 위하여 즉각적으로 관심을 가지고 고려되어야 한다. 이것은 IEP 팀의 재소집이나 단순히 팀 구성원과 컨설팅하는 것만으로도 해결될 수 있다. IEP 팀에 의해 상당한 변화가 행해져야 한다. 만약 쟁점과 우려가 즉각적으로 해결된다면, 학생의 학습은 중단되지 않을 것이며, 학생은 계속해서 진보하고, AT를 버릴 확률은 최소화될 것이다.

〈표 3-3〉 계속적인 사정을 위한 보조공학 점검표

사정 항목	응답	의견
1. 학생은 IEP 목표 그리고/또는 교육과정 표준을 달성하기 위해서 AT 장치를 사용하고 있는가?	예 아니요 결정 못 함	
2. AT 장치는 지식의 학습이나 시범에 대한 접근성을 제공하는가?	예 아니요 결정 못 함	
3. AT 장치는 교실 환경에서 가능한 한 다른 학습을 방해하지 않고 이용될 수 있는가?	예 아니요 결정 못 함	
4. 학생은 AT 장치의 사용을 다른 환경에까지 일반화할 수 있는가?	예 아니요 결정 못 함	
5. 학생은 AT 장치를 효과적으로 사용하기 위하여 학교 담당자로부터 필요한 지원을 받고 있는가?	예 아니요 결정 못 함	
6. AT 장치는 학생의 참여와 동료와의 상호작용을 증진시켜 주는가?	예 아니요 결정 못 함	

학습을 위한 보조공학

학생 학습에서 첫 번째 단계는 학생에게 성공적인 학습자가 되도록 해 주는 지도(map)을 제공하는 잘 기술된 IEP로부터 시작해야 한다. 다음의 사정 도구는 사정, 학생의 목표, 그리고 AT 간의 관계를 나타내주는 IEP의 구체적인 구성요소들을 보여준다.

보조공학 사정 사례

승호를 위한 자세유지(positioning)와 이동(mobility)

주: 이것은 AT 전문가가 한 아동에 대해 수행한 평가의 단지 일부분에 불과하다.

자세유지와 이동을 위한 AT 사정	
아동은 이동 범위가 제한되어 있는가? 만약 그렇다면, 이동의 범위와 운동기능 조절에 관하여 기술하라.	× 예 ___아니요
승호는 제한된 범위의 이동밖에 못하며 어린 시절에 유모차에서 그리고 최근 몇 년 동안은 자신에게 맞지 않는 휠체어에서 많은 시간을 보냈기 때문에 근육을 조절하는 데 문제를 가지고 있다. 승호는 자세를 똑바로 유지할 수 있도록 하기 위하여 조절된 지원을 해 주는 휠체어에서 똑바로 앉아 있었다. 이것은 그의 근육발달에 역효과를 미쳐왔다. 승호의 어머니는 그에게 음식을 먹여주고 근육량을 발달시키는 데 도움이 될 수 있으며 이러한 근육량의 발달을 위해 그에게 더 많은 노력이 요구되는 팔 뻗기와 잡기와 같은 기본 기술을 행하기 위한 학습에서의 독립심을 거의 길러주지 못했다.	
아동의 이동을 기술하라.	
아동은 혼자서 걸을 수 있는가?	× 예 ___아니요
아동은 보조기구를 사용하여 걷는가?	× 예 ___아니요
아동은 휠체어를 사용하는가?	× 예 ___아니요
아동은 휠체어를 사용하고 이러한 과정을 도와줄 다른 사람의 도움이 요구되는가?	× 예 ___아니요
아동은 전동휠체어를 사용하는가?	× 예 ___아니요
승호는 걸을 수 없다. 그는 다리 부목(leg braces)을 착용하고 있다. 그러나 다리 부목은 매우 무겁다. 승호의 휠체어는 중고품 염가 판매에서 구매하였다. 그는 결코 자신을 위해 특별하게 설계된 휠체어를 가져본 적이 없다. 현재 사용 중인 휠체어는 아무런 발판(footrests)도 없는데, 이것 때문에 그는 자신의 발을 지탱할 수 없다. 휠체어는 트레이도 가지고 있지 않는데, 이것 때문에 승호는 물건을 조작하고 가지고 놀기 위하여 트레이에 물건을 놓을 수 없다. 이로 인해 그는 또한 소외되는데, 이는 결과적으로 사회성 발달에서 발달지체를 초래하게 했다. 승호는 결코 전동 휠체어를 사용해 볼 기회를 갖지 못했다.	

권고

- 승호는 자신을 위해 특별하게 설계된 휠체어를 가져야 한다.
- 승호는 교사의 도움으로 교실 내에서 휠체어를 작동하는 방법을 학습함으로써 독립심을 길러야 한다.

휠체어는 승호가 혼자서 음식을 먹고, 물건을 가지고 놀며, 집단 환경에서 기능하는 것을 학습할 수 있도록 트레이를 갖추고 알맞게 조절될 수 있어야 한다.

IEP: 현재 수행 수준과 목표

현재 수행 수준
사정된 분야: 자세와 이동
현재 수행 수준: 질문의 각 절 밑에 있는 노트를 보라.
정보원: 교사, 학부모, 그리고 OT와 PT의 관찰
목표
- 승호는 교실 내에서 교사의 도움을 받아 자신의 휠체어를 조정할 수 있다.
- 승호는 구조화된 놀이시간 동안 과제를 완수하기 위하여 자신의 트레이에 있는 물건을 조작할 수 있다.
- 승호는 독자적으로 음식을 먹을 수 있다.

AT 자세유지와 이동 및 IEP를 위한 앞의 축약된 사정은 AT와 IEP를 위한 사정이 아동을 위한 적절한 프로그램을 제공하기 위하여 어떻게 함께 통합되는지를 보여준다. 승호의 경우, AT 전문가는 사정에서 OT, PT와 함께 협의할 수 있다. 그러나 IEP 팀은 장애아동을 위한 가장 가능한 프로그램을 결정한다. 학교시스템이 승호와 같은 유치원 아동을 위해 가정에서 훈련을 제공할 의무가 있다는 것에 주목하라. 이것은 학부모가 참여해야 하며 아동의 교육을 위하여 AT를 활용하는 데 있어 적극적인 역할을 수행해야 함을 명확히 하고 있다. 비록 AT 장치는 학교시스템의 재산이지만, 아동은 그것을 집으로 가져가 집에서 사용할 수도 있다. 이것은 AT 장치가 모든 환경에서 사용될 수 있으며, 아동이 계속적으로 진보하고 AT 장치를 적절하게 사용할 수 있도록 도와주는 것을 보장한다(Wright-Ott, 1998).

[보조공학 적용 3-1]

샘플 의뢰서

2009. 8. 23

담당자님 귀하:

저의 아들 승호는 현재 고려초등학교 유치원에서 특수교육서비스를 받고 있습니다. 승호의 선생님은 승호가 장애 때문에 학교와 학습활동에 제대로 접근할 수 없다고 알려왔습니다. 이것은 승호에게 좌절감을 주며, 승호는 이러한 행동을 부적절한 방식으로 표출하고 있습니다. 비록 승호가 유치원에 들어갔을 때 승호의 개별화가족서비스계획 팀(Individualized Family Service Plan Team: IFSP)이 승호에게 테크놀로지가 필요하다는 것에 대해 이야기했지만, 승호가 유치원에 들어갈 때까지는 기다리는 것이 가장 좋을 것으로 생각했습니다. 승호는 이제 유치원에 있으며, 교실에서의 활동에 참여하기 위하여 더 많은 도움이 필요해 보입니다.

저는 승호의 IEP 팀이 가능한 한 빨리 재소집되기를 원합니다. 그때 저는 IEP 팀이 보조공학이 승호가 교실에 있을 때 도움이 될 것인지를 알아보기 위한 사정을 고려하기를 원합니다. 저는 학부모로서 이러한 사정이 저에게 아무런 비용 부담 없이 끝마쳐질 것이라고 알고 있습니다. 저는 전문가가 (1) 보조공학이 승호에게 어떤 혜택을 줄 수 있는지와 (2) 승호, 승호의 선생님, 그리고 제가 이러한 테크놀로지를 지원하기 위하여 어떤 서비스가 필요한지를 결정하기를 원합니다. 저는 이러한 사정이 가급적이면 빠른 시일 내에 끝마쳐져서 승호가 현재의 교실에서 이러한 정보로부터 혜택을 받을 수 있기를 원합니다.

저는 이 문제에 관한 당신의 도움에 감사드리며, 좋은 소식 있기를 기대합니다.

감사합니다.
승호 어머니

학습점검

- 교실을 위한 AT 사용 사정은 학생이 일반교육 교육과정에 대한 접근권을 가지고 있다면 중요하다. 사정은 협력팀을 통하여 달성된다.
- 세 가지의 다른 협력팀 모형은 다학문 모형, 학제 모형, 범학문 모형이다.
- 다학문 모형은 각 구성원의 학문구체적(discipline-specific) 전문지식에 기초한다.
- 학제 모형은 협력팀의 구성원들이 서로 개별적으로 사정을 수행한 다음, 학생의 IEP를 팀으로 계획하고 개발한다.
- 범학문 모형은 한 전문가가 서비스의 전문가로 봉사하며, 그러한 서비스의 실행에 대한 책임을 진다. AT 전문가는 이러한 유형의 팀 모형을 위해 결과를 제공하며, 각 개인은 다른 주요한 서비스 제공자로 봉사한다.
- 각 팀 모형은 독특하고 많은 우수한 특성을 지니고 있지만, 각 팀은 학생의 IEP를 계획하는 데 있어 가장 적절한 각 팀의 특성을 활용함으로써 학생의 요구를 가장 잘 충족시켜 줄 것을 권장한다.
- 팀 형성 과정에서 각 구성원은 몇 가지의 역할을 가질 수 있다. 각 구성원은 성공적인 AT를 계획하기 위하여 전문가, 개인, 팀의 역할을 수행해야 한다. 전문가적 역할에서, 각 구성원은 전문지식에 기초한 과정에 공헌한다. 개인적인 역할에서, 각 구성원은 팀 형성 과정에 긍정적인 영향을 미칠 수 있는 개별적인 특성에 공헌한다. 팀 역할에서, 각 구성원은 팀의 구성(makeup)과 요구에 기초하여 맡아야 할 역할이 무엇인지를 결정한다. 이러한 역할로는 팀 촉진자, 시간관

리자, 기록자, 그리고 독자가 있다. 가족의 협력적인 역할이 가장 중요하며, 또한 장애인교육증진법(IDEIA)에 의해 의무화되어 있다.

- 학생 서비스를 위한 사정을 수행할 때, IEP 팀은 학생이 FAPE를 받을 수 있도록 하기 위하여 관련 서비스를 고려할 필요가 있다. 관련 서비스는 AT 형태일 수 있으며, 학생이 특수교육으로부터 혜택을 받을 수 있도록 도와줄 수 있다.
- IEP 팀은 학생, 가족, 그리고 교사가 어떤 문제나 장애를 겪을 수 있는지를 예측하는 데 있어 예방적인 입장을 취할 수 있다. 예방적인 입장을 취함으로써 많은 문제들을 미연에 방지할 수 있다. 학생의 성과(outcomes)를 사정하는 것은 협력팀이 지속적으로 수행해야 할 역할이다.
- IEP 팀은 학생의 일반교육 교육과정에 대한 접근을 보장하기 위하여 정당한 편의제공(reasonable accommodation)과 수정(modification)을 고려해야 한다.
- AT는 학생이 개별적인 IEP 목표와 벤치마킹을 달성할 수 있도록 도와주기 위한 도구다. 어떤 유형의 AT 장치가 적절한지를 결정할 수 있도록 도와주기 위하여, 학생의 성과가 먼저 기술되어야 한다.
- 학생의 개별적인 요구를 살펴볼 때 염두에 두어야 할 세 가지 고려사항은 (1) AT는 학생이 IEP 목표와 다른 교육과정 표준을 달성할 수 있도록 도와주기 위하여 사용되어야 하며, (2) AT는 특수화되어(specialized) 있고, 학생이 개별적인 교육목표를 충족할 수 있도록 지원하기 위하여 설계되었으며, (3) AT 활용은 연속선상에 있다는 것이다.
- AT 사정은 IEP 팀이 구체적인 AT 장치와 서비스에 관한 의사결정을 할 수 있도록 지원해 주는 필요한 자료를 제공한다. 모든 팀 구성원은 이해당사자이며, 그 과정을 이해해야 한다. AT 사정을 통해 획득된 정보는 다양한 출처를 통해 수합되어야 한다.
- RAAT는 (1) 의뢰 및 사정, (2) AT 사정 수행, (3) IEP 팀, 그리고 (4) AT 장치 실행을 포함하는 네 단계 과정이다.
- AT를 사용하는 데 있어서 첫 번째 단계는 IEP를 쓰는 것이다. IEP는 학생 성과를 위한 지도(map)로서 사용된다. 승호의 IEP 팀은 승호가 교실 내 다양한 장소에서 활동에 접근할 수 있도록 함으로써 목표인 독립성을 길러야 한다고 결정했다.

참고문헌

Best, S. J., Heller, K. W., & Bigge, J. L. (2005). *Teaching individuals with physical or multiple disabilities* (5th ed.). Upper Saddle River, NJ: Merrill/Pearson Education.

Friend, M., & Bursuck, W. D. (2002). *Including students with special needs: A practical guide for classroom teachers* (3rd ed.). Boston: Allyn & Bacon/Pearson Education.

Friend, M., & Cook, L. (2003). *Interactions: Collaboration skills for school professionals* (4th ed.). Boston: Allyn & Bacon/Pearson Education.

Individuals with Disabilities Education Improvement Act of 2004, Pub. L. No. 108-446. 118 STAT.2647.

Scherer, M. J. (January, 2008). Matching child and technology: Closer to a sure thing. FCDT News and Notes. Retrieved on July 20, 2009, from http://www.fctd.info/resources/newsletters/displayNewsletter.php?newsletterID=10055

Wright-Ott, C. (1998). Designing a transitional powered mobility aid for young with physical disabilities. In D. B. Gray, L. A. Quantrano, & M. L. Leiberman (Eds.), *Designing and using assistive technology: The human perspective* (pp. 285-295). Baltimore: Brookes.

제4장

어린 아동을 위한 보조공학

장(章) 개관

- 보조공학 스냅샷
- 유아특수교육
- 전환
- 보조공학과 서비스 전달
- 학습을 위한 보조공학
- [보조공학 적용 4-1]
- 학습점검
- 참고문헌

학습과제

1. 유아특수교육이란 무엇인가?
2. 가족이 왜 어린 아동을 위한 보조공학(AT)을 제공하는 데 있어서 그렇게 중요한 요소인가?
3. 개별화가족서비스계획(Individualized Family Services Plan: IFSP)은 개별화교육프로그램(Individualized Education Program: IEP)과 어떻게 다른가?
4. AT는 아동이 어떻게 놀이를 할 수 있도록 하는가?
5. AT는 어떻게 발달 영역에 있는 어린 아동을 지원하는가?

보조공학 스냅샷

지혜 사례

지혜는 곧 3세가 된다. 지혜의 어머니는 지혜가 지역교회에서 후원하는 일주일에 3일, 4시간 동안 참여하는 프로그램에서 친구들과 함께 자신의 특별한 날을 축하하기 위한 파티를 열어 주기로 했다. 지혜는 다른 2일 동안은 어머니와 함께 집에 있다. 지혜는 외동딸이다. 지혜의 아버지는 성공적인 자동차 수리 가게를 소유하고 있으며, 어머니는 회계사로 일하고 있어 지혜와 집에 함께 있을 수 있다. 지혜의 기록에 의하면, 지혜는 30주의 조숙아로 태어났다. 출생 후 얼마 안 되어, 지혜의 소아과 의사는 중추신경계와 감각능력이 정상적인지를 확인하기 위하여 Brazelton 신생아진단척도(Brazelton Neonatal Assessment Scale)를 시행했다. 그 당시에, 지혜의 중추신경계나 감각능력 어디에서도 비정상성이 나타나지 않았다. 지혜는 태어났을 때 어떤 호흡장애도 가지고 있지 않았으며, 36주의 임신주수(gestational age)에 병원을 떠날 수 있었다. 비록 지혜는 다른 애들과 동일하게 발달하고 있는 것처럼 보였지만 발달지체 가능성이 있어 초기중재(early intervention: EI) 프로그램을 받을 필요가 있다고 사정되었다. 그 당시, 가족들은 서비스코디네이터를 할당받았으며, 6개월 후 육아검진을 받은 후에 다시 사정을 하기로 결정했다. 그 검진에서, 어머니는 지혜가 그리기(drawing)만 학습해 왔으며 혼자 앉기를 시도하지 않는 것이 걱정된다고 말했다. 지혜의 소아과 의사는 지혜의 부모님이 EI 서비스코디네이터와 만나는 스케줄을 잡을 것을 제안했다. 부모, 물리치료사, 그리고 지혜의 소아과 의사로부터 수집된 사정자료들을 사용하여, 다학문 팀은 지혜가 EI 서비스를 받을 자격이 있다고 사정했다. 신체기능이나 운동기능 영역에서 상당한 발달지체가 발견되었다. 지혜와 그녀 가족의 장점과 요구를 인정한 개별화가족서비스계획(IFSP)이 작성되었다. 그때, 물리치료사(PT)가 지혜와 집에서 일하기 시작했으며, 아버지는 지혜의 신체적인 도전을 도와주기 위하여 그녀와 함께 일하는 방법을 배웠다. 물리치료사는 앉아 있는 위치에서 잠시 동안 놀 수 있도록 앉아 있는 것을 지원하기 위해 구석의자(corner seat)를 사용했다. PT는 지혜가 집에 없을 때 구석의자를 사용할 수 있는 스케줄을 제공했으며, 지혜의 부모님에게 그 의자를 적절하게 사용하는 방법을 가르쳤다. 지혜의 부모님은 또한 지혜가 의자에 앉아 있는 동안 지혜에게 의미 있고 동기를 유발하는 활동을 제공하는 방법을 배웠다.

치료를 받은 2달 후, 지혜는 혼자서 앉으며 기어 다니기 시작했다. 지혜가 1세가 되었을 때, 가족과 다른 팀 구성원들은 지혜의 진전도를 사정하기 위하여 만났다. 그때, 지혜의 부모님은 지혜가 표현적인 어휘가 부족한 것이 걱정된다고 말했다. 지혜는 부모님이 말씀하신 것을 이해하는 것처럼 보였지만, 단지 툴툴거리는 것과 같은 발성을 내거나 꽥꽥 비명을 지르고 딸깍 소리를 내며 울고 웃는 반응만을 보였다. 지혜는 언어영역에 지체가 있는지가 사정되었다. IEP 팀은 사정정보를 해석한 후, 지혜가 의사소통 발달 영역에서 EI를 받을 필요가 있다고 생각했다. IFSP가 수정되었으며, PT의 서비스와 더불어, SLP가 지혜 및 지혜의 가족과 함께 일하도록 할당되었다. 24개월이 되었을 때, 지혜는 걷고, 한 단어의 발성과 자신이 원했던 사물의 그림을 지적하기 위하여 간단한 의사소통판을 사용하기 시작했다.

지혜가 30개월이 되었을 때, EI 팀은 지혜의 부모님이 지혜가 전형적으로 발달하고 있는 아동들과 함께 놀 수 있는 기회를 주고 그러한 것을 통해 지혜의 의사소통 기술을 향상시킬 수 있도록 지혜를 시간제 보육환경(daycare setting)에 배치할 것을 제안했다. 어린 아동을 위한 가족의 지역교회 프로그램은 지혜의 특별한 요구를 충족시켜 주는 것처럼 보였다. 지혜는 어머니의 프로그램에서 자기 나이 또래의 다른 아이들과 함께 수업에 참여하기 시작했다. PT와 SLP가 어머니의 프로그램에서 돌보는 사람들(caregivers)과 함께 일했으며, 그들은 최소한 한 달에 두 번 정도 이러한 환경뿐만 아니라 집에서 지혜에게 서비스를 제공했다. 이때, 다학문 팀의 도움으로 서비스코디네이터는 전환계획(transition plan)을 개발했으며, 지혜를 EI 서비스로부터 지역학교시스템에 의해 제공되는 특수교육 서비스로 전환하기 시작했다. 지혜는 계속해서 현재의 보육환경에 갈 것이지만, 서비스의 책임은 이제 유아특수교육(early childhood special education) 교사, SLP, 그리고 PT에 의해 제공될 것이다. 지혜의 부모님은 지혜가 4세가 되어 교육구에 있는 모든 아동들에게 제공되는 4세 아동을 위한 프로그램에 참여할 수 있기를 열망하고 있다. 그들은 적절한 지원을 받으면 지혜의 미래는 밝을 것으로 믿는다.

유아특수교육

지혜의 가족과 같은 가족들은 자신의 아동들이 잠재력을 완전히 발휘할 수 있다고 기대할 권리를 가지고 있다. 유아특수교육은 장애를 지닌 어린 아동들이 희망찬 밝은 미래를 가질 수 있는 성과기반(outcomes-based) 서비스를 제공한다. 유아특수교육은 출생부터 8세까지의 아동을 위한 일련의 서비스를 제공하는 초기중재, 유치원

특수아동협회(Council for Exceptional Children) 유아부(Division of Early Childhood)의 추천된 실제에 관하여 좀 더 알고 싶으면 참고자료 웹사이트를 참고하라.

특수교육, 그리고 특수교육을 다룬다. AT는 이러한 서비스의 중요한 구성요소일 수 있다. 장애를 지닌 어린 아동을 위한 서비스 제공자들은 증거기반(evidence-based)의 추천된 실제(recommended practices)가 효과적이고 성공적인 기술 발달을 제공하기 위하여 AT와 어떻게 통합될 수 있는지를 고려해야 한다(Dugan, Campbell, & Wilcox, 2006).

초기중재(EI)와 보조공학(AT)

특별한 요구를 지닌 어린 아동과 일하는 전문가 및 가족 구성원은 어린 아동의 변화하고 있는 요구를 충족시켜 주기 위하여 이용 가능한 프로그램에 관해 이해해야 한다. 지혜는 매우 어린 나이에 발달지체를 위한 서비스를 받기 시작했다. **발달지체**(developmental delay)란 발달상에 지체가 있는 출생부터 9세까지의 어린 아동에게 할당된 장애 범주다. 이러한 서비스는 출생에서부터 3세까지의 아동을 위한 **초기중재**(Early Intervention: EI) 서비스에 전문화된 기관에 의해 제공된다. 이러한 서비스는 장애인교육증진법(IDEA, 2004)에 의해 의무화되어 있지는 않았지만, 연방정부는 각 주(州)가 보조금 인센티브를 통해 영・유아에 대한 서비스를 제공할 것을 강력하게 독려하고 있다. 대부분의 주(州)에서, EI 서비스에 대한 책임은 공립학교시스템과 다른 기관에 부여되어 있다. (이 부분에 관한 법률에 관하여 좀 더 알고 싶으면, 제1장을 참고하라.) 이러한 연령집단과 일하는 다학문 팀의 경우, AT 서비스를 포함한 서비스들이 3세에서 21세 아동을 위한 서비스들과는 다르게 전달되고 자금지원이 될 수도 있음을 아는 것이 중요하다.

출생부터 3세까지의 어린 아동은 어떤 조건에서 적격하다면 EI를 받을 수 있다. 장애인교육증진법(2004)은 자격(eligibility) 기준을 구체적으로 지정해 놓았다. 이러한 기준에는 인지발달, 신체발달, 사회성 혹은 정서발달, 의사소통발달, 그리고 적응발달의 다섯 가지

발달 영역들 중 하나에서의 발달지체로 인한 서비스의 요구가 포함된다. AT는 이러한 모든 분야들에서 학습과 발달에 대한 접근을 가능하게 할 수 있다.

자격(eligibility)을 부여할 수 있는 또 다른 기준은 기성의 위험 조건들(risk conditions)이다. 이것은 발달지체를 초래할지도 모르는 진단된 신체적 또는 의학적 조건을 가지고 있을 수 있는 어린 아동과 관련이 있다. 이러한 예로는 저체중출산아, 확인된 증후군, 그리고 만성적인 질병이 있다. 저체중출산아는 출생 시 몸무게가 3파운드 5온스(1,001그램에서 2,500그램)보다 적고 합병증을 지니고 태어난 갓난아이를 말한다.

많은 주들은 또한 만약 EI 서비스가 제공되지 않으면 발달지체를 경험할 위험성이 있는 영·유아에게도 서비스를 제공한다. 이러한 아동은 장애 진단을 가지고 있지는 않지만, 부모의 약물남용, 극심한 빈곤, 학대와 무시, 그리고 부모의 인지장애와 같은 환경적인 위험 조건들 때문에 장애로 발전할 수 있다.

EI에서 어린 아동과 일하는 전문가의 경우, 부모님이나 돌보는 사람들을 파트너로 포함하는 것이 필수적이다. EI는 가족중심적이며, 만약 부모들이 EI 전체 과정에 적극적으로 참여하지 않는다면 효과적이지 못할 것이다. EI 과정의 일부는 가족의 장점과 요구를 결정하기 위한 자발적인 가족 사정(assessment)을 포함한다. 아동에 관한 사정과 더불어, 이러한 정보는 다학문 팀이 아동과 가족을 위한 합리적이고 성공적인 성과를 계획하는 데 도움을 준다.

보조공학(AT)과 개별화가족서비스계획(IFSP)

다학문 팀은 확인된 요구를 충족하고 가족의 장점을 활용하기 위한 개별화가족서비스계획(IFSP)을 개발한다. IFSP는 IEP와 비슷한 문서다. 그러나 IFSP의 초점은 가족뿐만 아니라 아동을 위한 중재에 있다. 각 아동에게 가족이 서비스를 찾는 것을 도와주는 서비스

자연스러운 환경에서의 AT의 사용은 최소제한 환경에서의 AT의 사용과 어떻게 다른가?

코디네이터가 배정된다. 다학문 팀이 어떤 AT 장치와 서비스가 필요하며 그것을 어떻게 획득하고 전문가 및 가족이 그러한 장치를 사용하는 방법을 어떻게 훈련시킬 것인지를 결정하는 것은 바로 IFSP 개발 과정 중에 행해진다. 만약 가족과 다른 돌보는 사람들이 어린 아동을 위한 AT 계획과 훈련의 일부분이 되지 못한다면 AT는 거의 확실히 버려질 것이다.

지혜의 사례에서, 지혜의 초기 중재자는 지혜가 엎드릴 때와는 다른 방식으로 물건을 조작할 수 있도록 앉기를 지원하고 혼자 앉을 수 있는 능력을 증진하기 위하여 구석의자를 사용했다. 만약 구석의자가 중재자가 집에 있을 때에만 유일하게 사용되었다면, 그 AT 장치는 효과적이지 못했을 것이다. 아울러, 지혜의 부모님은 지혜를 의자에 앉히는 방법과 앉아 있는 동안 지혜에게 흥미롭고 의미 있는 활동을 제공하는 방법을 훈련받았다. EI에서, IFSP는 어린 아동이 급격하게 성장·발달하며 아동과 가족의 요구가 바뀔 수 있기 때문에 매 6개월마다 재검토된다.

서비스 전달

IFSP 개발 동안, 다학문 팀은 어린 아동이 어디에서 서비스를 받아야 하는지를 결정한다. 1997년 IDEA 수정헌법에 따르면, 서비스는 아동에게 자연스러운 환경에서 제공되어야 한다. **자연스러운 환경**(natural environment)이란 전형적으로 발달하고 있는 아동들이 발견되어질 수 있는 모든 장소를 말한다. AT를 자연스러운 환경에 도입하기 위해서는 학부모, 전문가, 돌보는 사람들이 AT 장치를 사용하는 방법을 훈련받아야 한다.

전 환

지혜가 30개월이 되었을 때, 그녀의 서비스코디네이터는 지혜가

EI에서 유치원특수교육으로 이동할 수 있도록 도와주기 위한 전환계획을 개발했다. 지혜와 가족들에게 할당된 **서비스코디네이터**(service coordinator)는 가족들이 필요로 하는 서비스에 대한 접근을 보장하는 주요한 역할과 더불어 프로그램 전달의 여러 가지 측면에 대한 책임을 진다. 이러한 것에는 가족들이 AT 서비스와 장치에 접근하는 것을 도와주는 것도 포함된다. 서비스코디네이터는 가족들이 AT의 사용을 지원할 수 있는 것과 지원해야 하는지와 같은 관심사를 다룬다. 지혜가 EI에서 유치원특수교육으로 이동함에 따라, 서비스코디네이터의 역할은 유치원특수교육으로의 전환이 지혜와 가족들에게 성공적이 되도록 보장하는 것이다. 〈표 4-1〉은 가족들과 공유하는 데 도움이 되는 정보를 포함하고 있다.

〈표 4-1〉 가족들을 위한 AT 정보

테크놀로지 접근을 위한 연합: 테크놀로지와 장애에 관한 가족센터(Alliance for Technology Access: Family Center on Technology and Disability) http://www.ataccess.org	• 개발자와 업체에게 정보를 제공하며, 표준, 보조공학, 그리고 정보테크놀로지의 활용을 늘리기 위해 장애를 지닌 아동과 성인을 위한 서비스를 지원하는 자료센터들의 커뮤니티기반 네트워크
장애 아동들을 위한 보조공학(Assistive Technology for Children with Disabilities) http://codi.buffalo.edu/children.htm	• 장애 아동을 위한 보조공학에 관한 미국 정부 정보
전국다운증협회(National Association for Down Syndrome) http://www.nads.org	• 다운증후군 관련 장애들에 관심이 있는 가족과 다른 사람들을 위한 자료
가족마을(Family Village) http://www.familyvillage.wisc.edu	• 장애인, 그 가족들, 그리고 서비스와 지원을 제공하는 사람을 위한, 인터넷상에 있는 정보, 자원, 그리고 의사소통 기회를 통합한 세계적인 커뮤니티
특수아동연합(Federation for Children with Special Needs) http://fcsn.org	• 특수한 요구를 지닌 아동에 대해 관심이 있는 학부모, 학부모집단, 그리고 다른 사람들에게 서비스 제공
국립유아기술지원센터(National Early Childhood Technical Assistance Center: NECTAC) http://www.nectac.org	• 장애 아동을 위한 프로그램과 프로젝트에 대한 기술적인 지원. 연령: 출생 후부터 8세까지
형제자매지원프로젝트(Sibling Support Project) http://siblingsupport.org/	• 건강과 발달에 대한 특수한 요구를 지닌 사람의 형제자매에 대한 관심을 위한 국가프로그램

뇌성마비연합(United Cerebral Palsy) http://www.ucp.org/ucp_channel.cfm/1/11	• 이 웹사이트에 있는 정보는 부모와 가족들이 아동을 돌보고 지원받는 생활, 교육, 건강, 고용, 그리고 가족 구성원들의 건강과 레크리에이션 활동에 필요한 지원과 서비스를 구할 수 있도록 도와준다.
부모훈련과 정보(Parent Training and Information) http://fcsn.org/pti/index.php	• 전국적으로 조직된 부모 대 부모 프로그램, 부모 훈련, 그리고 정보센터 지원

지혜가 전환이 됨에 따라, 새로운 서비스 제공자들이 다학문 팀의 일부가 되어 그녀의 목표를 달성할 수 있도록 하는 것이 중요하다. 예를 들어, 지혜가 교회의 날 프로그램(church day program)에서 LEA 4세아 프로그램으로 이동할 때, 그녀의 새로운 돌보는 사람들(caregivers)은 그녀가 필요로 할 수 있는 의사소통판과 다른 AT 장치들을 사용하는 방법을 훈련받아야 한다.

보조공학과 서비스 전달

보조공학을 위한 계획

아동의 발달을 고려할 때, 우리는 해당 아동을 보다 독립적으로 이끄는 중대시점(milestone)을 알아야 한다. 발달적인 중대시점은 아동이 성장과정 동안에 완전히 습득해야 하는 특별한 능력이다. **위기에 처한** 아동은 환경적, 생물학적, 혹은 기성(旣成)의 위기요인들 때문에 학습문제가 일어날 가능성이 매우 높은 아동이다. 이러한 점들을 고려해 볼 때, AT의 핵심적인 요소는 직접적인(immediate) 환경을 탐색하고 조정할 수 있는 아동의 능력을 제한할 수 있는 도전을 해결하기 위해 사용될 수 있는 도구를 제공함으로써 해당 아동의 발달을 지원하는 것이다. 장애를 지니고 있거나 발달장애의 위기에 처할 수 있을 것으로 판단되는 아동의 경우, 그 목표는 아동이 기능할 것으로 기대되는 환경과 상호작용할 수 있는 능력을 신장함으로써 달성될 수 있는 최대한의 독립심을 신장시키는 것이다. [보조공학 적용 4-1]은 어린 아동을 위한 사정을 계획할 때 활용할 수 있는 부가적인 정보를 제공한다.

장애 아동이 이러한 중대시점들 중 한 두 가지 이상을 달성하는데 어려움이 있을 때, 보다 더 많은 또는 다른 지원들이 시행될 필요가 있을 수 있다. AT가 아동이 독립적으로 되는 것을 도와주기 위한 수단이 됨에 따라, 특정 AT 장치나 서비스의 효과성은 해당 아동이 성장·발달·성숙해 감에 따라 계속적으로 변화할 것으로 기대되며, 강점과 요구도 변화한다.

AT 사용 목적은 각종 생활활동에 접근하는 데 있어 아동의 독립심을 높여주는 것임을 염두에 두라. 예를 들어, 지혜를 위한 AT 사용 목적은 운동기능 발달과 말(speech), **언어 기능**(language skills)에서의 독립심을 습득하도록 도와주는 것이다. 언어 기능은 단어를 구성하고 단어로 문장을 만드는 것과 관련이 있다. 영·유아의 AT 사용은 AT가 학령기의 아동이 학습할 수 있는 기회를 향상시키도록 도와주며 더 나아가 나이 든 아동에게 더 적절하지만 주로 하이테크로 인식되기 때문에 현재 조사 중이다. 인식의 결여와 더불어, 아이들이 생활하는 데 있어 AT의 사용이 꼭 필요한 기능을 갖추고 있다고 여겨서는 안 된다는 사실도 유념해야 한다. 매우 어린 아동을 위한 AT는 아동중심적이고 가족중심적임에 틀림없으며, 해당 장치의 실행과 관련된 모든 사람들에게 최소한의 훈련을 요구하고, 확실히 이용 가능하며, 아동이 자신의 자연스러운 환경에서 상호작용에 효과적으로 참여할 수 있도록 해 주어야 한다(Sullivan & Lewis, 2000).

또한 AT의 활용은 가족이 진술한 산출물(outcomes)을 해결하기 위한 지속적인 중재로서, 주기적으로 재사정하는 것이 중요하다. 지혜는 언어가 전형적으로 발달하고 있는 친구들보다 더 늦게 발달했다. 만약 AT가 사정 중이지 않다면, 다학문 팀은 지혜가 의사소통 기술을 개발하도록 돕기 위한 귀중한 시간을 낭비할지도 모른다. AT의 주요한 목표는 장애 아동의 독립심 혹은 자연스러운 일정 내에서 일상 활동에의 참여를 증진하는 것이다. 특정 가족의 산출물을 해결하기 위하여 사용되어 왔던 중재가 더 이상 효과가 없거나 그 목표가 필수적인 과제를 수행하지 않을 때 새로운 옵션들이 즉각적으로 고려되어야 한다.

기능적인 역량은 아동이 물체를 이동하도록 하는 배팅(batting) 동작을 탐색하고 배팅이 의도한 대로 될 때까지 연습하는 것으로부터 시작한다. 그 다음, 이러한 학습된 기술은 일반화되고, 아동은 신체의 다른 동작들을 통해 다른 물건들을 이동시키기 시작한다(Solano & Aller, 2000). 만약 장애 아동이 물체를 배팅할 수 없거나 그러한 운동을 일반화할 수 없으면, 그 아동은 결코 그 환경을 조작하기 위해 그 운동을 조절할 수 없을지도 모른다. 만약 AT가 아동이 배팅운동을 할 수 있도록 도와주기 위하여 사용된다면, 그러한 아동 발달의 측면은 다소 정상화될 수 있을 것이다. 따라서 장애를 지닌 영·유아는 라이트테크와 하이테크 옵션들을 포함하는 연속선의 일반적 원리들과 더불어, 영·유아의 개별적인 요구에 민감하게 반응하는 AT의 지원을 필요로 한다. AT 연속선에 대해 좀 더 알고 싶으면, 제1장을 참고하라.

일반적인 원리. AT 연속선의 일반적인 원리들(Oregon Vision Working Group, 2002)은 다음과 같은 것을 포함한다.

1. AT는 아동이 기본적인 기술을 습득할 수 있는 접근을 허용해야 한다.
2. AT는 사정과 개발 과정의 일부분으로서 사용되어야 한다.
3. 아동을 위한 AT는 교수도구(instructional tool)는 아니다. 그것은 아동이 다양한 환경에서 상호작용할 수 있도록 도와주기 위하여 개발된 기본도구(fundamental tool)다.
4. 아동은 표준도구(standard tools)에 접근하고 사용하기 위하여, 그리고 다양한 환경에서 동료들과 동일하게 참여하기 위하여 AT를 사용한다.

어떻게 일반적인 원리가 영·유아특수교육(IFSP)의 발달을 위한 지침으로 사용될 수 있는가?

5. AT의 사용은 자동적으로 교육용과 상업용 소프트웨어/도구들을 접근 가능하거나 사용 가능하게 만들지는 않는다.

AT는 영·유아특수교육(IFSP)의 발달에서 핵심적인 요소가 되어야 한다. IFSP 팀은 학생이 장애를 더 잘 개선하고 가정에서 교육환경으로의 전환을 보다 원활하게 할 수 있도록 해 주는 가족의 목적과 목표들을 개발하도록 도와준다. 따라서 IFSP 팀은 어떤 유형의 AT가 포함될 수 있으며 IFSP에서 AT가 어디에 포함될 수 있는지를 고려해야 한다. AT는 관련 서비스, 보충적인 보조물이나 서비스, 또는 생활기술 서비스(life-skills service)일 수 있다. AT가 IFSP의 어디에서 고려되는지에 관계없이, 그것은 아동의 전반적인 발달을 위한 도구로 간주되어야 한다. 제3장에서 소개한 보조공학을 위한 의뢰와 사정(RAAT)의 사정과정과 더불어, IFSP/IEP 팀은 [보조공학 적용 4-1]에서 다루어진 가족, AT, 스케줄, 그리고 환경의 역동성을 고려해야 한다.

목표를 진술하는 데 있어, 해당 목표가 네 가지 구성요소들, 즉 요구분야, 변화방향, 달성수준, 그리고 사정요소를 다루는 것이 중요하다(Best, Heller, & Bigge, 2005). 이러한 구성요소들은 또한 AT가 아동이 숙달할 수 있도록 사용될 기능적인 과제 또는 성과물과 관련되어야 한다. 우리는 항상 테크놀로지의 사용을 목표의 기능적인 산출물과 관련지어야 한다.

아동이 기능성 요소를 달성할 수 있도록 도와주기 위하여, "누가 무엇에 관심을 갖는가?(so what-who cares)" 검사가 적용되어야 한다. 요구, 변화, 달성, 또는 사정영역을 고려할 때, 해당 기능의 전반적인 기능성(functionality)을 살펴보고, "만약 아동이 이러한 기능을 배우지 않는다면, 누가 무엇에 관심을 갖는가?"를 물어보라. "누가 무엇에 관심을 갖는가?" 검사를 사용하면 AT의 초점을 구성요소가 아닌 아동에게 지속적으로 맞출 수 있을 것이다. AT는 목적에 대한 수단이지 목적 그 자체가 아니다(Best et al., 2005). AT를

IFSP 속에 작성하는 것은 다학문 팀의 일의 시작에 불과하다.

AT를 교육서비스로 사용할 때, 아마도 AT를 관련 서비스로 배치하는 것이 적절할 것이다. 현 시점에서, 우리는 교육 관련 목표달성이 아니라 가족 환경 내에서 어린 아동의 기능을 도와주기 위하여 AT를 사용하는 데 더 관심이 있다. 그러나 AT가 관련 서비스로 사용될 때, AT의 양, 빈도, 기간, 그리고 위치의 특수성에 보다 많은 관심을 두어야 한다(Best et al., 2005). 이러한 이유 때문에 IFSP 팀은 AT를 IFSP의 보충적인 보조물과 서비스 부분에 포함하는 경향이 있다.

아동이 직접적인 환경에서 보다 높은 독립심을 습득할 수 있도록 보다 더 잘 지원하기 위하여 AT를 사용할 때, 일반적으로 AT를 IFSP에 보충적인 보조물과 서비스로 포함하는 것이 더 적절하다. 텔레비전, 라디오, CD나 DVD 플레이어, 또는 전구를 켜고 끄기 위한 딱따기(clapper)를 조절할 수 있는 AT 장치들은 쉽게 구할 수 있으며, 아동이 환경을 조절할 수 있도록 도와줄 수 있다.

영·유아 연령대에 있는 아동들은 매우 빠르게 변화한다. IFSP는 최소한 매 6개월마다 재검토되어야 하며, 아동의 발달상 변화를 지속적으로 반영하기 위하여 매년 재작성되어야 한다. IFSP는 계속적으로 수정되는 문서다. IFSP와 AT는 아동의 개별적인 요구를 지원하기 위하여 정기적으로 사정되어야 한다. 초기 발달단계에서, 아동은 AT 장치보다 더 빠르게 성장하여 결정적인 발달단계 동안 AT의 지원을 받지 못할 수도 있다. 〈표 4-2〉는 어린 아동의 가족을 위한 부가적인 자원을 제공한다.

보조공학 자금지원 시 고려사항

어린 아동을 위한 AT 자금지원과 나이 든 아동을 위한 AT 자금지원은 어떤 점에서 다른가?

이 장의 앞부분에서 논의한 바와 같이, 어린 아동은 급격히 성장·발달한다. 따라서 IFSP 팀은 아동이 자신이 입는 옷이나 신는 신발, 가지고 노는 장난감들보다 더 빠르게 성장해 버리는 것처럼 해당 연령대에 사용하는 AT보다 더 빠르게 성장한다는 점을 염두에 두어야 한다. 아동이 성장해 감에 따라 아동의 요구를 더 잘 수용할 수 있는 새로운 테크놀로지가 개발될 수도 있다. 하이테크 장치의 비용은 해당 장치를 제공하는 데 있어 중요한 요인(factor)이 될 수 없다. 그러나 실제로 그것은 가족과 서비스 제공자들에게 있어 중요한 요인이다. 서비스 제공자들은 AT 장치를 정기적으로 대여할 수 있는 곳뿐만 아니라 다양한 자금지원 옵션을 알아야 한다. AT 자원을 찾으려면, EI나 재활서비스를 제공하는 주 정부 기관부터 시작하라. AT 자금지원 방법에 관하여 더 많은 정보를 얻고 싶으면 〈표 4-2〉와 제1장을 참고하라.

〈표 4-2〉 어린 아동을 위한 보조공학

Lekotek http://www.lekotek.org	• Lekotek은 가족들에게 놀이기간, 장난감 대여, 도서관, Compuplay 가족컴퓨터센터, 그리고 다른 혁신적인 공동체-특수적인(community-specific) 프로그래밍을 제공하며, 전국에 34곳의 지부를 두고 있다.
Abledata http://www.abledata.com	• 영 · 유아를 위한 테크놀로지에 관한 정보를 포함하여, 장애인을 위한 수천 개의 자원에 관한 디렉터리를 제공한다.
AT 자금지원(Funding AT) http://www.nectac.org/topics/atech/funding.asp	• 장애를 지닌 영 · 유아, 어린 아동을 위한 AT 자금지원 정보를 제공한다.
Kids Together, Inc. http://www.kidstogether.org	• 장애 아동과 성인, 그리고 전체적으로는 공동체의 삶의 질을 향상시키기 위해 도움이 되는 정보와 자원을 제공한다.
테크놀로지, 매체, 교수자료를 통한 전국특수교육실제향상센터(National Center to Improve Practice in Special Education Through Technology, Media and Materials) http://www2.edc.org/NCIP/library/ec/toc.htm	• 유치원과 유아기 환경에 있는 장애 아동이 이용할 수 있는 다양한 보조공학과 교수공학에 관한 정보를 제공한다.

학습을 위한 보조공학

이미 논의한 바와 같이, 어린 아동을 위한 학습환경은 다양하다.

아동이 학습환경에 접근할 수 있도록 하기 위하여 여러 가지 유형의 AT가 도입될 수 있다. 서비스 제공자는 접근 제공 방법을 고려할 때, 스위치를 보다 자세하게 살펴보아야 한다. **스위치**(switches)는 환경과의 상호작용을 촉진하는 입출력장치다. 예를 들어, 조이스틱, 입으로 불고 빨기가 가능한(sip-and-puff) 시스템, 버튼은 아동이 장난감을 가지고 놀 수 있도록 해준다. 다른 스위치 시스템들은 이 책 전체에서 언급된다.

보조공학과 놀이

어린 아동을 위한 AT는 아동의 일상 활동과 통합된 부분이며, 또한 통합되어야 한다. AT는 가정과 학교에서 발달상 적절한 활동에 적극적으로 참여할 수 있도록 촉진한다. 어린 아동을 위한 AT는 의사소통, 사회화, 그리고 놀이를 촉진하며, 기능적인 일상생활 기술을 신장시키는 장치로 구성되어야 한다.

놀이(play)는 어린 아동의 교육과정에서 중요한 부분이며, 유치원 수준에서는 대부분의 활동에 통합되어 있다. 장애를 지닌 어린 아동이 전형적으로 발달하고 있는 비장애아동들과 동일한 활동에 참여할 수 있도록 하는 것이 중요하다. 그러한 참여를 촉진하기 위하여, 활동을 계획하고 장난감을 선택할 때 AT의 사용을 고려해야 한다.

활동을 환경에 맞게 변경시키기

활동의 변경(adaptation)은 어린 장애 아동에게는 핵심적이다. 교사와 가족의 연계를 사전에 계획하는 것은 유치원 환경에 있는 어린 장애 아동의 성공에 매우 중요하다. 기억해야 할 중요한 규칙은 오직 아동이 필요로 하는 한에서만 최대한 변경시키는 것이다. 편의를 제공함으로써, 어린 장애 아동도 전형적으로 발달하고 있는 동료들과 함께 어울리도록 해줄 수 있다. 적절한 변경을 결정하기 위하여, 가정과 학교에서 행해지는 일련의 사태(events)의 스케줄을 계획하는 것이 중요하다. 가정환경에서도 활동을 수행할 수 있도록 하기 위해, 가족들은 가정에서의 아동의 스케줄을 검토해야 한다.

어린 장애 아동은 전형적으로 발달하고 있는 비장애 동료들과 함께 발달상 적절한 활동에 참여할 수 있어야 한다. 좋은 유치원 프로그램은 발달상 적절한 교육과정을 적소에 배치하면서 동시에 각 아동의 개별적인 요구에 초점을 두고 있다. 만약 활동을 위해 식탁이 사용된다면, 그 식탁이 아동의 휠체어가 밑으로 들어갈 수 있거나 필요한 경우 아동이 일어설 수 있는 정도의 적절한 높이인지를 확인하라. 만약 아동이 장난감을 고정시킬 필요가 있다면, 식탁과 장난감에 접착 천인 벨크로(velcro)를 사용하면 장난감을 고정하는데 도움을 줄 수 있다. 대부분의 표면에 물체를 고정하기 위하여 테이프를 사용할 수도 있다. 시각장애 아동은 놀이 활동에 적극적으로 참여하기 위해서 보다 촉감이 있는 물체를 필요로 할 수도 있다. 사포 줄무늬와 같이, 한 지역을 거친 표면으로 표시하면 시각장애 아동은 놀이 영역의 경계선을 인식할 수 있다.

보드게임이 사용될 때, 아동이 놀이 과정의 일부분일 수 있는 조작이나 물체를 잡을 수 있도록 편의가 제공되어야 한다. 조작해야 하는 물체는 해당 물체에 덧붙여진 부분을 가지고 있거나 짜 맞추어져 있어서 아동이 그 물체를 쉽게 쥐거나 옮길 수 있어야 한다. 보드(board)는 시각적으로 보다 쉽게 인지할 수 있도록 복사하거나 확대할 수 있다. 구두 지시는 게임이나 장난감을 가지고 노는 방법에 관한 규칙을 설명할 수 있다. 만약 아동이 게임에서 동일한 문장을 말할 필요가 있다면, 음성 출력 장치에 문장을 기록하고, 아동은 그 출력장치를 활성화하기 위한 버튼을 누를 수 있다. 의사소통을 위한 편의제공이 필요한 아동의 경우, (제7장에서 기술하는) 게임과 관련된 그림을 포함하고 있는 의사소통판(communication boards)이 다양한 게임과 활동을 위해 특별하게 개발될 수 있다. 아동은 게임하는 동안 적절한 그림을 지적할 수 있으며, 이는 곧 일상생활

적절한 자세유지가 왜 어린 아동을 놀이 활동에 참여시키는 데 있어 중요한가?

을 위한 언어발달과 활동을 촉진시킬 수 있다.

자세유지(positioning)와 이동(mobility) 문제는 어린 장애 아동과 비장애 아동들이 전형적으로 발달하고 있는 동료들과 놀이를 하도록 촉진하기 위하여 IFSP 구성원들에 의해 다루어져야 한다. 각 아동이 놀이 활동을 즐기기 위해 적절한 위치에 있고 참여할 수 있으며, 즐길 수 있는 적절한 지원을 받을 수 있음을 명확히 하는 것이 중요하다. 웨지(wedges), 구석의자(corner chairs), 다른 적응적 의자(adaptive seating)와 같은 지원은 아동이 특정 활동에 편하게 참여할 수 있도록 앉을 수 있게 도와준다. **다음을 기억하라:** 지원은 모든 환경에서 제공되어야 하며 유용하게 만들어야 한다.

아동들은 자신들의 환경을 탐색하고자 하는 자연적인 욕구를 가지고 있다. 어린 아동들은 자신들을 둘러싸고 있는 것에 호기심이 있다. 아동들은 환경을 탐색하기 위하여 이동할 수 있어야 한다. 어린 장애 아동들도 동일한 호기심을 가지고 있다. IFSP 팀은 아동이 이동할 수 있도록 해 주는 AT 장치들을 고려해 보아야 한다. 보행 보조기(walkers)와 휠체어는 아동들이 자신들의 환경 내에서 이동할 수 있도록 해준다. 교실에 있는 보도(walkways)는 충분히 넓어야 하며, 아동이 어떤 지역으로 이동하는 것을 방해하는 물건들이 있어서는 안 된다. 환경은 모든 아동들의 이동과 지원을 증진할 수 있도록 구조화되어야 한다. 식탁뿐만 아니라 책상, 서가, 그리고 손잡이는 학생이 일어서고 물건을 잡기 위하여 또는 휠체어가 밑으로 들어갈 수 있도록 적절한 높이를 가지고 있어야 한다. 아동이 밀 수 있는(push) 휠체어에 장착된 장난감은 아동을 지원하고 이동할 수 있도록 해 주는 우수한 수단이다.

보조공학과 장난감

장난감은 아동의 놀이에 있어 중요한 부분이다. 간단한 스위치의 수정만으로도, 어린 아동들은 종종 돌보는 사람의 도움 없이 장난감을 가지고 놀 수 있다. 장난감은 배터리 어댑터, 타이머, 컴퓨터 스위치 인터페이스와 같은 스위치 인터페이스가 설치될 수 있으며, 하나의 스위치만으로도 사용할 수 있도록 변경될 수 있다. 그런 다음, 아동들은 장난감을 조작하기 위하여 하나의 버튼을 누를 수 있다. 어린이를 돌보는 거의 모든 사람들이 배터리로 조작되는 장난감을 이러한 방식으로 변경할 수 있다. 스위치가 변경된 장난감은 모든 아동들이 함께 놀 수 있도록 해 주며, 모든 사람들이 놀이 시간 동안 차례로 그 장난감을 활용할 수 있도록 해준다.

특수한 요구를 지닌 어린 아동을 위한 장난감을 선전하는 기관들은 최신의 장난감이 아동의 독특한 놀이 요구를 충족시켜 줄 수 있도록 변경하기 위하여 장난감 회사들과 파트너 관계를 크게 증진해 오고 있다. 그러한 한 가지 예가 The National Lekotek Center다. 이 센터는 장애 아동도 Rokenbok Toy Systems에 접근 가능하도록 만들기 위하여 Rokenbok Toy Systmems와 Crane Industries와 파트너 관계를 맺었다(Lekotek of Georgia, 2004). The National Lekotek Center에 대한 링크와 부가적인 정보를 얻기 위해서는 〈표 4-2〉를 참고하라. 〈표 4-3〉은 장애 아동의 학부모를 위한 장난감에 관한 자원을 제공한다.

특수한 요구를 지닌 어린 아동을 위한 장난감의 선택을 위해서는 참고 웹사이트를 보라.

〈표 4-3〉 장난감에 대한 정보

AblePlay http://www.ableplay.org	• 특수한 요구를 지닌 아동을 위한 장난감에 관한 종합적인 정보를 제공하는 장난감 순위 매기기 시스템과 웹사이트
Adaptivation Inc. http://www.adaptivation.com	• 어린 장애 아동을 위한 다양한 제품들
AssisTech http://www.assistech.com	• 장애 아동을 위한 라이트테크(light-tech) 솔루션들; 재미, 학습, 그리고 삶을 증진하기 위한 액세서리를 포함하고 있음
Enabling Devices http://www.enablingdevices.com	• 변경된 장난감, 스위치, 그리고 의사소통 및 감각 장치들과 그 외 더 많은 것들이 있음
전맹이나 시각장애 아동을 위한 장난감 가이드 (Guide to Toys for Children Who Are Blind or	• 전맹과 시각장애 아동을 위한 상업용 장난감을 위한 제안

Visually Impaired) http://www.nfb.org/nfb/NOPBC_Toys_for_Blind_Kids.asp?SnID=4#two	
특수 장난감(Special Needs Toys) http://www.specialneedstoys.com/usa/	• 스노젤렌 공간(multisensory room)을 포함하여, 특수한 요구를 지닌 아동을 위한 변경된 장난감과 제품
Toys R Us: 다른 능력을 지닌 아동을 위한 장난감 가이드(Toy Guide for Differently-Abled Children) http://www.toysrus.com/shop/index.jsp?categoryId=3261680	• 심볼이 있는 장난감 가이드 제공
장난감 변경(Toy Adaptations) http://letsplay.buffalo.edu/toys/adapting-battery-toy.htm	• 이 웹사이트는 최신의 장난감을 변경하고, 스위치를 추가하며, 배터리 안전장치를 만드는 방법을 가르쳐 준다.
스위치 장난감(Switch Toys) http://letsplay.buffalo.edu/toys/switch-toys-begin.htm	• 스위치 장난감의 개념, 선택방법 등에 관한 정보 제공

보조공학과 문해능력

문해능력(literacy), 즉 글을 읽고 쓰는 과정은 아동의 생애 초기부터 시작한다. 아동은 태어나면서부터 글을 읽고 쓰는 과정을 시작하며, 이러한 과정을 촉진하는 다양한 자료에 노출된다. 그림, 책, 미술, 그리고 언어표현(verbalization)의 연계를 통한 초기 언어경험은 **문해출현과정**(emergent literacy process)이라고 알려진 것의 일부분이다. DeCoste와 Glennen(1997)은 아동이 한두 살 때 글을 읽고 쓰는 과정을 시작한다고 믿는다.

장애를 지닌 어린 아동의 경우, AT는 이러한 과정에 있어 핵심적인 요인일 수 있다. 어린 아동을 돌보는 사람들은 많은 자료 변경 전략을 실행하는 과정을 시작함으로써 아동이 읽기와 관련된 집단 활동에 참여할 수 있도록 할 수 있다. 이러한 수정은 장애를 지닌 어린 아동에게 동기를 유발할 뿐만 아니라 연습할 수 있는 기회를 제공한다(Beck, 2002).

> **Webquest 4.1**
> 어린 아동을 위한 샘플 AT 장치를 보려면, http://enablingdevices.com/AssitiveTechnologyIdeas.aspx?gclid=CKXIqofN2psCFRNinAod2IB_AA를 보라.

언어발달이 지체되거나 말을 하지 못하는(nonverbal) 아동은 이야기를 듣는 것으로도 도움이 될 수 있다. 여러 아동들에게 책을 읽어 주는 교사들은 아동에 따라 약간의 또는 아무런 편의제공 없이도 장애를 지닌 어린 아동을 포함시킬 수 있다. 만약 아동이 감각장애를 지니고 있다면, 그것에 따라 편의제공과 수정이 행해질 필요가 있을 수 있다. 시각장애 아동의 경우, 텍스트를 음성으로 읽어주는(TTS) 소프트웨어가 그 집단 내에서 이야기를 듣고, 필요한 경우 그 이야기를 여러 번 들을 수 있는 다중 기회를 제공할 수 있다. 청각장애 아동의 경우, 시각적인 피드백이 중요하다. 즉각적인 피드백을 제공하도록 설계된 컴퓨터 소프트웨어 프로그램은 청각 감각을 상실한 아동에게 효과적이다. 상징이나 그림을 사용하여 이야기를 쓰면 청각장애 아동에게는 매우 좋다. 만약 IFSP 팀이 통역사(interpreter)가 아동에게 도움이 된다고 생각한다면 통역사 또한 유용하다. 책은 전자적인 형태로 변환될 수 있다. 예컨대 컴퓨터 화면에서 책 페이지를 넘길 수 있는 단일 스위치(single switch)를 활성화할 수 있다. 많은 책을 전자적인 형태로 이용할 수 있도록 만든 교사들은 아동이 혼자서도 읽을 수 있도록 독려할 수 있다. 이는 특정 환경에서 모든 아동들이 테크놀로지를 사용할 수 있도록 촉진한다.

말을 하지 못하는 아동은 그림 의사소통 시스템을 통해 도움을 받을 수 있다. 아동은 종종 그림을 언어적인 단서와 연계시킨다. 교사는 다양한 유형의 상업용 소프트웨어를 사용함으로써 기능적인 활동과 문해활동을 위한 의사소통을 행하기 위하여 어린 아동을 위한 의사소통 시스템을 함께 사용한다. 하루 동안 무엇이 행해질 것인가에 관한 시각적인 표상을 필요로 하는 어린 아동을 위해 일상의 그림 스케줄(picture schedule)이 만들어질 수 있다. 이 스케줄은 아동이 활동을 마친 후 그림을 오려낼 수 있도록 만들어질 수도 있다. 교사는 교실에서 다루어지는 활동과 직접적으로 관련되어 있는 소프트웨어를 사용하여 언어활동과 이야기시간 활동을 만들 수 있으며, 그렇게 함으로써 말을 하지 못하는 아동도 여전히 동료들과 함께 참여할 수 있는 다른 기회를 제공해 줄 수 있다. 아이콘을 만드는 소프트웨어는 그림 스케줄, 읽기 시간, 그리고 기능적인 의사소통(functional communication)을 만듦으로써 가정에서의 의사소통을 증진하기 위한 효과적인 수단이다. 학생은 각 아동의 이름을 배우고 글로 쓰인 이름을 인식하기 시작한다. 기호와 단어는 아동이 인쇄자료에 노출되는 것과 동일한 방식으로 아동의 일상 스케줄을 위해 사용될 수 있다.

눈응시(eye-gaze) 의사소통판은 또 다른 의사소통 유형이다. 이러한 유형의 의사소통판은 가리킬(pointing) 수 없는 아동에게 유용하다. 아동이 기호를 응시하면 아동을 돌보는 사람은 그 응시하는 것을 쫓아간다. 이것은 의사소통판을 가리키는 데 어려움을 겪고 있는 아동으로 하여금 의사소통할 수 있도록 해준다. 단어를 기호 밑에 써서 그림기호와 단어를 연계할 수 있도록 해줄 수 있다.

유치원 아동을 돌보는 사람들의 경우, 많은 일상 요소들은 문해능력을 증진하는 데 매우 유용한 자원들이다. 몇몇 활동들은 수정하고 장애 아동들이 참여할 수 있도록 하기 위하여 라이트테크와 하이테크의 사용을 필요로 할 수도 있다. 다음은 유치원 교실을 문해능력을 증진할 수 있도록 배치할 때 고려해야 할 몇 가지 라이트테크에 관한 제안들이다.

- 교실에서 흔히 볼 수 있는 대상(예: 책상, 의자, 문, 싱크대, 휴게실)을 단어나 시각적인 표상으로 이름 붙여라.
- 모든 아동의 통합을 증진할 수 있는 환경을 제공함으로써 어린 아동이 전형적으로 발달하고 있는 동료들과 함께 상호작용할 수 있는 기회를 제공하라.
- 장애 아동은 반복이 필요하다. 아동이 개념을 이해하거나 학습하기 위해서는 어떤 이야기를 여러 번 다시 읽어 줄 필요가 있을 수 있다.
- 아동에게 컴퓨터를 사용할 수 있는 기회를 제공하라. 전자책(e-books), TTS 도구, 스크린리더, 그리고 스캐너는 아동에게 읽을 수 있는 기회를 제공해 주며, 혼자서 읽는 것을 독려해 주고, 전형적으로 발달하는 아동들과의 상호작용을 증진시켜

준다.

- 교육과정의 모든 영역에서 촉각, 청각, 시각 피드백을 사용할 수 있도록 보편적 학습설계(UDL)와 학습에 대한 다중감각적 접근법을 제공하라. (UDL에 대하여 좀 더 자세히 알고 싶으면, 제2장을 보라.)
- 아동이 컴퓨터의 키보드를 탐색할 수 있도록 허용하라. 이것은 문자와 숫자를 인식할 수 있도록 해준다.
- 아동에게 이야기, 노래, 자신이 그린 그림에 대하여 이야기해 주어라. 심지어 말을 하지 못하는 어린이도 교사에게 얼굴 표현과 몸동작(body language)을 통해 피드백을 제공하는 것을 배울 수 있다.

아동은 자신의 자연스러운 환경에서 문해능력 발달을 촉진하는 환경에 노출될 필요가 있다. 통합환경은 모든 아동이 서로 상호작용할 수 있도록 해 주기 때문에 중요하다. 아동에게 문해능력 발달을 촉진하는 모든 유형의 인쇄자료에 접근하고 상호작용할 수 있는 기회가 주어져야 한다. AT는 이러한 것이 가능하도록 해준다.

보조공학과 발달 영역

장애인교육증진법(IDEIA)은 적응적(adaptive), 인지적, 의사소통, 신체적, 그리고 사회·정서적 발달의 다섯 가지 발달 영역(developmental domain)을 공식적으로 인정한다. 그러한 영역들 중 한 가지 이상에서 상당한 발달장애를 가지고 있는 아동은 EI 서비스나 유치원특수교육서비스를 받을 자격이 있다. 어떤 한 영역에서의 지체는 다른 영역들에서의 발달에 영향을 미침을 주목할 필요가 있다. 예를 들어, 1~2살 사이의 아동은 "그것이 뭐예요?(What's that?)"와 같은 두 단어의 질문을 사용할 수 있어야 한다고 가정해 보자. 이러한 질문은 아동이 자신의 환경을 탐색하고 학습하며 자신의 생각을 표현할 수 있도록 도와준다. 환경에 대한 자신의 요구와 호기심을 표현할 수 없는 아동은 인지발달이나 사회·정서적 발달에서의 지체를 경험할 수도 있다. 다른 예는 경련성 뇌성마비를 가지고 있으며, 손을 뻗거나 쥐고 잡고 뒤집기를 할 수 없는 영아와 관련되어 있다. 그러한 신체적인 장애를 지니고 있는 어린 아동은 먹기, 놀기, 그리고 보다 독립적이기 위해 요구되는 능력에 영향을 미치는 다른 활동들로부터 도전을 받을 수 있다.

AT는 발달지체 아동을 도와줌으로써 지체의 영향(effect)이 다른 영역에 미치는 영향력(impact)을 최소화할 수 있다. 예를 들어, 아동이 이동할 수 없어 환경을 탐색할 수 없을 때, AT는 그 환경을 아동에게 가져다줄 수 있다. 장난감은 아동이 원인과 결과에 관한 발달을 경험할 수 있도록 해 주는 스위치를 변경시킬 수 있다. 식기는 장애를 수용할 수 있게 수정되어, 아동은 혼자서도 먹는 법을 학습할 수 있다. 보완의사소통 장치는 의사소통에 문제를 가지고 있는 아동이 동료뿐만 아니라 자신을 돌보아 주는 사람들과 의사소통할 수 있도록 해준다.

다학문 팀은 아동이 지체를 가지고 있는 영역뿐만 아니라 전체 아동을 고려해야 한다. 아동은 모든 다섯 가지의 영역에서 발달적 요구를 가지고 있다. 다학문 팀이 AT 장치와 서비스를 고려할 때, IEP/IFSP는 어떻게 AT가 아동이 한 영역에서 지체를 극복할 수 있도록 해줄 것인지와 그것이 전체 아동의 발달에 어떻게 영향을 미칠 것인지를 반영해야 한다.

[보조공학 적용 4-1]

가족, 보조공학, 시간표, 환경(FATTE) 모형

장애를 지닌 영아 및 어린 아동과 함께 AT의 사용을 고려할 때, 다른 사정모형은 교육목적을 위한 AT를 찾을 때 유용할 수 있다. AT를 교육적인 목적으로 사용하고자 할 때, 초점은 학생에게 있다. 영·유아를 위한 AT를 고려할 때, 또한 가족이 초점이 된다. 영·유아의 경우, 우리는 다음과 같은 FATTE 모형을 사용한다.

가족(Family)
보조공학(Assistive Technology)
스케줄(Timelines)
환경(Environment)

1. 가족
   a. 가족의 목적과 목표는 무엇인가?
   b. 가족의 요구는 무엇인가?
   c. 가족의 기대는 무엇인가?
   d. 가족의 장점은 무엇인가?

2. 보조공학
   a. 어떤 유형의 AT가 아동이 환경과 더 잘 상호작용하도록 해 주는가?
   b. 아동은 어떻게 AT와 상호작용하는가?
   c. 가족은 어떻게 AT와 상호작용하는가?
   d. AT는 어떻게 아동이 다른 환경에서 독립심을 얻을 수 있도록 도와주는가?

3. 스케줄
   a. 아동의 현재와 신생(新生) 장점과 관련하여, AT는 얼마나 현재의 것인가?
   b. 아동과 AT는 얼마나 종종 사정되는가?
   c. AT는 얼마나 종종 갱신되는가?
   d. 만약 AT가 더 이상 아동의 요구를 충족하지 못한다면, 다른 장치에 대한 전환과 AT 장치로부터 독립성을 얻기 위하여 어떤 계획이 대신하는가?

4. 환경
   a. 가족과 아동이 기능해야 하는 환경은 무엇인가?
   b. 아동은 이러한 환경과 어떻게 상호작용하는가?
   c. 우리가 아동을 준비시켜야 할 전환 환경은 무엇인가?

학습점검

- 비록 초기중재(EI) 서비스는 장애인교육증진법(IDEIA)에 의해 의무화되어 있지는 않지만, 출생부터 3세 아동까지 EI 서비스가 제공된다. 각 주(州)는 영·유아를 위한 서비스를 제공하기 위한 보조금 인센티브를 제공한다. 만약 다음과 같은 다섯 가지 영역, 즉 적응적, 인지적, 의사소통, 신체적, 그리고 사회적 또는 정서적인 영역들 중 어느 것에서 발달지체가 있다면, 어린 아동은 EI 서비스를 받을 수 있다. AT를 사용하면 이러한 영역들에서 학습과 발달을 신장시킬 수 있다. 다른 준거들로는 저체중출산아, 확인된 증후군, 그리고 만성적인 질병이 있다.
- 아이를 돌보는 사람들은 EI 과정 동안 가족이나 아이를 돌보는 사람들과 함께 일하는 것이 중요하다는 것을 기억해야 한다. EI는 가족중심적이며, 학부모의 참여와 입력(input)이 있으면 매우 효과적일 수 있다.
- IFSP는 다학문 팀에 의해서 개발되고, 요구가 확인되며, 가족의 장점에 기초하여 구축된다. 서비스코디네이터는 가족이 이러한 서비스를 찾을 수 있도록 도와준다. IFSP는 어떤 AT 장치가 아동이 성장하고 전형적으로 발달하고 있는 아동과 동일한 활동에 접근할 수 있는지를 결정한다. 계획과 훈련 동안 학부모와 다른 아동을 돌보는 사람들을 포함시키면 아동의 발달 초기에 AT가 버려지는 위험을 낮춘다.
- 서비스는 일반적으로 아동의 자연스러운 환경 속에서 제공된다. 아동의 자연스러운 환경 속에서 AT를 사용하려면, 학부모, 전문가, 그리고 다른 아동을 돌보는 사람들이 AT를 적절하게 사용하도록 훈련될 필요가 있다.
- 유치원특수교육은 IDEA에 의해 의무화되어 있으며, 장애를 지닌 3세에서 5세까지의 모든 아동에게 제공되어야 한다. 이러한 서비스를 제공하는 것은 LEA의 책임이다. 아동은 여전히 범주화된 분류보다는 발달지체를 가지고 있는 것으로 간주된다. 서비스는 다양한 환경에서 제공된다.
- 각 중대시점의 발달은 아동이 새로운 수준의 독립심을 달성하도록

도와준다. 위기에 처한 것으로 여겨지는 아동은 환경적, 생물학적, 혹은 기성의 위기 요인들 때문에 학습문제가 일어날 가능성이 매우 높은 아동이다. AT는 아동에게 발달을 증진시켜주는 지원을 제공할 수 있다. 어린 아동을 위한 AT는 아동중심적이고 가족중심적이어야 한다. 그것은 또한 확실히 이용 가능해야 하며, 아동의 자연스러운 환경과의 상호작용을 촉진하도록 도와주어야 한다.

- AT는 EI와 유치원 모두에 관련되어 있을 때 아동의 독립심을 증진하며, 장애 아동이 일상생활에 참여할 수 있도록 도와주기 위하여 사용되어야 한다.
- 라이트테크와 하이테크 옵션 모두를 포함하는 일반적인 원리들은 (a) AT는 아동이 기본적인 기술을 습득하기 위한 접근을 허용해야 하며, (b) AT는 사정과 개발 과정의 일부분으로서 사용되어야 하고, (c) AT는 교수도구가 아니라 오히려 학생이 다양한 환경과 상호작용할 수 있도록 도와주기 위하여 개발된 기본도구이며, (d) 아동은 표준도구에 접근하고 사용하기 위하여, 그리고 다양한 환경에서 동료들과 동등하게 참여하기 위하여 AT를 사용하고, (e) AT의 사용이 자동적으로 교육용과 상업용 소프트웨어/도구들을 접근 가능하거나 사용 가능하게 만들지는 않는다는 것이다.
- IFSP는 어떤 유형의 AT가 아동에게 적절하며 AT가 어디에 포함될 수 있는지를 고려해야 한다. AT는 관련 서비스, 보충적인 보조물이나 서비스, 또는 생활기술 서비스(life-skills service)일 수 있다. IFSP의 목표는 네 가지 구성요소들, 즉 요구분야, 변화방향, 달성수준, 그리고 사정을 달성해야 한다.
- 초점은 AT 장치에 있기보다 아동에게 있다.
- AT를 교육서비스로 사용할 때 AT를 관련 서비스로 배치하는 것이 적절하다. AT가 관련 서비스로 사용될 때, AT의 양, 빈도, 기간, 그리고 위치의 특수성에 보다 많은 관심을 가져야 한다.
- 아동이 직접적인 환경에서 독립심을 습득할 수 있도록 지원하기 위하여 AT를 사용할 때, AT는 IFSP에서 보충적인 보조물과 서비스로 고려될 수 있다.
- AT가 논의될 때 자금지원 옵션도 다루어져야 한다. 가족과 서비스 제공자들이 IFSP를 설계할 때 대여기관뿐만 아니라 다양한 자금지

원 옵션을 위한 출처를 아는 것이 중요하다.

- AT는 아동이 가정과 학교에서 발달상 적절한 활동에 적극적으로 참여할 수 있도록 촉진해야 한다. 유치원 환경에 있는 장애 활동의 변경은 아동에게 있어 중요하다. 규칙은 오직 아동이 필요로 하는 한에서만 최대한 변경시키는 것이다. 활동을 계획하고 변경하기 위해 가정과 학교에서의 스케줄을 정하는 것이 중요하다. 좋은 유치원 프로그램은 아동의 발달과 각 아동의 개인적인 요구에 초점을 두어야 한다.
- 촉감이 있는 물체, 거친 표면 영역, 보드게임, 그리고 조작할 수 있는 물체들 모두는 어린 장애 아동을 프로그램의 모든 측면에 참여시킨다는 목표를 달성하기 위하여 적절한 변경이 이루어진다면 프로그램의 모든 측면에 포함될 수 있는 기회를 제공한다.
- 자세유지와 이동 문제는 어린 장애 아동이 전형적으로 발달하고 있는 동료들과 놀이를 하도록 촉진하기 위하여 IFSP 팀에 의해 다루어져야 한다. 웨지, 구석의자, 그리고 아주 멋진 의자(sassy seats)와 같은 지원은 모든 아동이 다양한 활동에 참여할 수 있음을 보장하기 위하여 사용될 수 있다.
- 보행 보조기와 휠체어는 아동이 이동할 수 있도록 해 주며, 아동이 환경을 혼자 힘으로 탐색할 수 있도록 도와줄 수 있다. 환경은 모든 아동을 위한 이동과 지원을 촉진할 수 있도록 구조화되어야 한다.
- 장난감은 다양한 유형의 스위치로 변경되어 어린 장애 아동이 그것을 매우 단순한 방식으로 조작할 수 있어야 한다. 그러한 스위치는 모든 아동이 함께 놀이할 수 있도록 해준다.
- AT는 문해능력 발달에 있어 핵심적인 요인이다. 교사는 매우 작은 변경만으로도 어린 아동들에게 읽어 줄 수 있다. 언어지체나 말을 하지 못하는 아동은 이야기를 듣는 것으로부터 혜택을 받을 수 있다. 시각장애 아동들은 텍스트를 음성으로 읽어주는 기능(TTS)으로부터 혜택을 받을 수 있다. 청각장애 아동의 경우, 시각적인 피드백이 중요하다. 이야기를 글로 쓰고 기호를 사용하는 것 또한 청각장애 아동에게 효과적이다. 만약 IFSP 팀이 통역사가 필요하다고 결정한다면, 그 서비스가 제공되어야 한다. 책은 전자적인 형태로 되어 있고, 아동은 그것을 스위치로 활성화할 수 있어야 한다. 말을 못 하

는 아동은 또한 그림이 언어적인 단서와 연계되어 있는 그림 의사소통 시스템을 사용할 수 있다.

- 어린 아동의 일상의 많은 요소들은 문해능력을 증진하고 독려하는 데 매우 뛰어나다. 아동을 돌보는 사람들은 방에 있는 흔한 물체에 단어와 시각적인 표상을 붙임으로써, 통합을 증진하는 환경을 제공함으로써, 아동이 개념을 이해하거나 학습할 수 있도록 반복연습 기회를 제공함으로써, 아동이 컴퓨터 키보드를 탐색할 수 있도록 해줌으로써, 낮 시간 동안 컴퓨터를 사용할 수 있는 기회를 제공함으로써, 학습에 대한 다중감각적 접근법을 제공함으로써, 그리고 아동에게 이야기, 노래, 자신이 그린 그림에 대하여 이야기해 줌으로써 이러한 과정을 증진시킬 수 있다.
- 다섯 가지 발달 영역들, 즉, 적응적, 인지적, 의사소통, 신체적, 그리고 사회적/정서적 영역을 고려할 때, 한 영역에서의 상당한 발달지체는 다른 영역들에서의 발달에 영향을 미친다. 예를 들어, 환경에 대한 자신의 요구와 호기심을 표현할 수 없는 아동은 인지발달이나 사회·정서적 발달에서의 지체를 경험할 수도 있다.
- AT는 발달지체 아동을 도와줌으로써 지체의 영향이 다른 영역에 미치는 영향력(impact)을 최소화할 수 있다. 다학문 팀은 적절한 IFSP를 설계할 때 아동이 지체를 가지고 있는 영역뿐만 아니라 전체 아동을 고려해야 한다.

참고문헌

Beck, J. (2002). Emerging literacy through assistive technology. *Teaching Exceptional Children, 35*(2), 44-48.

Best, S., Heller, K., & Bigge, J. (2005). *Teaching individuals with physical or multiple disabilities* (5th ed.). Upper Saddle River, NJ: Merrill/Pearson Education.

DeCoste, D. C., & Glennen, S. L. (1997). *Handbook of augmentative and alternative communication*. San Diego, CA: Singular Publishing Group.

Dugan, L., Campbell, P., & Wilcox, J. (2006). Making decisions about assistive technology with infants and toddlers. *Topics in Early Childhood Special Education, 26*(1), 25-32.

Individuals with Disabilities Education Improvement Act of 2004. Pub. L.

No. 108-446. 118 STAT.2647.

Lekotek of Georgia. (2004, May). The Capable Commander. *Lekotek*. Retrieved from http://www.lekotekga.org/lekotek/may04.htm#Commander.

Oregon Vision Working Group, Oregon Department of Education, Office of Special Education, Oregon School for the Blind. (February 2002). *Providing Assistive Technology for Students with Vision Impairments*. Retrieved July 23, 2004, from http://www.ode.state.or.us/pubs/tech/sped/vtechtap.pdf#search='Oregon%20Vision%20Working%20Group'

Solano, T., & Aller, S. K. (2000). Tech for toys: Assistive technology for infants and young children (Part 1). *Exceptional Parent Magazine*, *30*(6), 44-47.

Sullivan, M., & Lewis, M. (2000). Assistive technology for the very young: Creating responsive environments. *Infants and Young Children, 12*(4), 34-52.

제5장

고빈도 발생 장애 학생을 위한 보조공학

장(章) 개관

- 보조공학 스냅샷
- 고빈도 발생 장애
- 보조공학과 학문
- 학습을 위한 보조공학
- [보조공학 적용 5-1]
- 학습점검
- 참고문헌

학습과제

1. 고빈도 발생 장애란 무엇인가?
2. 고빈도 발생 장애를 함께 공부하는 것이 왜 유용할까?
3. 학생이 성공적인 학습자가 되기 위해 필요한 학교의 학문적 · 조직적 요구사항은 무엇인가?
4. 보조공학 장치는 학습장애 학생에게 어떻게 학습을 위한 학문적 · 조직적 요구사항을 충족하도록 할 수 있는가?

보조공학 스냅샷

진수 사례

진수는 학습장애를 가진 6학년 학생이다. 진수의 IEP를 계획할 때, 교사를 비롯한 IEP 팀은 진수가 일반교육 교육과정에 따라 학습할 때 진수의 학습장애가 어떠한 영향을 끼칠 것인지를 고려해야 한다. 또한 진수의 저조한 학업성취로 인해 발생할 수 있는 행동문제도 사전에 함께 예상해 보아야 한다. IEP 팀은 IEP를 계획하기 위하여 장기목표와 단기목표를 개발하고, 어떠한 수정과 편의제공이 필요한지를 결정하며, 진수가 일반교육 교육과정에서 성공적으로 해내기 위해 필요한 보조공학과 같은 관련 서비스를 선정할 것이다. 학습장애를 가진 많은 학생들처럼, 진수도 학습장애로 인해 읽기와 쓰기에 심각한 어려움을 겪고 있으며, 이러한 저조한 읽기·쓰기 실력은 진수가 읽기를 통해 해결해야 하는 수학과목을 공부할 때도 심각한 영향을 끼치고 있다. 진수가 다니는 학교가 소속되어 있는 교육청은 국가교육과정에서 요구하는 기준을 채택하고 있으며, 수학교육과정에서 문제해결, 추론, 문제 만들기 등을 하도록 하고 있다.

진수의 적격성(eligibility)과 관련된 최근의 사정자료에 따르면, 진수는 해당 학년 수준의 교재를 읽지 못하고, 읽은 내용도 이해하지 못하며, 전반적으로 3학년 수준 이하의 읽기 실력을 가지고 있다고 사정되었다. 그러나 진수에게 교재를 읽어주면 질문에 대해 꽤 정확하게 대답하곤 한다. 담임교사에 따르면, 진수는 수업시간에 소리 내어 읽거나 문자로 제시된 문제에 대해 구두로 대답해야 할 때, 친구들에게 종종 욕을 하기도 하지만 발표할 때 표현력은 뛰어나 어떤 장면을 묘사하거나 방향을 제시하고 절차를 설명하는 등 6학년 수준의 발표력을 보여주었다. 그러나 일상적인 단어의 받침을 쓰거나 짜임새 있는 글을 완성하는 과제를 할 때 쓰기 표현은 친구들보다 현저히 떨어졌다. 진수의 수학점수 또한 매우 낮았지만, 진수의 저조한 수학성취는 저조한 읽기·쓰기 실력 때문인 것으로 이해된다.

IEP 팀은 진수의 일반교육 교육과정에서의 부진과 이러한 부진의 결과로 나타나는 행동문제들을 염두에 두고 있다. 진수가 이제 곧 중학교로 진학할 것이기 때문에, 진수가 성공적으로 학습을 해낼 수 있도록 시급히 도와야 한다. IEP 팀은 진수의 IEP를 개발할 때 일반교육 교육과정을 먼저 고려하고 전국단위 평가에도 참여해야 한다고 생각한다.

IEP 팀은 가용한 자료를 모두 점검하고 난 뒤 다음과 같은 결론에 도달했다. (a) 진수는 적절한 지원과 관련 서비스를 받아 동급생들과 함께 일반교육 교육과정에 참여할 수 있어야 한다.

(b) 적절한 지원이란 학습전략과 보조공학훈련, 읽기 과목에서의 직접교수를 말한다. (c) 관련 서비스란 읽기, 받침, 쓰기에 도움이 되는 보조공학을 말한다. 진수는 또한 일주일에 한 번 학교 상담교사를 만나 행동문제에 대한 상담 프로그램에 참여하기로 했고, 특수교사는 일반교사에게 읽기, 수학, 쓰기 영역을 지원하기 위해 제공된 보조공학사용법을 연수하기로 했다.

고빈도 발생 장애

진수와 같은 학생의 요구를 이해하는 것은 여러분이 이 장에서 발견한 정보를 적용하는 데 도움이 될 것이다. 진수는 약간 더 심한 경도의 장애유형을 가진 학생이다. 실제로 특수교육을 받는 대부분의 학생들이 경도장애유형에 속한다. 경도장애 학생들 모두는 아닐지라도 대부분의 경도장애 학생들이 일반교육 교육환경에서 교육을 받는다. 많은 수의 학생들이 이에 해당되고, 미국의 2004년 장애인교육증진법(IDEIA)에서 정의하고 있는 경도학습장애, 정신지체, 정서행동장애 등 세 가지로 분류된 장애로 인해 이러한 장애를 **고빈도 발생 장애**(high-incidence disabilities)라 한다. 앞서 진술되었듯이, 이 장에서는 그러한 장애를 가진 학생들이 대부분 일반교육 교실에서 교육받고 있고, 그들의 특징이 많은 부분 유사하기 때문에 **고빈도 발생 장애**라는 용어가 사용되었다. 이러한 학생 중 대부분은 일반 특수교사 자격증(non-categorical type of license)을 소지한 특수교사가 가르친다.

장애의 정도가 경도로 묘사되었을지라도, 심각한 장애이다. 경도장애 학생은 중등도나 중도(moderate and severe forms) 장애 학생이 가지고 있는 눈에 보이는 신체적 특징을 가지고 있지는 않아 다른 사람으로부터 공감이나 도움을 끌어내기 어렵다. 경도장애 학생은 거의 제 나이 수준의 행동을 하고 신체적으로 또래와 비슷하다. 그러나 학문적, 사회적, 정서적 지원이 없다면 그러한 장애의 결과는 학생의 자아존중감과 학문적 성공에 심각한 영향을 끼칠 수 있다. 경도의 수준은 전형적으로 발달하고 있는 학생들과 매우 유사하다.

그러나 그들이 일반교육 교육과정에 성공적으로 접근하도록 하기 위해서는 그들에게 편의제공, 수정, 그리고 관련 서비스를 제공해 주어야 한다.

경도장애 학생

특수교육을 받는 학생의 약 85%가 경도장애에 속한다(U.S. Department of Education, 2009). 2003~2004학년도에 적어도 일부분을 일반교육 교실에서 교육받은 장애 학생들은 약 78%에 달한다. 이러한 통계치에는 일반교육 교실에서 교육을 받은 장애 학생 52%와 학습도움실(resource room)에서 공부한 학생 26%가 포함된다. 이 학생들 중 대부분이 경도장애를 가진 것으로 여겨진다.

2004년의 IDEIA에 따르면, IEP 팀은 IEP를 개발할 때 일반교육 교육과정을 최우선적으로 고려해야 하고, 학생은 또래와 함께 최대한 적절한 방법으로 교육받아야 한다. 특수학급, 분리학교(separate schooling), 또는 학교를 다니지 못하는 것은 장애의 특징이나 그 정도가 일반교육 교실에서의 교육이 보조기기나 서비스를 받는다 해도 교육적인 성과를 낼 수 없을 때에만 가능하다. 진수처럼 보조공학을 사용하는 것은 경도장애 학생이 또래와 함께 교육받을 수 있도록 하고 성공적인 학습자가 되도록 해준다.

고빈도 발생 장애 학생의 특징을 먼저 파악하는 것은 AT와 관련한 의사결정을 하는 데 있어 어떠한 영향을 끼치는가?

경도정신지체나 특정 학습장애, 경도정서장애 학생들은 학교에서 독립적으로 학문적·조직적 요구를 충족시키기 어렵다(Friend & Bursuck, 2002). 진수와 같은 학생들이 여러 가지 지원을 받아 무난히 진급한 것처럼, 학문적으로 그리고 조직적으로 독립적인 학교생활을 할 수 있다는 것은 성공적인 학생이 되기 위한 핵심요소다. Ellis와 Lenz(1996)는 성공적인 학습자가 되기 위해 수행해야 할 핵심영역을 제안한다. 정보획득(gaining), 정보표현(expressing), 정보조직(organizing)의 세 가지가 바로 그것이다. 보조공학은 이러한 영역에서 학습자의 성공을 위해 꼭 필요한 도구를 제공할 수 있다.

보조공학과 학문(academics)

정보획득

정보를 획득하기 위해서는 많은 기술이 필요하다. 경도장애 학생은 성공적인 학습자가 되기 위한 정보획득에 필요한 기술이 많은 부분 결여되어 있다. 이러한 기술은 제시된 지시를 따르기 위해 또는 교재나 다른 매체를 해석하기 위해 학생을 때로는 청자(listener)가 되게 하고 때로는 독자(reader)가 되게 한다. 읽기에 어려움을 경험한 학생은 정보획득에 어려움이 있고, 수정과 편의제공 없이는 일반교육 교육과정에 접근하기 어렵다.

읽기. 읽기는 삶에 있어 필수적인 부분이다. 그것은 본문에서 발견된 언어기호로부터 의미를 도출해 내는 시각과 청각 능력을 사용한다. 그것은 또한 의미를 도출해 내기 위한 독자와 본문 간의 상호적인 과정이다(Raymond, 2004). 개인은 가장 기본적인 수준에서 성공하기 위해 기초 읽기능력을 숙달해야 한다. 읽기는 미국에서 교육과정 전체를 통틀어 학문적 성공을 위해 가장 중요한 기술이다. 명확하게 읽기 위한 학습의 과정은 다양한 방법, 교재와 개인의 학습양식을 반영하는 전략을 포함한다. 문해능력을 고양시키기 위한 발달적으로 적절한 실제(practice)는 어떤 읽기 프로그램에서도 필수적이다. 경도학습장애 학생은 읽기에 어려움을 갖고 있는 경우가 많으며, 이러한 읽기의 어려움은 거의 모든 학문 영역에 영향을 미친다.

IEP 팀은 읽기의 진보를 촉진하기 위해 설계된 목적과 목표를 구분해 내야 한다. 일반교사와 특수교사는 특수한 요구를 가진 학생의 문해능력 향상을 위해 적절한 교수전략을 실행해야 한다. 읽기에 어려움을 겪고 있는 학습장애 학생은 이러한 요구를 충족시키기 위해 교육과정에 접근하도록 돕는 편의제공이나 현존하는 교육과정 기준의 수정, 그리고 보조적인 장치나 관련 서비스와 같은 적절한 지원을 받아야 한다. 모든 학생의 요구를 충족시키기 위한 중재 전략은 성공을 확실히 하기 위해 모든 읽기 프로그램에 포함되어 사용되어야 한다.

테크놀로지는 경도학습장애 학생이 더 나은 독자가 되는데 도움이 되기 위한 다양한 소프트웨어 프로그램이나 패키지에 있어 시·청각적 지원을 제공한다. 교사는 그러한 학생에게 도움이 되는 다양한 소프트웨어 패키지가 개별 학생의 요구에 맞는지를 점검해야 한다.

시각장애로 어려움을 겪는 학생을 위해, 텍스트의 어떤 부분이 다양한 색으로 하이라이트될 수 있다. 컴퓨터 화면의 배경을 바꾸는 것도 본문의 특정 부분을 강조할 수 있다. 즉 어떤 학생에게는 그림과 단어를 짝지어 제시하는 것이 매우 기본적인 읽기 보조자료로서의 역할이 된다. 청각 식별에 어려움을 겪고 있는 학생은 오디오북(audiobook)을 통해 혜택을 받을 수 있다. 진수와 같은 학생의 경우, 할당된 본문을 업로드하고 헤드폰을 사용해 학생이 그것을 듣도록 하는 것은 학생을 덜 산만하게 하며, 요구되는 지원을 제공하는 것이다. 무선 읽기 장치(wireless reading devices: WRD)는 학생에게 대용량의 읽기 자료를 업로드할 수 있도록 해준다. WRD는 손바닥 크기의 초소형 컴퓨터로서, 예비 건전지를 가지고 있다. 어떤 WRD는 1,500개 제목을 저장하고 종이처럼 보이는 화면을 제공한다. 많은 경우, WRD는 사용자가 책뿐만 아니라 워드로 작업 중인 문서나, 잡지, 신문, PDF 문서 등도 업로드할 수 있도록 해준다. 어떤 WRD는 키보드를 가지고 있으며, 입력장치로서 터치스크린을 가지고 있다.

진수와 같은 학생을 위한 가장 유용한 기술 중 하나는 텍스트 음성전환(Text-To-Speech: TTS) 기능이다. 이러한 유형의 AT는 읽기와 쓰기에 어려움을 겪는 학생에게 매우 유용할 수 있다. 화면 읽기 프로그램이라고도 하는 TTS 프로그램은 디지털화된 전자목소리로 텍스트를 읽어준다. TTS 소프트웨어 시스템은 문자를 스캔한 후

읽기를 위한 성공적인 소프트웨어 프로그램의 사용을 위해 교사는 어떤 테크놀로지적 기술을 갖추어야 하는가?

이를 디지털 음성으로 전환하여 읽어준다. 이 시스템은 말투를 조절하고, 단어를 철자법에 맞게 쓰며, 언어와 목소리를 선택할 수 있는 기술을 갖추고 있다. 이것은 읽기에 어려움을 겪는 학생의 피로감을 줄일 수 있다. 학년 수준 이하의 읽기를 하는 학생의 경우, 학년 수준에 맞는 교재를 스캔하여 컴퓨터가 해당 교재를 읽어주도록 할 수 있다. 해당 학생은 또한 TTS 프로그램을 사용하여 웹에서 전자문서를 다운로드 받을 수 있고, 화면 읽기 프로그램을 이용하여 이것을 읽을 수 있다. 〈표 5-1〉은 읽기에 대한 AT 관련 정보 목록이다. 어떤 프로그램이든 구입을 결정하기 이전에 학생의 다양한 요구가 고려되어야 한다.

경도장애 학생의 경우, 인쇄자료를 읽어 정보를 획득하는 것은 가장 큰 결함이며, 지속적으로 어려움을 겪는다. 교사가 읽기에 어려움을 겪는 학생이 정보를 획득할 수 있도록 돕는 것 역시 지속적으로 어려움을 겪을 수밖에 없다. 교재가 다양한 학습자들에 의해 사용될 수 있도록 교육과정 교재를 디지털 형식으로 전환해서 더욱 유연한 형태로 만드는 것은 이러한 도전을 충족시키는 하나의 방법이다. 교사는 이러한 자료의 유형을 변환하기 위해 테크놀로지를 사용하거나 이미 디지털 유형이나 오디오자료 형태로 된 자료를 찾으려고 할 것이다.

〈표 5-1〉 AT와 읽기 관련 정보

Edmark Reading Program http://www.donjohnston.com/products/edmark/index.html	• 이 소프트웨어는 독해와 인지를 가르치기 위해 통단어(whole-word), 다중감각적(multisensory) 접근을 사용한다. 이 소프트웨어의 사용자는 시각인지와 단어의 의미를 학습하고, 독해를 연습하며, 하나의 이야기 내용 내에서 단어를 사용한다. 반복과 짧은 교수단계가 사용된다.
JAWS for Windows Screen Reading Software http://www.freedomscientific.com/products/fs/jaws-product-page.asp	• 스크린을 읽어주는 소프트웨어

IntelliTools Reading: Balanced Literacy http://www.intellitools.com	• 이것은 1학년 수준에서 문해교수를 제공하는 9단원으로 구성된 프로그램이다. 읽기와 음성학, 쓰기를 통합하여 사용한다. 142개의 소단원과 9개의 동화책, 212개의 음성학 활동, 500개 이상의 활동을 담고 있는 CD와 27개의 구조화된 쓰기 연습이 포함되어 있다. 이 프로그램은 마우스와 인텔리키(IntelliKeys)를 사용한다.
Kurzweil 3000 http://www.kurzweiledu.com/default.html	• Kurzweil은 컴퓨터 스크린에 시청각적 보조장치와 함께 활자 또는 전자문서를 제공한다. 프로그램은 공부기술이나 쓰기, 시험 등을 돕기 위한 많은 기능을 포함한다. 그것은 개별적인 학습양식을 채택한다. Kurzweil 3000은 학생이 타이핑할 때 철자법을 점검하고, 단어를 예측해 주며, 청각적인 보조장치를 제공한다.
WYNN 3.1 Freedom Scientific's Learning Systems Group http://freedomscientific.com	• 이 소프트웨어 솔루션은 인쇄된 텍스트를 이해 가능한 문자로 전환해 주고, 하이라이트하면 동시에 그것을 읽어준다.
Picture It http://www.slatersoftware.com/pit.html	• 이 소프트웨어는 교재와 함께 융합할 수 있는 6,000개 이상의 사진을 포함하며, 독자는 교재를 더 잘 이해하기 위하여 사진이 지원된 교재를 볼 수 있다. 학생은 이야기를 들을 수 있으며, 하이라이트된 단어를 따라 읽을 수 있다.
Readingpen http://www.donjohnston.com	• 손바닥 크기의 휴대용 스캐너로서, 모르는 단어를 간단히 스캔할 수 있도록 되어 있다. 단어는 학생에게 읽혀지고, 단어의 뜻이 제공된다.
시각장애인과 난독 장애인을 위한 녹음도서관 (Recordings for the Blind and Dyslexic : RFB & D) http://www.rfbd.org	• RFB&D 오디오 도서관은 모든 교과와 학년에서 사용되는 제목을 포함한다.
Text Readers Read Outloud http://donjohnston.com/products/read_outloud/index.html ClassMate Reader http://www.donjohnston.com/products/portables/classmate/index.html	• 읽지 못하는 사람이나 학년 수준 이하의 읽기 능력을 가진 학생을 위한 TTS
textHelp! Read & Write Gold http://www.synapseadaptive.com/texthelp/read&write_gold/read&write_gold_default.htm	• 이 소프트웨어는 읽기와 쓰기 영역에서 특수교육에 도움이 되는 도구를 제공한다. 이 도구는 단어 예측, 사전, 철자점검, RealSpeak(기계음이 아닌 사람의 목소리), 그리고 발음 튜터를 포함한다.

Recorded Books http://recordedbooks.com/index.cfm?useaction=rb.playaway&school	• 오디오북 출판사
UDL Book Builder http://www.cast.org	• 이 사이트는 학생에게 읽기기술을 길러 주기 위해 디지털 교재를 만들고, 읽고, 공유할 수 있는 공간을 제공한다.

정보교환용 표준코드(ASCII) 교재로 알려진 디지털 교재는 컴퓨터에서 다양한 방식으로 재구성될 수 있는 유연한 매체다. ASCII은 컴퓨터 스크린에서 문자처럼 보일 수도 있고 음성합성을 통해 단어로 읽혀질 수도 있다. ASCII 교재의 폰트나 폰트 크기, 색 등의 형식은 쉽게 수정되거나 편집될 수 있다.

문자화된 교재를 디지털 유형으로 바꾸려면 스캐너와 특별한 소프트웨어가 필요하다. 세 가지 유형의 스캐너, 즉 한 페이지용(single page), 평판형(flatbed), 그리고 휴대용(handheld) 스캐너가 사용될 수 있다. 컴퓨터는 본문이 스캔되면 본문의 사진을 만들어 낸다. 그러한 사진은 광학문자인식(OCR) 소프트웨어를 통해 ASCII로 전환되어야 한다. 이러한 작업이 완료되면, 본문은 워드프로세서 또는 웹페이지에서 그리고 본문을 크게 읽어줌으로써 학습을 지원할 수 있는 프로그램에서 사용될 준비가 된 것이다.

교사가 테크놀로지적 접근을 약간만 사용하면, 책을 '시각장애와 난독 장애인을 위한 녹음도서관(Recordings for the Blind and Dyslexic: RFB&D)'에서 사용하는 방법처럼 음성파일로 바꾸어 사용할 수 있다. 일반적인 활자를 읽는 데 어려움이 있으면서 정식으로 등록된 장애가 있는 사람이라면 누구나 오디오 교재를 사용할 수 있다. RFB&D 도서관에 접근하려면, 독자는 먼저 개별적으로 또는 학교 단위로 회원가입을 해야 한다. RFB&D 웹사이트는 〈표 5-1〉에 소개되어 있다.

제1장에서 논의했듯이, AT 기금마련이 문제다. IEP 팀을 위한 하나의 자료는 오픈소스 소프트웨어다. 오픈소스(open source)란 소프

트웨어의 개발을 안내하는 일련의 원리를 말한다. 그것은 자료코드를 통해 이용자가 애플리케이션을 무료로 이용할 수 있도록 하고, 애플리케이션을 이용자 자신의 목적에 맞게 수정할 수 있도록 하는 것이다. 오픈소스 AT 소프트웨어는 표준 플래시 드라이브를 구축·운영하고, 이용자에게 휴대 가능한 선택을 제공한다(Jacob, 2007). 서비스 제공자는 AT 장치 시험판에 대한 오픈소스 코드를 무료로 사용할 수 있다. 만일 이러한 AT 장치가 학생의 요구를 충족시키지 못한다면, 또 다른 형태의 장치로 대체될 수 있다. 진수의 사례에서 보듯이, TTS 애플리케이션은 이러한 AT가 진수가 더 성공적인 학습자가 되도록 하는 데 일조하는지를 알아보기 위해 사용될 수 있다. 이러한 애플리케이션은 플래시 드라이브에 다운받을 수 있으며, 진수는 그것을 교실이나 도서관 같은 다른 환경에 가지고 다닐 수 있다.

정보표현

정보표현은 경도장애 학생에게 어려울 수 있는 많은 과제들을 포함한다. AT 장치는 라이트테크 장치에서부터 하이테크 장치에 이르기까지 그 범위가 다양하다. 쓰기 과정의 복잡성을 이해하는 것은 경도장애 학생이 일반교육 교육과정에 접근하는 데 도움이 될 만한 다양한 AT 장치를 이해하도록 도울 것이다.

쓰기와 보조공학. 쓰기는 알파벳문자(graphemes)나 표음문자(phonograms)를 통한 암호화의 과정이며, 따라서 의사소통은 시간과 공간을 교차하여 생길 수 있다(Raymond, 2004). 경도장애 학생은 쓰기에 문제를 보인다. 학생은 효과적인 필자가 되기 위해서 필기, 철자법, 작문의 세 가지 영역에서 기술(skills)을 갖추어야 한다. 경도장애 학생은 대체로 이러한 세 가지 모두에서 어려움을 겪고 있다.

필기(handwriting)에 어려움을 겪는 학생은 근육발달에 대한 보조가 필요하다. 간단한 예를 들어, 클립보드로 지면을 고정시키거나 경사진 판으로 지면에 각을 만들어 제공하는 것만으로도 필기를 개선시킬 수 있다. 지면에 양각화된 선을 사용하여 촉감으로 느껴지는 경계선을 제공하는 것은 필기를 위해 부가된 지원을 제공할 것이다. 연필 쓰기도구에 손잡이를 덧붙이거나 다른 변경(adaptation)을 사용하는 것은 부가적인 지원을 필요로 하는 학생에게 반드시 필요할 것이다. 쓰기에 심각한 장애가 있거나 쓰기와 관련된 근육기능을 수행하는 데 어려움을 겪는 필기불능증(dysgraphia) 학생을 위해 대체 키보드와 휴대용 워드프로세서를 제공하는 것은 필기를 위한 훌륭한 대체장치가 된다.

이 장의 보조공학 스냅샷에서 소개된 진주는 철자법에 문제를 지니고 있다. 〈표 5-2〉에 제시된 AT 중 어떤 것이 도움이 되는가?

철자법. 진수가 가지고 있는 또 다른 어려움이 바로 철자법(spelling)이다. 이것은 경도장애 학생에게는 그리 흔치 않다. 철자를 어떻게 쓰는지를 아는 것은 작문을 위해 매우 중요한 기술이다. 만일 글을 쓰는 사람이 철자로 인해 어려움을 겪는다면, 쓰기 과정은 곤혹스러워질 것이다. 하이테크 장치뿐만 아니라 수많은 라이트테크 장치들은 진수가 더 나은 철자법을 사용할 수 있도록 도움을 줄 수 있다. 라이트테크 장치들로는 하이라이팅 테이프, 유색 아세트산 도금, 그리고 개인사전 등이 있다. 예를 들어, 진수는 중요한 단어에 집중하도록 하이라이팅 테이프를 사용할 수 있다. 그는 테이프 위에 단어를 쓰고 그것을 개인사전(personal dictionaries)으로 변환할 수 있다. 개인사전은 쉽게 만들거나 구매할 수 있다. 〈표 5-2〉는 라이트테크 AT 철자법 점검 기구의 예다.

〈표 5-2〉 AT와 철자법 관련 자료

Crystal Springs Books http://www.crystalspringsbooks.com/7852.html	• 야광 테이프
EZC Reader http://www.reallygoodstuff.com/results.aspx?keyword=reading%20helper	• EZC Reader는 움직이는 하이라이터로서의 역할을 하고, 독자가 중요한 단어에 집중하는 데 도움이 되도록 하는 투명플라스틱 포인터로 되어 있다.
개인사전(Personal Dictionaries) Curriculum Associate http://www.curriculumassociates.com/	• Quick-Word 핸드북은 자주 사용하는 단어 1,000개 이상을 안내하고, 사용자의 단어를 첨가할 수 있는 공간을 제공한다.
철자법 교정기(Spell Correctors) Franklin http://www.franklin.com/	• 110,000개 어휘와 음성 철자법 교정기를 통해 철자법과 어휘력 향상에 도움이 된다. 500,000개의 동의어와 반의어를 포함한다.

진수와 같은 학생들에게는 하이테크 AT 철자법 장치가 도움이 된다. 철자법 점검 기능을 갖춘 PC로부터 휴대용 워드프로세서에 이르기까지 그 예는 다양하다. 이러한 휴대용 컴퓨터는 TTS, 단어 예측, 철자법 점검 및 다른 테크놀로지와의 연결성이라는 특징을 지닌다. 학생은 철자법을 돕는 특징과 더불어 성공적인 쓰기를 지원하는 부가적인 작문도구에 접근할 수 있다. 연구에 기초한 철자법 전략들과 함께 철자법 AT 장치는 학생들이 철자법에 대한 결핍을 극복하는 데 도움이 된다. 그러나 IEP 팀은 교사나 보호자뿐만 아니라 학생도 이러한 장치를 어떻게 사용하는지에 대한 교수를 받아야 한다는 것을 기억해야 한다. 이러한 교수를 제공하지 않는다면 AT는 유기될 것이다. AT 철자법 자료는 〈표 5-2〉에서 찾아볼 수 있다.

Webquest 5.1
윈도우즈 XP, 비스타, 윈도우즈 7에 있는 음성텍스트전환(Speech-To-Text: STT) 옵션을 사용하여 컴퓨터가 여러분의 말 양식을 인식하도록 해보라. 사용법은 다음 웹사이트를 참조하라. http://support.microsoft.com/kb/306901

쓰기(written expression). 많은 경도장애 학생들은 쓰기 형태로 정보를 표현하는 데 어려움을 겪고 있다. 이러한 영역에 대해서 컴퓨터는 수많은 옵션을 제공한다. 표준 워드프로세서로부터 소프트웨어와 하드웨어에 이르기까지 경도장애 학생은 쓰기에 많은 도움을 받을 수 있다.

대부분의 워드프로세서 프로그램에 있는 자르기, 복사하기, 붙여넣기 기능은 경도장애 학생이 전체 문서를 쉽게 재조직할 수 있도록 해준다. 관련어집(thesaurus), 문법, 철자법 점검기는 학생이 작문을 할 때 부가적인 지원을 제공한다. 학생은 편집을 위해 문서를 다운로드 받기 전에 해당 문서를 볼 수 있다. 학생은 최종버전의 문서를 인쇄하기 전에 해당 문서를 보고 확인 작업을 할 수 있다.

광범위한 개념지도(concept-mapping) 소프트웨어는 쓰기 표현에 어려움을 겪는 학생이 쓰기를 하기 전에 아이디어를 개발하고 생각을 개요나 아이디어 망(idea web)에 조직할 수 있도록 도와준다. 이것은 학생이 가지고 있는 개념이나 아이디어를 일관된 텍스트로 바꾸기 전에 학생이 관련된 개념이나 아이디어 간의 연결을 파악할 수 있도록 도와준다. 이러한 프로그램들은 학생이 개요를 워드프로세서나 프레젠테이션 프로그램으로 만드는 데 많은 도움을 준다. 쓰기를 위한 AT 장치의 지원을 통해 학생은 쓰기의 여러 단계의 과정을 명시적으로 생각해 보게 된다. 워드프로세서 소프트웨어가 사용되면, 학생은 키보드 사용법도 배우게 된다. 키보드를 잘 사용하는 학생일수록 텍스트를 생산해 내는 속도가 빠를 것이다. 쓰기 프로그램에 관한 AT 장치는 〈표 5-3〉에 제시되어 있다.

학습을 위한 보조공학

수학이나 역사, 과학과 같은 영역도 고빈도 발생 장애 학생에게 도전이 된다. 수학은 약간의 읽기와 추상적 사고력이 요구된다. 내용 영역은 종종 다량의 읽기와 높은 수준의 이해능력, 기초수준의 조직기술 등을 요구한다. AT는 경도장애 학생이 일반교육 교육과정에 접근하는 것을 도울 수 있다.

〈표 5-3〉 보조공학과 쓰기 자료

Co: Writer http://www.donjohnston.com/products/cowriter/index.html	• 이 프로그램은 워드프로세서에 단어예측, 문법, 어휘기능을 더한 것이다. FlexSpell은 실제 문자와 문자의 소리에 일치하는 단어를 인지하고 예측하는 것을 통해 음성적으로 철자를 읽도록 돕는다. 문법은 주어-동사 일치, 철자법, 관습적인 표현, 적절한 명사의 사용에서의 실수를 수정하도록 돕는다.
EZ Keys http://www.words-plus.com/website/products/soft/ezkeys.htm	• 단어를 타이핑하기 시작할 때, 학생이 타이핑하는 문자로 시작하는 단어 중 가장 많이 사용되는 6개의 단어를 보여주는 단어예측 기능을 사용한다. EZ Key는 확장된 키보드, 조이스틱과 같은 마우스 대체장치를 제공한다.
Gus! Word Prediction http://www.synapseadaptive.com/augcom/gus/Prediction.htm	• 단어완성과 단어예측을 제공함으로써 타이핑 속도를 향상시킨다. 사용자가 이미 타이핑한 키에 기본해서 단어목록을 제공한다. 이 목록은 사용자가 타이핑하는 키에 따라 달라지고, 현재 상태의 단어를 인지한 후 차후의 단어를 예상해 준다. 이러한 기능은 타이핑이 서툴거나 속도가 느린 사람에게 도움이 된다. 약어확장, 언어 산출, 사전기능도 제공된다.
WordQ 2 Writing Aid Software http://www.enablemart.com/Catalog/Word-Prediction/WordQ-2	• 이 쓰기도구는 표준적인 워드프로세서와 함께 사용된다. 이것은 언어 피드백을 제공하고, 단어예측을 통해 사용되는 단어를 제안한다. 학생은 각 단어의 발음을 들을 수 있다. 이것은 단어구분을 쉽게 도와준다. 사용이 쉽고 모든 윈도우용 애플리케이션에서 사용할 수 있다.
Write: Outloud 6 http://www.donjohnston.com/products/write_outloud/index.html	• 학생이 단어나 문장 그리고 문단을 타이핑할 때 즉각적인 언어 피드백이 제공된다. 학생은 올바른 단어 사용과 문법, 오탈자 점검 등을 위해서 들을 수 있다. 장애 학생은 자신이 쓴 것을 보고 들을 수 있기 때문에 독립적으로 수정작업을 할 수 있다. 홈페이지에서 실제 시험판용 제품을 사용해 볼 수 있다.
Draft: Builder 6 http://www.donjohnston.com/products/draft_builder/index.html	• 학생은 이 도구를 통해 글쓰기 초안을 완성할 때 아이디어 조직하기, 노트하기, 초안 쓰기 등의 세 가지 중요한 단계로 안내된다. 학생은 아이디어와 정보를 생성해 내고, 능숙하게 다루며, 연결하는 틀을 제공받는다.

수학과 보조공학

경도장애 학생은 다양한 이유로 인해 수학에서 어려움을 겪는다. 이러한 학생은 전형적으로 수학성취도검사에서 또래보다 낮은 점수를 기록한다(Scruggs & Mastropieri, 1986; Zentall & Smith, 1993). 이 장의 AT 스냅샷에서 IEP 팀은 사정자료로부터 진수가 수학에서 겪고 있는 어려움은 읽기에 대한 어려움에서 비롯되었고 문제해결과 추론, 문제형성을 통한 쓰기를 요구하는 수학교육과정의 기준을 달성하는 데 어려움을 겪고 있는 것이라고 판단했다. 계산방법을 배우는 것은 수학교수의 일부분이지만, 전미수학교사협의회(National Council of Teachers of Mathematics: NCTM)는 문제해결과 활동기반 학습에 최우선을 두어 강조하고 있다. NCTM 기준에 따르면, 수학은 추론방법과 수학적으로 의사소통하는 것을 포함한다(NCTM, 2010).

Webquest 5.2
NCTM과 관련한 정보는 다음 웹사이트를 참조하라. http://www.nctm.org/standards/default.aspx?id=58.

장애 학생을 위한 시사점은 명확하다. 즉, 만일 학생이 쓰기작문에 어려움이 있다면 그 학생은 국어 과목뿐만 아니라 수학 과목에서도 지원을 필요로 할 것이다. 어려움을 겪는 이유는 수학문제를 이해하거나 읽을 수 있느냐와 관련되어 있다. 다른 사례에서, 어떤 학생은 문제해결을 위해 요구되는 정도의 계산능력을 갖추고 있지 못할 수 있다. 그 이유는 수학지식뿐만 아니라 동기와 비효과적인 교수전략과 같은 다른 요인들과 관련되어 있을 수 있기 때문이다(Ginsburg, 1997; Vaughn, Bos, & Schumm, 2000).

경도장애 학생은 계산기를 성공적으로 사용하기 위해 어떤 기술이 필요한가?

AT는 학생이 수학 교과에서 일반교육 교육과정에 접근하고 성공적인 학습자가 되도록 돕는 데 중요한 역할을 담당할 수 있다. NCTM은 컴퓨터 애플리케이션과 계산기를 사용해서 모든 학생을 가르칠 것을 제안했다. 컴퓨터 셈판과 데이터베이스를 사용하는 것은 학생이 데이터를 조직하고 데이터의 시각적인 그림을 제공하는 데 도움이 된다. 그런 다음, 학생은 개념을 프레젠테이션 형식으로 나타내거나 그 데이터를 표상할 수 있다.

번호가 매겨져 있거나 나열된 문제와 같은 지필과제에 취약한 학생은 전자 수 처리기(electronic number processor)와 수학 연습문제지로부터 도움을 받을 수 있다. 이러한 프로그램은 학생이 컴퓨터에서 직접 수학문제를 풀 수 있도록 도와준다.

계산기는 경도장애 학생이 수학적 기술을 획득하는 데 도움이 된다. 많은 경우, 계산기는 학생의 수학에 대한 태도를 개선시킨다(Vaughn, Bos, & Schumm, 2000). 학생이 사용할 만한 계산기의 종류는 매우 다양하다. 음성서비스 기능을 제공하는 다양한 기능을 갖춘 휴대용 계산기가 있다. 어떤 것은 테크놀로지적 기능이 구비되어 있고, 또 다른 종류는 저학년 학생을 위해 간단히 설계된 것도 있다. 전통적인 계산기들은 종종 시각적 판별이나 읽기에 어려움을 겪는 학생에게 도움이 되지 못한다. 말하는 계산기는 학생이 선호하는 학습양식에 따라 학습할 수 있도록 함으로써 수학적인 지원을 제공한다. 글자크기와 색은 조정될 수 있다. 청각 단서는 숫자를 거꾸로 읽는 학생에게 도움이 된다. 전통적이든 그렇지 않든, 계산기는 학생이 기억이나 정보인출 문제 때문에 겪는 좌절감을 막아주어 해당 학생이 문제해결에 집중할 수 있도록 도와준다.

경도장애 학생들은 종종 수학적 계산을 배우는 데 문제가 거의 없음을 알게 된다. 그러나 그들은 문제해결이나 추론, 반응적이고 조직적인 쓰기 형태로 표현된 문제형성의 결과를 요구하는 수학교육과정에 대해서는 어려움을 겪고 있어, 이러한 수학적 요구를 위해 IEP 팀은 AT 장치가 유용하게 사용되도록 고려해야 한다. 〈표 5-4〉는 수학을 위한 AT 장치 목록을 제공한다.

수학 이 외의 다른 교과영역

경도장애 학생이 교과영역에서 어려움을 겪게 되는 이유는 다양하다. Vaughn, Bos와 Schumm(2000)에 따르면, 몇몇 교과영역에서 개념적 복잡성과 밀도(density)의 수준이 많은 학생들을 압도하고 있는데, 교과영역에서의 학습이 많은 학생들에게 결핍되어 있는 기초기술(basic skills)을 요구하며, 수업에서는 숙제와 장기 프로젝트를 수행할 것을 요구하고 있다. AT 장치는 교과영역에서 성공적이지 못한 경도장애 학생들에게 그들이 일반교육 교육과정에 접근하는 데 성공적인 경험을 할 수 있도록 도와준다.

교사는 학생의 학습준비를 위해 해당 학생의 사전지식을 활성화할 수 있다. 의미론적 지도(semantic mapping)와 개념지도(concept mapping)를 이용하여 개념과 어휘를 사전 교수하는 것이 이러한 준비 중 하나다. 학생이 사용할 만한 개념과 의미론적 지도와 같은 그래픽 조직자(graphic organizers)를 활용한 소프트웨어를 이용할 수 있다. 이러한 전략들은 내용을 조직화하고, 표상화하며, 보고서를 작성하는 데 도움이 된다.

〈표 5-4〉 보조공학과 수학

MathPad Plus(IntelliTools) http://store.cambiumlearning.com	• MathPad는 학생이 컴퓨터에서 직접 산수를 할 수 있도록 해준다. 프로그램은 수학문제를 조직하고 탐구하는 데 도움이 필요한 학생이나 지필로 수학을 하는 데 어려움을 겪는 학생에게 이상적이다.
ViewPlus Accessible Graphing Calculator http://www.abledata.com	• ViewPlus는 맹인이나 저시력, 또는 시각적 난독증이 있는 개인에 의해 사용되도록 설계된 청취 가능한 시각적 도식을 제공하는 계산 프로그램이다. 이 계산기는 여러 종류의 y대 x로 표현되는 데이터를 색조 그래프를 사용하여 시·청각적으로 표현할 수 있다.
Portable Calculator with Talking Multiplication Table http://www.independentliving.com	• 작은 크기의 접는 계산기로서, 표준 산수 기능을 수행한다. 키를 누르면 사용자가 듣고자 하는 곱셈표가 뜨고 전체 표를 읽어준다.
GTC와 Scientific Calculator http://www.independentliving.com	• 이 소프트웨어는 용이한 접근성을 보장하기 위해 광범위한 영역의 과학적 기능을 제공한다. 이러한 접근성 기능은 자료 입력 시 키보드나 마우스를 사용하도록 하고, 결과물을 읽어주며, 확대된 숫자를 보여준다. 특히 Mouse Talk 기능은 버튼

	이름과 네 가지 단계의 스크린 확대기능을 읽어준다.
Talking Pocket Calculator http://www.independentliving.com	• 매우 작고 얇은 접이식 계산기로서, 수표시판과 모니터에 숫자를 보여준다. 모든 설정 기능은, 시각적으로 제시되는 달력기능을 제외하고, 모든 정보를 읽어준다. 단위 또는 자릿수로 읽어준다.
Talking Texas Instruments Scientific Calculator http://www.independentliving.com	• 소형 공학용 계산기로서, 기능키에 대한 학습모드를 제공한다. 키는 누르면 설명이 되는데, 음성기능은 선택 가능하다. 촉각적이며 크고 기능적으로 지역화된 키들(functionally zoned keys), 볼륨 조절, 이어폰 등이 있다.

강의법은 교과영역 수업에서 가장 흔한 교수법이기 때문에, 노트필기를 하는 것은 경도장애 학생에게 어려운 일이다. 이를 위해, 교사는 라이트테크 쓰기 개요와 선행조직자, 또는 전략노트를 제공할 수 있다. 학생은 노트필기 학습전략과 함께 녹음기를 사용할 수 있다. 하이테크 노트필기 장치에는 휴대용 워드프로세서, 휴대용 컴퓨터, 디지털 장치나 스마트펜 등이 있다. Bauer와 Ulrich(2002)는 학생이 이미 오락을 위해 휴대용 장치를 사용하며 테크놀로지적 장치에 매우 친밀감을 가지고 있다고 지적하면서, 실제로 강의노트와 학습내용이 교사의 휴대용 장치로부터 직접적으로 투사될 수 있다면 필기가 불필요할 것이라고 밝혔다.

교과담당 교사는 종종 가장 기본적인 교수도구인 교재에 매우 의존하여 교수한다(Alvermann & Moore, 1991). 교재의 난이도 수준은 가독성(readability)에 의해 측정되며, 학년 수준으로 표현된다. 학년 수준 이하의 읽기 실력을 가진 학생은 종종 해당 학년 수준으로 쓰인 교재에 실린 수업자료를 읽는 데 어려움을 겪는다. 진수와 같은 학생들은 또래와 유사한 수업자료에 접근할 필요가 있다. AT는 학생이 일반교육 교육과정에 접근할 수 있도록 도울 수 있다. 교과서를 대체하는 것이 교재에 실린 정보를 교실에서 접근 가능하도록 하는 하나의 방법이다. 교과서는 CD에 담아 제공하거나 읽기기능을 갖춘 개인리더(personal reader)에 다운받거나(〈표 5-1〉 참조) 교과서의 일부를 스캔할 수 있다. 스캐닝에 대해서는 이 장에서 언급한 바 있다.

보조공학과 조직화

교과 내용에 있어 숙제나 장기프로젝트와 같은 교실 밖(out-of-class) 과제는 종종 많은 경도장애 학생들에게 도전이 된다. 성공적인 학습자는 과제를 독립적으로 완수할 학문적, 조직적 능력을 갖추어야 한다. AT는 학생이 구성요소를 조직하는 것을 돕는다. 전자 조직자, 교과목 노트와 파일시스템, 소프트웨어 기반 일정표 등은 학생이 외부 과제에 대한 요구를 추적할 수 있도록 도와준다. 휴대용 컴퓨터는 학생이 중·고등학교에서의 증가하는 요구에 부응하도록 도와준다. 활동노트, 테이프 재생기, 음성 다이어리, 메모 소프트웨어, 심지어 소형 비디오카메라와 같은 활동과제를 돕는 보조장치들은 단기기억과 인출에 어려움을 겪는 학생들을 돕는다. 〈표 5-5〉는 학생의 조직력을 보조하는 AT 장치 목록이다.

〈표 5-5〉를 보고, 제5장 맨 앞에 실린 보조공학 스냅샷을 읽어보라. 조직화 장치는 진수가 학교생활을 하는 동안 진수에게 어떤 도움이 되는가?

〈표 5-5〉 학교 조직화를 위한 보조공학

Day Timer http://www.daytimer.com	• 조직력 지원을 위해 일일 또는 주간 형식으로 1년 단위로 사용한다.
Palm Pilot http://www.palmpilot.com	• 휴대용 Palm Pilot은 조직과 경영, 교육에 사용될 수 있다.
Quarter Hour Watch http://www.zygo-usa.com	• 중도 정신 및 신체 장애인을 위한 보완의 사소통 시스템
Plan Your Day http://www.attainmentcompany.com	• 그림을 이용해 매일의 일정을 조직한다.
Voicemail to Text http://www.jott.com	• 음성메일을 텍스트로 바꾸고 그것을 텍스트 메시지처럼 이메일로 전달한다. 사용자는 전화로 알림기능을 사용할 수 있다.

[보조공학 적용 5-1]

보조공학 포함 요령

고빈도 발생 장애 학생을 위해 AT를 사용할 때 다음을 고려해야 한다.

1. 학생의 IEP를 참고한다.
2. 학생의 기능적 장점과 요구를 구체적으로 파악한다.
3. 특수교사와 다른 전문가들과 협력한다.
4. 학생이 일반교육 교육과정에 접근하고 일반교육 교육과정에서 진전을 이루기 위해 AT가 어떻게 사용될 수 있는지를 판단한다.
5. AT 장치가 학생을 또래로부터 고립시키지는 않을지를 판단한다.
6. AT 장치가 어떤 학생에게 비효과적인 것으로 밝혀지면, IEP 팀 모임을 재소집하고, 다른 가능한 선택들을 고려해야 한다.

학습점검

- 고빈도 발생 장애 학생은 대부분 일반 교육환경에서 교육을 받는다. 고빈도 발생 장애에는 학습장애, 경도정신지체, 정서 · 행동장애가 포함된다. 이러한 학생들은 일반교사와 일반 특수교사에 의해 교육받게 된다.
- 장애는 학문적, 사회적, 정서적 지원이 없다면 학생의 자존감과 학문적 성공에 심각한 결과를 초래할 수 있다.
- 경도정신지체 학생은 지적 기능과 적응행동, 발달능력이 결핍되어 있다. 경도정신지체로 진단된 학생은 대체로 평균보다 2에서 3 표준편차 내에 해당하는 점수를 보인다. 해당 학생의 학습속도는 매우 느리며, 대체로 인지적 기능상의 결함을 갖고 있다.
- 특정학습장애(specific learning disabilities) 학생은 능력과 성취 간에 예상치 못한 불일치를 보인다. 학습장애는 모든 연령대에서 나타날 수 있다.
- 정서장애로 진단된 학생은 오랜 시간 동안 다음 중 하나 또는 그 이상의 특징을 보인다. 지능이나 건강, 감각적인 요인으로 설명될 수 없는 학습에 대한 무력, 또래 및 교사와 만족할 만한 대인관계를 형성하거나 유지하지 못함, 일상적인 환경에서 부적절한 행동이나 감정을 보임, 일반적으로 만연된 불행감과 우울감, 개인적인 문제 또는

학교와 관련된 문제에 대한 공포나 신체적 증상이 악화되는 경향이 있음 등이다. 이러한 특징들은 교육적 수행에 매우 부정적으로 영향을 미친다.

- 특수교육을 받고 있는 학생의 85% 정도가 경도장애에 해당된다. AT는 경도장애 학생에게 정보를 성공적으로 획득 · 표현 · 조직하는 데 필요한 도구를 제공할 수 있다.
- 정보획득에 어려움을 겪는 경도장애 학생들은 수정과 편의제공 없이는 일반교육 교육과정에 접근하기 어렵다. 성공적인 학습자가 되기 위한 정보획득에 필요한 기술은 듣기, 읽기, 서면 지시 따라 하기, 교과서와 다른 교수매체 이해하기 등이다.
- 교육과정에서 읽기는 성공적인 학문적 수행을 위해 필수적이다. 읽기에 어려움을 겪는 학생은 모든 학문 영역에서 어려움에 처할 가능성이 높다.
- 편의제공을 통해 교육과정에 접근할 수 있다. 수정은 학습자가 성공적으로 해낼 수 있게 하기 위해 교재를 바꾸는 전략을 제공하는 것이다.
- 테크놀로지는 학생이 더 나은 독자가 되도록 하는 확률을 높이기 위해 시 · 청각적 지원을 제공한다. 교재의 어떤 부분을 강조하거나 컴퓨터 스크린과 전자 동화책의 배경을 바꾸고, 교수자료를 디지털 형식으로 바꾸는 것은 교재를 수정하는 방법이며, 학생은 이를 통해 일반교육 교육과정에 접근할 수 있다.
- 표현에는 많은 형식이 있으며, 학생의 성공에 요구되는 필수능력이다. 쓰기와 철자법은 AT 장치를 통해 도움을 얻을 수 있는 표현 영역이다.
- 학생은 성공적인 필자가 되기 위해 필기와 철자법, 작문 능력을 개발해야 한다. 필기에 어려움을 겪는 학생은 근육발달에 있어 보조가 필요할 것이다. 철자법에 어려움을 겪는 학생은 워드프로세서 소프트웨어의 철자법 점검기능을 사용할 수 있다. 휴대용 AT 장치들은 쓰인 단어를 읽어주고, 번역해 주며, 정의를 알려준다.
- 작문에 어려움을 겪는 학생은 문서를 제작하기 위해 사용되는 워드프로세서 소프트웨어의 기능인 자르기, 복사, 붙여 넣기 기능을 이용할 수 있다. 학생은 또한 인쇄 전에 문서를 미리보기 할 수 있다. 이

것은 학생이 인쇄 전에 자신이 작성한 문서가 어떠한지를 살펴보고 이해할 수 있도록 돕는 시각적 그림을 제공한다.

- 개념지도는 학생에게 작문 전에 자신의 사고를 조직하고 개요를 짤 수 있는 기회를 제공한다.
- AT는 수학영역에 어려움을 겪는 학생을 도울 수 있다. 컴퓨터 애플리케이션과 계산기는 NCTM에 의해 추천된 바 있다.
- 개념지도와 의미지도는 학생이 프레젠테이션을 개발하고 보고서를 작성하는 것과 같은 교실 밖 학습활동에 참여할 수 있도록 도와준다.
- 선행조직자는 학생의 강의보조 수단으로, 개요와 메모 등을 제공한다. 휴대용 워드프로세서와 녹음기 역시 강의를 들을 때 고빈도 발생 장애 학생에게 도움이 된다.
- 휴대용 컴퓨터는 학생이 조직화하는 것을 도와준다. 고빈도 발생 장애 학생은 조직화기술이 필요할 때 어려움을 겪는다. 개인 디지털 장치들 또한 이러한 영역에서 도움이 된다.

참고문헌

Alvermann, D. E., & Moore, D. W. (1991). Secondary school reading. In R. Barr, M. L. Kamil, P. B. Mosenthal, & P. D. Pearson (Eds.). *Handbook of reading research: Vol. 2* (pp. 951-983). New York: Longman.

Bauer, A. M., & Ulrich, M. E. (2002). "I've got a Palm in my pocket": Using handheld computers in inclusive classroom. *Teaching Exceptional Children, 35*(2), 18-23.

Ellis, E., & Lenz, B. K. (1996). Perspectives on instruction in learning strategies. In D. Deshler, E. Ellis, & B. K. Lenz (Eds.), *Teaching adolescents with learning disabilities: Strategies and methods* (2nd ed., pp. 9-60). Denver, CO: Love Publishing Company.

Friend, M., & Bursuck, W. D. (2002). *Including students with special needs: A practical guide for classroom teachers* (3rd ed.). Boston: Allyn & Bacon.

Ginsburg, H. P. (1997). Mathematics learning disabilities: A view from developmental psychology. *Journal of Learning Disabilities, 30*(1), 20-33.

Individuals with Disabilities Education Improvement Act (IDEA) of 2004. Pub. L. No. 108-446, 118 Stat. 2647.

Jacobs, S. (December, 2007). A man and his mission: Bringing free AT to those who need it and can't afford it: An Interview with Steve Jacobs. FCTD News and Notes. Retrieved on July 21, 2009, from http://www.fctd.info/resources/newsletters/displayNewsletter.php?newsletterlD=10054

National Council of Teachers of Mathematics. (2010). National Council of Teachers of Mathematics: Process standards. Retrieved January 15, 2010, from (Report No. SE-050-418 http://www.nctm.org/standards/content.aspx?id=322

Raymond, E. B. (2004). *Learners with mild disabilities* (2nd ed.). Boston: Allyn & Bacon.

Scruggs, T. E., & Mastropieri, M. A. (1986). Improving the test-taking skills of behaviorally disordered and learning disabled children. *Exceptional Children, 53*, 63-68.

U.S. Department of Education. (2009). *Twenty-eighth annual report to Congress on the implementation of the Individuals with Disabilities Act, 2006*. Washington, DC: Author.

Vaughn, S., Bos, C. S., & Schumm, J. S. (2000). *Teaching exceptional, diverse, and at-risk students in the general education classroom* (2nd ed.). Boston: Allyn & Bacon.

Zentall, S. S., & Smith, Y. N. (1993). Mathematical performance and behavior of children with hyperactivity, with and without coexisting aggression. *Behavior Research in Developmental Disabilities, 10*, 225-240.

제6장

자세유지와 이동성을 위한 보조공학

장(章) 개관

- 보조공학 스냅샷
- 정형외과적 손상
- 일반교육 교육과정에의 접근을 위한 자세유지
- 이동을 위한 보조공학
- 학습을 위한 보조공학
- [보조공학 적용 6-1]
- 학습점검
- 참고문헌

학습과제

1. 지체장애란 무엇인가?
2. 학문적 성공을 위해 자세유지가 왜 중요한가?
3. 휠체어 설계가 지체장애 학생의 일반교육 교육과정에의 접근성을 어떻게 도울 수 있는가?
4. 보조공학 장치와 보조공학 서비스가 지체장애 학생에게 어떻게 일반교육 교육과정의 학문적 · 조직적 요구사항을 충족하도록 할 수 있는가?

보조공학 스냅샷

수지 사례

수지는 경직성 뇌성마비의 가장 심한 유형인, 경직성 사지마비 장애를 지닌 5학년 학생이다. IEP 팀은 내년 수지의 IEP를 계획하기 위해 수지의 재사정 자료와 수지가 지닌 장애가 어떻게 일반교육 교육과정에서의 학문적 진보에 영향을 미치는지를 고려한다. 학습도움실 교사인 김 선생님은 수지의 의사소통과 행동문제 역시 IEP 팀이 관심을 가져야 한다고 생각한다. IEP 팀은 수지의 행동문제를 설명하기 위해 기술사정을 실시하고, 작업치료사는 수지의 환경에 대한 생태학적 사정을 실시한다. 이러한 사정을 통해 얻은 정보는 IEP 팀이 장·단기목표를 개발하기 위해 필요하다. 또한 정보는 수지에게 어떤 편의제공이나 수정이 필요한지를 결정하는 데 도움이 되며, 수지가 일반교육 교육과정에 참여할 수 있도록 도와주는 보조공학이나 언어 관련 서비스, 물리치료 및 작업치료와 같은 서비스를 선택하는 데 도움이 될 것이다. 효과적으로 의사소통하는 기술이 어느 정도인지, 수지가 가진 장애의 정도와 특징이 어떠한지에 따라 일반교육 교육과정에서의 진보가 다르다.

학년 점검을 위해 수집된 재사정 자료에 따르면, 수지는 평균 이하의 인지적 기능을 지니고 있으며, 모든 학업성취 영역에서 초보수준이다. 수지는 휠체어에 의지하기 때문에 제한된 이동성을 가지고 있다. 작업·물리치료사에 따르면, 수지의 지체장애가 많은 교실활동에 참여하고 쓰기활동을 하는 데 영향을 끼친다. 수지는 배변훈련이나 혼자서 음식을 먹는 데 있어 진보를 보였다. 언어치료사에 따르면, 수지는 기초욕구에 대해서는 구두로 의사소통을 하는데, 이것도 수지의 언어패턴에 익숙하지 않은 사람이라면 이해하기 어렵다. 한편, 학습도움실 교사가 제시한 수지의 행동문제에 대해 수집된 자료에 따르면, 수지는 발작(tantrum)을 보였고 분명한 이유 없이 급우를 때린다. 결과적으로, 수지는 그러한 부적절한 행동 때문에 사회적으로 고립되어 있다. 수지는 또한 간질약을 복용하고 있는데, 수지 엄마에 의하면 현재 수지가 복용하고 있는 간질약이 간질을 예방하는 데 효과적이다. IEP 팀은 수지가 60% 이상의 시간을 일반교실이 아닌 학습도움실에서 보내고 있는 것에 대해 염려를 하고 있다. IEP 팀은 수지가 더 많은 일반교실 활동에 참여할 수 있는 방안을 마련하기 위해 고심하고 있다.

IEP 팀은 가능한 모든 정보를 검토했고, 다음과 같은 제안을 한다. 학습도움실과 일반교실 모두에서 적절한 지원과 관련 서비스를 제공하고, 일반교실에서 보내는 시간을 50% 이상으로 올린다. 수지를 지원하기 위해 보조교사를 배정하는데, 이는 수지의 자기보

호기술(self-care skill), 자세유지, 이동과 관련한 문제를 해결하도록 돕는다. 또 다른 지원은 일반교사가 수지에게 일반교육 교육과정에 참여하도록 하기 위해 수정과 편의제공을 통해 교육과정을 재구성하도록 돕는 것이다. 관련 서비스로는 수지가 다른 친구들과 함께 학교생활을 누릴 수 있도록 하기 위해서 의사소통, 이동훈련, 휠체어 자세유지를 위한 보조공학을 제공하는 것이다. IEP 팀은 수지가 선생님이나 보호자, 친구들과 더욱 효과적으로 의사소통하도록 하기 위해 언어교사에게 다양한 유형의 보완대체의사소통(AAC)을 조사하여 사정하도록 요청했다. 대부분의 11세 아동이 그러하듯, 수지의 발작은 의사소통을 어렵게 하는 원인으로 여겨진다.

정형외과적 손상

교육자는 정형외과적 손상을 입은 학생을 지칭할 때 전형적으로 지체장애(physical disabilities)라는 용어를 사용한다. 정형외과적 손상은 장애인교육증진법(IDEIA, 2004)에 의해 정의되었고, 법규를 살펴보면 다음과 같다.

> **정형외과적 손상**(orthopedic impairment). 정형외과적 손상은 아동의 교육적 성취에 부정적인 영향을 미치는 심각한 정형외과적 손상을 의미한다. 이 용어는 선천적인 이상에 의한 손상, 소아마비나 결핵과 같은 질병에 의한 손상, 또한 뇌성마비, 절단, 골절이나 근육이나 힘들의 경축을 일으키는 화상과 같은 다른 원인으로 인한 손상을 포함한다(34 C.F.R., Sec. 300.8[c][8]).

교육자와 교육기관은, 다른 장애 학생을 위해 서비스를 제공하듯, 외상성 뇌손상, 중등도 복합장애, 그리고 기타 건강장애 학생에게도 서비스를 제공한다. 실제로, 지체장애라는 용어는 매우 다른 특징을 지닌 많은 학생들을 지칭한다. 이 장의 주된 관심은 중앙신경계 및 신체를 통제하는 부분과 운동력, 지각력을 포함하는 골격이나 신경운동체계의 손상을 포함한 정형외과적 손상을 지닌 수지와 같은 지체장애 학생이다. 이러한 이질적인 장애집단의 공통점은

(a) 학생의 교육적 성취에 영향을 미치는 정형외과적, 신경운동적 손상을 지니고, (b) 일반교육 교육과정에 접근하기 위한 광범위한 지원에 대한 요구가 있다는 점, 그리고 (c) 일반교실에서 성공적으로 학습하기 위해 요구되는 AT에 대한 요구가 있다는 것이다.

지체장애 학생을 위한 IEP 팀에 어떤 관련 서비스와 서비스전달 인력이 포함되어야 할까?

이러한 학생이 일반교육 교육과정에서 진보하기 위해서는 어디에서 서비스를 받아야 하는가? 90% 이상의 지체장애 학생이 일반교실에서 일반학교 또래와 함께 생활하고 있다. 그러나 정형외과적 손상을 지닌 학생 중 단지 52%만이 일반교실에서 교육받고, 19%의 학생은 학습도움실에 배치되었으며, 26%의 학생은 하루 종일 분리된 교실에서 교육받았다(U.S. Department of Education, 2009).

일반교육 교육과정에서 진보를 이루기 위해서는 많은 지체장애 학생들이 학교의 물리적 환경과 일반교육 교육과정, 과외활동에 접근할 수 있어야 하며, 이와 관련된 서비스가 제공되어야 한다. IEP 팀은 협력적으로 지체장애 학생이 이러한 모든 활동 영역에 성공적으로 접근하기 위해 지체장애 학생을 위한 계획을 제공해야 한다. 이 장은 일반교육 교육과정을 접근 가능하도록 하기 위해 세 가지 영역에 초점을 두어 구성되었다. (a) 자세유지(positioning), (b) 휠체어 설계, (c) 이동성 보조기구 등이 그것이다.

일반교육 교육과정에의 접근을 위한 자세유지

Webquest 6.1
휠체어 부속품들을 다음 웹사이트에서 살펴보도록 하자.
http://www.ncaonline.org/index.php?q=taxonomy/term/68

자세유지를 위한 AT는 간단한 것부터 가장 복잡한 것에 이르기까지 범위가 매우 넓다. 그것은 스탠딩 보조기(standing frame)나 휠체어를 사용할 수 있도록 탁자의 높이를 조절하는 것을 의미할 수 있다. 그것은 기립(standing)과 같은 매우 특수한 요구를 충족시키기 위한 고객의 요구에 맞추어 설계된(custom-designed) 하이테크 장비를 요구할 수도 있다. AT가 고려될 때, 학생이 어떻게 자세유지 될 것인지를 결정하는 것이 중요하다. 학생은 정확하게 자세유지가 되지 않으면 손과 팔을 효과적으로 사용할 수 없을 것이다. 적절한 자세유지는 근긴장(muscle tone)에 도움이 되고, 시각적인 효율성(visual efficiency), 자세지지(postural support), 신체적 결손을 보완하는 데에도 도움이 된다. 신체가 적절하게 자세가 잡히면, 학생이 통합교육환경에서 교육과정에 접근하는 것이 훨씬 더 쉬울 것이다.

적절한 자세유지에 대한 문제들은 학생의 물리치료사(PT)나 작업치료사(OT)와 함께 다루어져야 한다. 지체장애 학생이 AT를 필요로 한다면, OT 또는 PT가 IEP 팀의 구성원이 되어야 한다. 이러한 사정은 IEP 팀이 가장 효율적인 지원을 하기 위해 사용될 AT 장치와 서비스의 유형에 관한 의사결정을 하는 데 도움이 된다. 지체장애 학생은 학교에서 생활하는 동안 다양한 자세유지에 처해질 수 있다. 자세유지에 사용되는 AT 장치와 서비스는 학생의 편안(comfort)과 기능성 수준(functionality level)을 염두에 두고 선택되어야 한다. 학생 참여를 극대화하기 위해서, 학생은 편안하게 자세유지되어야 하며, 장치는 가능한 한 기능적이어야 한다. 적절하게 행해지면, 적절한 자세유지는 많은 다른 학교환경에서 학생의 수행을 향상시킬 수 있다.

> **Webquest 6.2**
> 휠체어 가격은 다음 웹사이트를 참고하도록 하자.
> http://www.1800wheelchair.com/asp/view-category-products.asp?category_id=373

다음과 같은 질문은 매우 중요하다: "학교생활 동안 학생은 어떻게 자세유지가 될 것인가?" 그런 다음, 학생의 IEP 팀은 통합교육을 위한 학생의 자세유지와 관련한 의사결정 시 몇 가지 부가적인 문제들을 고려해야 한다. (a) 적절한 자세유지는 학생이 일반교육 교육과정에 참여하는 데 있어 어떻게 도움이 되는가? (b) 자세는 교실과 건물 내에서 학생의 이동성을 허용하는가? (c) 학생의 참여를 고양시키는 가장 유용하면서도 무난한 AT 장치는 무엇인가? (d) 근육발달과 정렬(alignment)을 위한 최선의 자세는 무엇인가? (e) 자세유지는 학생의 순환, 소화, 호흡기능에 도움이 될 것인가?(Westling & Fox, 2004) 학생의 참여를 고양시키기 위한 자세유지를 위해서는 학생을 포함한 모든 IEP 구성원들로부터 적절한 자료와 정보가 요구된다.

학생을 교실의 일부분이라고 느낄 수 있도록 자세유지하는 것은 매우 중요하다. 학생은 학교생활의 대부분을 앉아 있다. 따라서 알맞은 휠체어를 사용하는 학생은 거의 어떠한 교실활동에도 참여할 수 있도록 잘 배치되어야 한다. 이미 알고 있는 바와 같이, 수지는 알맞은 자세유지를 통해 학습과 사교활동에 더 잘 접근할 수 있었다.

배치(arrangements)는 정형외과적 손상을 지닌 학생이 교실에서 이동이 가능하도록 책상과 출입구 탁자 등을 적절한 높이와 넓이가 되도록 고려하는 것이다. 모든 학생의 신장이 같지 않기 때문에, 학생들은 다양한 크기의 책상과 걸상이 필요하다. 근육의 길이와 발달을 향상시키기 위해 스탠딩 보조기(standing frame)나 휴대용 스탠더(mobile stander)를 사용하는 학생도 협동학습집단, 게임, 그리고 기립을 요하는 활동에 참여할 수 있다. 휴대용 스탠더나 휠체어는 건물의 다른 부분들에 접근하고, 그렇게 함으로써 미술, 음악, 체육과 같은 교실 밖에서 계획된 활동들과 도서관과 식당뿐만 아니라 다른 교과 외 활동들에 참여할 수 있도록 해준다.

교실 내에서 자세유지를 위한 AT를 결정할 때, 그 장비가 어디에서 사용될 것인지를 고려해야 한다. 학생이 AT를 사용하는 초기 동안 교사가 학생을 자세히 관찰하면 어떤 필요한 조절을 하는 데 도움이 될 것이다. AT가 학생의 학업적 성공이나 또래와의 사교, 교실 내에서의 이동성에 어떻게 영향을 미칠 것인지와 같은 문제는 학생이 AT를 사용하기 시작한 처음 며칠 동안에 다루어져야 한다.

정렬

머리와 목, 몸통의 정렬은 학생의 자세유지를 위한 중요한 고려사항이다. 학생의 순환기와 소화, 호흡은 머리, 목, 몸통의 자세유지가 적절하게 될 때 개선된다. 적절한 자세지지(postural support)는 학생의 기분을 좋게 하고 개선된 자아개념으로 이끌 수 있다. 적절한 자세유지는 자세 정렬(postural alignment)과 근긴장(muscle tone)

을 유지하는 데에도 도움이 된다. 학생은 다양한 적응장비(adaptive equipment) 없이도 자세를 적절하게 유지시킬 수 있다(Snell & Brown, 2006).

적응장비

적응장비는 학생을 일상적인 환경에서 또래와 함께 생활할 수 있도록 지원하는 것이어야 한다. 학생은 어떤 AT 장치 때문에 고립감을 느끼거나 고립되어서는 안 된다. 모든 장치는 학생에게 소속감을 느끼도록 하면서 가능한 한 외관상 일반적인 것이어야 한다. 수지의 요구를 설명하는 데 있어, IEP 팀은 휠체어의 사용과 더불어 수지가 또래들과의 활동기회를 높일 수 있도록 돕는 AT 장치들을 고려해야 한다. IEP 팀은 다음과 같은 사항 또한 고려해야 한다. (a) 교실활동에 참여할 때 또래 학생들은 어떤 위치를 점하며 사용하는가? (b) 어떤 위치가 학생에게 최대의 이동성을 보장해 주는가? (c) 장비가 학생의 요구들을 충족시키고 학생이 더 나은 학습자가 되도록 돕고 있는가? (d) 장비가 학생이 교실에서 소속감을 느끼고 고립감을 느끼지 않도록 하는 수단을 제공하는가? 등이다.

장비가 필요할 때, 그것은 학급 친구들과 함께하는 활동에의 참여를 높이기 위해 가능한 한 두드러지지 않는 일반적인 것이어야 한다. 간이책상이 붙은 활동의자나 휠체어가 AT 장치로 적절할 수 있을 것이다. 교실 활동의 성격에 따라 스탠딩 보조기가 적절한 선택이 될 수도 있다. 마룻바닥에서 하는 활동이나 게임을 하는 몇몇 교실활동에서는 옆으로 눕는 자세나 쐐기형으로 자세유지하는 것은 학생들이 집단 소속감을 느낄 수 있도록 해줄 것이다. 이러한 일반적인 형태의 AT 장치들은 장애 학생이 완전 통합될 수 있도록 해줄 것이다.

> **Webquest 6.3**
> 전동의자와 수동의자의 차이점을 다음 웹사이트에서 살펴보시오.
> http://www.wheelchair.net/?adv=google&gclid=CPb0473V6ZsCFQQVswodUws36g

또래와 함께 활동에 참여하는 것은 성공적인 통합을 위해 필수적이다. 교실의 구성은 UDL의 원리를 반영해야 한다(제2장 참조). 수지의 상황에서, IEP 팀은 학생의 이동성을 용이하게 하기 위한 교실 설계를 돕는 UDL의 지침을 살펴보아야 한다.

〈표 6-1〉 앉기와 자세유지를 위한 보조공학 장치

Disability Products http://www.disabilityproducts.com	• 장애 노인과 병환 중이거나 상해를 입은 사람의 독립적인 생활을 지원하기 위한 보조장치와 일상생활 보조장치
Varilite http://www.varilite.com	• 앉기와 자세유지를 위한 장치
Invacare Comfort-Mate Extra Cushion http://www.invacare.com	• 장기간 앉아 있는 것을 편안하게 하고 바른 앉기 자세를 지원하기 위해 해부학적으로 설계된 쿠션
PleezrElite Gel Foam Cushion http://www.allegromedical.com/cushions-covers-backs-c544.html	• 압력을 경감시키는 젤과 점성과 탄성을 지닌 폴리우레탄 쿠션으로서, 골반과 대퇴부 측면과 중앙을 지지한다.

모든 학생은 교실 내 어떤 수업에서 강조될 수 있는 특정한 능력과 재능을 지니고 있다. 지체장애 학생은 대부분 높은 학업성취를 이룰 수 있는 능력을 지니고 있다. 그러한 학생은 또래와 함께하는 학교활동에 참여할 수 있고 또한 참여해야 한다. 어떤 활동을 계획할 때, 모든 학생의 장점이 고려되어야 한다. 따라서 교사가 그것에 알맞게 계획할 때, 전부는 아니더라도 학급 구성원들 대부분을 활동에 참여시켜야 한다.

특수 제작된 장난감이나 게임, 스위치는 지체장애 학생을 위해 고려될 수 있다. 대체 키보드, 키패드, 터치스크린 모니터 등이 많은 부분 지체장애 학생을 위한 AT로 고려될 수 있다.

이동을 위한 보조공학

자기주도적 이동성(self-directed mobility)은 학생이 자신의 물리적, 사회적 환경과 상호작용하는 기회를 확장시켜 주며, 자기주도적 이동성이 없는 학생보다 더 일찍 사회에 통합될 수 있도록 해준다

(Kermoian, 1998). 많은 학생들, 특히 중도지체장애 학생들은 한 장소에서 다른 장소 또는 어떤 환경에서 다른 환경으로 이동하기 위해 도움을 필요로 한다. 이동성에 손상을 입으면 학습을 위한 기회는 제한되며, 사회적 상호작용 또한 손상된다. 이동성이 줄어든 학생이 학습을 극대화하기 위한 기회를 가질 수 있도록 이동성에 대한 요구가 가능한 한 일찍 충족되어야 한다(Butler, 1986; Deitz, 1998; Thiers, 1994).

푹신한 의자(Beanbags)[2]	• 개인의 자세유지를 안락하게 한다.
베개받침(bolster)	• 다양한 자세유지가 가능하도록 지원하는 베개 같은 것
휴대용 스탠더(mobile stander)	• 직립자세유지: 이동성 가능하게 해줌
지지스탠더(prone stander)	• 직립자세유지: 팔과 손의 사용을 가능하게 해줌
웨지(Wedges)	• 눕기 자세유지: 팔과 손의 사용을 가능하게 해줌: 머리 조절을 가능하게 해줌

[그림 6-1]과 이 장 처음에 나온 AT 스냅샷을 사용하여 어떤 자세유지 보조장치가 수지의 쓰기를 개선시킬 수 있을지 생각해 보자.

[그림 6-1] 자세유지와 이동성을 위한 보조공학

많은 이동성 관련 보조장치가 있지만, 한 가지만으로 모든 학생의 요구를 수용할 수 없다. 학생의 나이와 능력, 인내력, 가정생활, 사회적 환경, 직장환경, 자금능력, 학교배치 또한 개인의 선호를 포함한 많은 요인들이 고려되어야 한다. 어떤 환경에서는 이동성의 속도가 다른 환경보다 중요할 수 있다. 학생은 학교에서 수업시간 이동과 같이 시간 제약에 쫓겨 또 다른 장소로 이동해야 하는 상황에 처해 있을 수 있지만, 예를 들어 저녁을 먹으러 집에서 또 다른 환경으로 이동해야 할 때에는 이와 같은 제약은 없을 것이다. 그러나 개인은 이동성의 속도를 위해 전동 휠체어를 사용할 수 있지만, 속도가 중요하지 않은 환경에서는 보행용 워커(reciprocal walker)를 사용할 것이다.

가장 적절한 이동성 보조장치를 선택하기 위해서는 학생과 PT,

2) 커다란 포대 같은 천에 작은 플라스틱 조각을 채워 의자처럼 쓰는 것

OT, 의사, 부모, 형제, 그리고 교사로부터 획득한 정보에서 나온 자료를 기초로 해야 한다. 그런 다음, 이동성 보조장치가 선택된다. 선택은 나이에 걸맞은 것이어야 한다. 영·유아들은 기어 다니거나 뛰어다니며 이동하거나 스쿠터 보드, 세발자전거, 유모차, 보행기, 또는 다른 연령에 적절한 장치를 통해 이동할 수 있다. 그러나 학령기 아동의 경우, 학생은 새롭고 연령에 보다 적합한 장치를 요구하게 될 것이다. 나이 든 학생의 경우에는 빠른 이동을 위해 휠체어를 필요로 하겠지만 시간적인 제약이 없는 친숙한 환경인 경우에는 목발을 선호할 것이다.

이동성 장치의 기본 목적은 학생에게 최대한의 독립성과 가능한 한 최대한 효율적인 방법으로 최선의 이동성을 제공하는 데 있다(Bigge, Best, & Heller, 2001). 효율성(efficiency)이란 단지 한 장소에서 다른 장소로 이동하는 능력뿐만 아니라 물리적 유지보수의 측면과 물리적 운동, 그러한 수고에서 회복하는 데 걸리는 시간 등도 포함하여 고려한다. 신체적 정렬과 적절한 자세유지 또한 이동성 보조장치를 선택할 때 고려되어야 한다.

이동성 보조장치에 대해 기억해야 할 사항은 기본적인 목표가 학생을 가능한 한 효율적이고 독립적으로 이동할 수 있도록 한다는 데 있다는 것이다(Best, Heller, & Bigge, 2005). 그러나 만일 모든 다른 가능성이 사라진 것이 아니라면, 어떤 이동성 보조장치도 누군가를 위한 주요한 앉기 시스템으로 고려되어서는 안 된다. 어떤 앉기 보조장치를 사용할 때, 몇 가지 원칙들이 조사되어야 한다. 예를 들어, 앉기와 자세유지와 같은 일반적인 신체 관리(physical management)는 장애 학생뿐만 아니라 교실에 있는 모든 학생을 대상으로 사정되어야 한다. 모든 학생은 발과 발목이 바닥이나 발판에 90도로 닿아야 하고, 무릎은 자연스런 자세에서 이완되어야 하며(역시 90도 정도에서), 엉덩이는 등 하부의 압력을 완화시키기 위해 의자 뒤쪽으로 붙여야 한다.

또 다른 명심해야 할 것은 학생의 자세가 매 20분마다 바뀌어야 한다는 것이다. 어떤 사람이 바꾸지 않고 앉아 한 자세로 있으면 피부조직이 상하게 되고 욕창(decubitis)이 생길 수 있다. 이러한 잠재적으로 심각한 궤양은 신체를 건강하게 관리하기 위한 주의 깊은 관심을 통해 대부분 예방될 수 있다. IEP 팀은 이동성 시스템을 사용하는 학생을 위해 이러한 문제들을 다루어야 한다.

이동성 시스템

IEP 팀 구성원은 이동성과 관련한 요인과 문제들을 고려할 때 학생이 사용하는 이동성 시스템(mobility systems)의 유형에 대한 철저한 활용지식을 갖추고 있어야 한다. 이동성 시스템은 다양하지만 기본적으로 수동과 전동이라는 두 가지 유형으로 나뉜다. 각 유형은 장·단점이 있다. IEP 팀은 어떤 유형이 학생의 요구에 가장 잘 부합하는지를 결정하고, 이동성 시스템을 사용하기 위해 필요한 사전 기술(prerequisite skills)을 사정해야 한다.

IEP 팀이 가장 적절한 최상의 이동성 시스템을 선택하기 위해서는 학생의 기술수준(skill level)을 결정해야 한다. 예를 들어, 학생은 의자를 작동하기 위해 필요한 적절한 감각기술을 갖추고 있어야 한다. 해당 학생이 가는 길에 만나게 되는 다른 학생들이나 어떤 장애물이든지 그 위치를 파악하여 대응할 수 있어야 한다. 학생은 환경적인 위해요소의 위치를 파악하여 대응하기 위한 적절한 시·청각적 기술을 가지고 있어야 한다. 학생은 또한 지시를 따르고 환경적인 위협을 이해할 수 있는 적절한 인지기능을 지니고 있어야 한다. (개별 이동성 시스템 유형에 대한 건강과 안전 문제는 이후에 논의된다.) IEP 팀은 학생의 현재 수행수준에 대한 평가를 통해 학습에 접근하기 위한 가장 효과적인 이동성 시스템을 결정할 수 있게 된다.

수동휠체어. 수동휠체어의 설계와 공법은 계속 발전하고 있다. 경량의 소재로 제작된 휠체어는 더욱 튼튼하지만 가격 또한 비싸졌다. 천이나 비닐 소재의 좌석과 등받이, 그리고 경량의 프레임을 이용해 일반적으로 제작되는 의자는 이동에 불편함이 없을 만큼 가벼우며 상대적으로 튼튼하고 작동이 쉽다. 그러나 이러한 설계는 학생의 등을 제대로 지지해 주지 못하는 경향이 있다. 그러므로 많은 학생들은 앉기와 자세유지를 위한 지원을 요구한다. 바른 자세로 앉고 자세지원을 하는 것은 척추의 특정한 정형외과적 장애를 예방해 준다.

지지대는 일반적으로 단단하고 세탁 가능한 커버로 덮인 합판으로 만들어진다. 내부는 주조된 플라스틱이나 고무소재의 물질로 채워지기도 한다. 이러한 내부소재는 대체로 매우 가볍고 쉽게 세탁이 되지만 너무 덥거나 하여 학생이 불편을 느낄 수도 있다. 다시 강조하면, OT와 PT가 이동성 시스템을 더욱 효과적으로 구현하는데 도움이 되며, 학부모에게 올바른 자세유지를 가르칠 수 있다.

수동휠체어는 학생이 두 손을 이용하여 밀어서 움직일 수 있어야 한다. 어떤 휠체어는 학생이 한 손으로도 움직일 수 있도록 되어 있다. 학생이 휠체어를 운전하는 데 필요한 노력이 고려되어야 한다. 많은 학생들에게 있어 휠체어의 조작은 매우 격렬한 운동이다 (Best, Heller, & Bigge, 2005). 그러한 이유 때문에, 때때로 다른 사람이 휠체어를 밀어주거나 학생이 전동휠체어를 이용하는 것이 적합할 수도 있다.

전동휠체어. 전동휠체어에는 전자적이며 동력을 이용한다. 전동휠체어는 세 가지 기본 모델이 있다. (a) 전통적인 전동휠체어, (b) 전력기반 시스템(power-based system), (c) 스쿠터(scooter)가 그것들이다. 전동휠체어는 다양한 컨트롤 장치에 의해 작동된다. 예들에 대한 링크는 〈표 6-2〉를 참조하라. 사용자는 컨트롤 장치를 사용하여 속도와 방향, 심지어 환경적인 요구에 접근할 수 있다. 컨트롤 장치의 유형은 학생의 능력에 따라 결정된다. 예를 들어, 손을 사용하지 못하는 학생이라면 발을 사용한 조이스틱(joystick)을 사용할 수 있을 것이다.

전통적인 전동휠체어는 수동휠체어와 비슷해 보인다. 부착된 전동기 때문에 이동을 위해 전동휠체어를 작동하기에는 너무 무겁다. 수동휠체어처럼, 학생은 앉기와 자세유지를 위해 다른 지원이 필요하다.

〈표 6-2〉 이동성

Tilt-in-Space 수동휠체어(Manual Wheelchairs) http://www.invacare.com http://www.sunrisemedical.com	• 수동 및 전동의자와 부속품
MVP 수동휠체어(Manual Wheelchairs) http://www.invacare.com	• 다용도, 단계조절 가능, 수행을 고려하여 설계되었다. 세 가지 후면 프레임 선택에 있어 요구 반응성(곡선 프레임), 안정성(사각 프레임), 크기조절(확장 프레임) 등을 선택할 수 있다.
소아용 휠체어(Pediatric Wheelchairs) http://www.sunrisemedical.com	• 다양한 수동 소아용 휠체어를 소개하고 있다.
표준탁자(Standard Trays) http://www.sunrisemedical.com	• 휠체어 탁자가 다양한 크기로 제공된다. 이러한 탁자는 학생의 개별 요구에 맞는 작업공간을 가질 수 있도록 해준다.
The Garaventa Evacu-Trac http://www.evacutrac.com	• 매우 가볍고, 소형이며, 사용이 편리한 대피의자(evacuation chair)[3)]이다. 제한된 이동성을 가진 사람이 도움 없이 자신의 의자에서 Evau-Trac으로 옮길 수 있도록 설계되었다.
모델 1900 응급구조의자(The Model 1900 Emergency Rescue Chair) http://www.rescuechair.com	• 이 구조의자는 건물이나 응급구조 차량에서 특별히 사용할 수 있도록 설계되었다. 넓이가 50.8cm(20인치)이고 일반적인 계단과 복도에서 사용할 수 있다. 이 응급구조의자는 계단을 안전한 대피로로 변형시킨다. 벨크로 직물의 가죽손잡이로 된 두 개의 안전손잡이가 안전을 확보해 주고, 계단을 오르내릴 때 의자를 안전하게 잡아준다.
안전제일 요령(Safety First Tips) http://www.easterseals.com	• 이동성 장치를 사용하는 학생을 위해 어떻게 대피계획을 세워야 하는지를 설명한다.
접근성 지침과 표준(Accessibility Guidelines and Standards) http://www.accessboard.gov	• 접근성위원회(Access Board)는 장애인의 접근성을 위해 조직된 독립적인 연방기관이다. 이 사이트는 교사에게 접근성과 관련한 사안에 대한 정보를 제공해 준다.

전력기반 설비(power-based units)는 더 무거운 바퀴와 더 작은 축간거리(wheelbase)를 가지고 있다. 사용자는 개인적인 앉기와 자세 유지 요구를 충족하기 위해 다양한 앉기 시스템을 선택할 수 있다. 더 무겁고, 더 넓으며, 더 작은 바퀴가 다양한 환경에서 이동성을 선택할 수 있도록 해준다. 테크놀로지의 진보는 학생이 앉은 상태에서 일어설 수 있도록, 휠체어에 오르고 내려올 수 있도록, 또한 거친 길에서도 이동하는 것을 가능하게 하는 하이테크 이동성 시스템을 선택할 수 있도록 해 주었다.

교사는 IEP 팀을 위해 학생의 이동성에 대한 중요한 정보를 수집할 수 있다. 이러한 정보를 통해 학생이 어떻게 일반교육 교육과정에 접근하도록 도울 수 있을까를 고민해야 한다.

스쿠터(scooter)는 지체장애 학생을 위한 또 다른 전동화된(motorized) 이동성 시스템이다. 스쿠터는 3~4개의 바퀴를 장착하고 있으며, 다양한 크기로 설계되어 있고, 실내·외에서 사용할 수 있다. 스쿠터는 손잡이로 조정이 가능하고 회전과 높낮이 조절이 가능한 좌석을 갖추고 있다. 더불어, 운반이 용이하도록 분해되기도 한다.

전력기반 이동성 시스템의 하이테크 측면이 수동휠체어에 비해 더 많은 선택과 효율성을 제공하지만 전동시스템은 몇 가지 제한점이 있다. 구체적으로, 가격이 비싸고, 더 복잡하며, 유지와 보수에 많은 비용과 기술이 요구된다.

학생을 위한 이동성 시스템을 고려할 때, IEP 팀은 건강과 안전에 대해 고려하고 이를 다루어야 한다. 건강과 관련한 문제는 학생이 이동성 시스템을 이용하는 동안 오남용 및 부상으로부터 관절과 근육이 보호되도록 하는 요소를 포함한다. 이동성 시스템은 운동장비가 아니다. 학생은 근육을 건강하고 유연하게 지키기 위해 일상에서 스트레칭과 운동을 병행하여 건강을 유지해야 한다. 학생은 모든 근육을 고르게 사용해서 근육이 건강하고 고르게 균형 잡을 수 있도록 해야 한다. 또한 건강한 식습관과 체중조절을 통해 체력과 건강을 유지해야 한다. 과체중은 관절에 무리를 주어 이동성에

3) [역자 주] 대피의자 또는 탈출의자는 지체장애인이 화재현장과 같은 위험한 지역에서 대피할 때 사용되는 초경량 휠체어다. (출처: http://en.wikipedia.org/wiki/Escape_chair)

악영향을 끼친다. 이동성 시스템을 사용하는 학생은 충분한 휴식을 취해야 한다. OT와 PT는 학생의 체육활동에서 사용할 만한 유익하고 안전한 운동을 제공하는 데 조언을 할 수 있다.

이동성 안전 문제. 교사와 또래들은 어떤 시스템의 안전한 사용법에 대해 이해하고 사전에 접근할 수 있어야 한다. 수동시스템을 사용하는 학생이 휠체어를 밀어달라고 도움을 요청할 때, 학생과 도움을 주는 사람의 손은 바퀴의 살로부터 멀리 떨어져 있어야 한다. 속도 또한 적절히 조절되어야 한다. 자신의 휠체어를 작동하는 학생은 손쉽고 안전한 운전을 위해 장갑을 끼고 있을 것이다.

또 다른 안전에 관한 문제는 안전벨트에 관한 것이다. 예를 들어, 학생은 안전벨트를 항상 착용해야 하며, 엉덩이 아랫부분에 맞춰 착용해야 한다. 안전벨트가 천 소재와 버클로 되어 있으면 벨트가 닳았는지의 여부가 정기적으로 점검되어야 하고, 버클은 쉽게 풀어져야 한다.

전동 이동성 시스템을 운전하는 학생에게 컨트롤은 접근 가능해야 하지만 너무 쉬워서 이동성 시스템이 이동 중 우연히 작동되어서는 안 된다. 필요한 경우 휠체어의 속도는 조정 가능해야 하지만, 필요 시 속도가 제어될 수 있어야 한다. 학생과 교사 모두 휠체어를 잘 조정할 수 있도록 훈련하는 데 시간과 관심이 필요하다. 교사는 이동성 시스템을 사용하는 학생과 관련한 적절한 예절법을 익혀야 하며, 학생의 또래들에게 교수되어야 한다. (휠체어 예절법에 관해서는 [보조공학 적용 6-1]을 참조하라.) 교사는 화재와 자연재난과 같은 응급상황에서 빠르고 안전하게 대처하기 위한 계획을 수립해야 한다.

휠체어 규격. 대부분의 휠체어는 규정치수를 사용한다. [그림 6-2]와 〈표 6-2〉에서 이에 관한 상세한 정보를 제공하고 있다.

학습을 위한 보조공학

지체장애 학생들은 일반교실에서 성공적인 학습자가 될 수 있지만 IEP 팀은 교육과정에의 접근과 교수·학습 전략, 적절한 지원을 위해 AT를 고려해야 한다. 자세유지와 이동성은 지체장애 학생들의 학문적 성공에 영향을 미치는 지원문제다. 또래 수용, AT 장치, 신체관리 일정, 학습을 위한 적절한 자세유지는 사회적 학문적 성공을 위해 필수적이다.

의자 넓이	18"(약 46cm)
좌석 깊이	16"(약 41cm)
바닥으로부터 좌석의 높이	20"(약 51cm)
팔 받침대 사이의 거리	16"(약 41cm)
좌석으로부터 팔 받침대까지의 높이	10"(약 25cm)
바닥으로부터 팔 받침대까지의 높이	30"(약 76cm)
등받이 높이	17"(약 43cm)
장비 제외한 전체 길이	32"(약 81cm)
장비 포함한 전체 길이	43"(약 109cm)
전체 높이	36"(약 91cm)
전체 폭 (폈을 때)	24"(약 71cm)
전체 폭 (접었을 때)	11"(약 28cm)
전체 무게 (장비를 포함할 때)	42lbs.(약 19kg)
전체 무게 (장비를 제외할 때)	39lbs.(약 18kg)
앞바퀴	8"(약 20cm)
뒷바퀴	24"(약 61cm)

[그림 6-2] 표준형 수동휠체어 규격

또래 수용

보조공학 스냅샷에 소개된 수지의 사례에서 보듯, 지체장애는 숨

기기 어려운 장애이다. 신체적 차이 또는 장비(equipment) 때문에 또래 간 상호작용은 부정적인 영향을 미칠 수 있다. 불행히도 의사소통을 가능하게 하는 장치는 종종 교실에서 차이를 만든다. 이러한 눈에 보이는 장애와 요구되는 지원은 교사가, AT가 어떻게 장애 학생이 동료와 긍정적인 방법으로 상호작용을 하도록 하는지를 고려하는 데 있어 필수적인 사안이다.

장애 학생의 학부모는 가능할 때마다 장애 학생이 AT 사용법을 설명하도록 도와주는 또래에게 장애 학생의 AT 사용과 관련한 지식과 정보를 제공해 줄 수 있어야 한다. 이것은 교사나 학부모 또는 학생에 의해 가능하다. 예를 들어, 많은 지체장애 학생은 비상징적인(nonsymbolic) 의사소통이나 상징적인(symbolic) 의사소통을 사용하여 의사소통한다. 비상징적인 의사소통은 말로 표현하기, 몸짓, 또는 대상물 조작 등과 같은 일련의 행동으로 구성된다(Best, Heller, & Bigge, 2005). 학급 또래친구에게 이러한 표현의 의미를 이해하도록 함으로써 의사소통은 촉진된다. 설명이 없다면, 다른 사람은 장애 학생이 적절치 못하게 행동하고 있다고 인식할 수도 있다.

이것은 학생이 상호작용하기 위하여 상징적인 의사소통을 사용할 때에도 마찬가지다. 상징적 의사소통은 그 밖에 다른 것을 표상하는 의사소통을 말한다(Best, Heller, & Bigge, 2005). 예를 들어, 장애 학생은 의사소통판(communication board)이나 안구응시 시스템(eye-gaze system)[4], 또는 전자의사소통 장치 등을 사용할 것이다. 이러한 장치들은 의미를 전달하는 상징기호에 의존한다. AT 장치 사용에 대한 이해를 가지고 있는 더욱 성공적으로 장애 학생들과 학급 또래들은 의사소통할 것이다.

지체장애 학생을 위한 AT 장치

지체장애 학생은 일상생활과 학습을 지원하는 다양한 유형의 장

4) [역자 주] 눈동자의 움직임을 감지해서 컴퓨터 등의 장치를 작동시키는 장치

비를 가지고 있다. IEP 팀은 안전과 학습을 위해 어떤 변화가 있어야 하는지를 결정하기 위해 학교환경을 사정해야 한다. 장비에 대한 시각적인 효과를 정상화하는 노력도 해야 한다(Snell & Brown, 2006). 비장애 학생이 장애 학생을 수용하고 이해할 수 있도록 하기 위해서는 시간을 들여 장비의 목적을 설명하는 노력도 해야 한다. 또한 그러한 환경에서 일반적으로 사용되는 장치가 자세유지를 위해서도 사용될 수 있다. 예를 들어, 저학년 학생의 경우, 작업치료사와 물리치료사는 장애 학생이 휠체어 밖으로 나와야 할 때 자세유지를 위해 다채로운 색의 푹신한 의자(beanbag chair)를 사용할 수 있다. 컴퓨터를 사용하는 고학년 학생의 경우, AT는 교실의 다른 컴퓨터 장비들과 어울려 사용될 수 있다. 교사는 AT를 통합하여 사용하는 데 있어 가능한 한 드러나지 않도록 사용함으로써 지체장애 학생이 또래와 다른 점보다는 유사점이 부각되도록 해야 한다.

신체관리를 위한 일상

지체장애 학생의 올바른 신체관리는 올바른 정렬을 유지하고, 몸의 스트레스를 낮추며, 일상생활 기술을 사용하고, 교실 활동에 참여하는 데 있어 중요하다. IEP 팀은 물리적인 측면과 교실의 일상적인 운영 측면에 관한 교실 사정을 통해 신체관리의 일상에 필요한 제안사항을 제시한다. 그러한 일상에는 학생을 가장 효율적인 방법으로 들어 올리고, 자세를 다시 취하게 하며, 운반하는 것과 같은 학생의 건강과 안전에 관한 것이 포함되어야 한다. 신체관리를 위한 일상이 학생을 위해 개별화될지라도, 어떤 일반적인 고려사항이 제시되어야 한다. Stremel 등(1990)은 다음의 1에서 4번까지의 내용을 제안했고, 저자들이 다섯 번째 내용을 보완했다.

1. 구두로 또는 명시적으로 학생과 의사소통하라.
2. 여러분이 무엇을 왜 하는지를 학생이 이해할 수 있도록 하라.

예를 들어, “수지야! 선생님이 너를 푹신한 의자에 앉혀 줄 거야. 곧 그룹활동에 참여할 거거든.”

3. 이동을 위해 학생을 물리적으로 준비시켜라. 예를 들어, 들어올리기 전에 어깨 안전벨트를 제거하라.
4. 학생이 가능한 일상적인 활동에 참여하도록 하라.
5. 새로운 위치에서 학생에게 필요한 AT 장치가 적절히 작동하는지를 확인하라.

학생을 위해 신체관리를 위한 일상을 정립하는 것은 학생을 성공적인 학습자가 되도록 돕는 데 필수적이다.

적절한 자세유지

가족과 교사는 작업치료사나 물리치료사가 올바른 프로그램을 전달하는 데 도움이 되는 정보를 제공해 주기 때문에 긴밀히 협조해야 한다. 바른 자세유지와 운동을 통해 근육을 튼튼히 하는 것은 아동이 근육을 발달시키도록 도울 수 있다. 웨지(wedges)와 공, 모퉁이 의자, 매트 등은 아동의 자세유지를 위해 사용되며, 이를 통해 장애 학생은 또래와 함께 모든 활동에 참여할 수 있다. 교사는 매 20분마다 학생의 자세를 다시 바로잡아 주어야 한다.

스위치가 있는 적응형 장난감은 매트나 푹신한 의자(beanbag chair), 모퉁이 의자 등을 이용할 때, 장애 학생이 또래와 함께 활동하면서 자신의 능력을 제고할 수 있도록 해준다. 어린 아동을 위한 변경(adaptation)에 대한 더 많은 정보를 보려면 제4장을 참고하라.

아동이 초등학교에 진학함에 따라, 접근성은 자세유지와 함께 여전히 고려되어야 한다. IEP 팀은 아동에게 어떤 자세가 또래와 함께 활동에 참여하는 데 이로운지에 대해 고려할 뿐만 아니라 학생이 필요로 하는 위치가 어디인지를 고려해야 한다. 만일 학생이 베개나 웨지(wedges), 특수한 모퉁이 의자, 매트와 같은 자세유지 장치를 사용하고 있다면, 이러한 장치가 학생이 일반교육 교육과정에 접근하도록 하기 위해 어떻게 도울 수 있을까? 이와 함께, 교사는 통합을 고려함과 동시에 학생의 자세유지에 맞는 교실배치를 행해야 한다.

IEP 팀은 AT 장치를 통해 자세유지와 이동성을 지원해야 하며, 이와 관련해 야기되는 문제들도 고려해야 한다. 일반교육 교육과정에 성공적으로 접근하기 위해 AT 장치를 필요로 하는 학생은 교사와 학부모의 지원이 필요하다. 교사와 학부모, 어떤 경우에는 학급 친구들에게 AT 장치 사용 훈련이 되어 있어야 하고, 장애 학생은 이를 통해 일반교육 교육과정에 접근할 수 있으며, 또한 모두가 장애 학생에 대한 안전문제를 이해할 수 있게 된다.

교실에서 지체장애 학생의 비율은 상대적으로 낮은 편이다. 이러한 학생은 수정과 편의제공을 통해 일반교육 교육과정에서의 통합을 이룰 수 있고, 궁극적으로 독립적으로 생활할 수 있게 된다.

[보조공학 적용 6-1]

휠체어 예절

휠체어 사용 학생과의 의사소통에 도움이 되는 10가지 요령

1. 여기에서 제시되는 단계들은 모든 학생을 위한 수업에서 다루어져야 한다.
2. 장애가 아닌, 학생에게 초점을 맞추어라.
3. 교실의 물리적 환경은 모든 학생을 위한 안전과 접근성이 최대화되도록 준비되어야 한다.
4. 휠체어 사용 학생을 도와주기 전에 해당 학생에게 도움이 필요한지를 물어보라. 도움이 필요하지 않을지도 모른다.
5. 보호자나 학생 주변에 있는 보조교사가 아니라 휠체어 사용 학생에게 직접 이야기하라.
6. 휠체어 사용 학생과 공부할 때는 학생의 눈높이를 고려하여 앉도록 하라. 목이 뻣뻣해지는 것을 피할 수 있다!
7. 현장학습과 같이 학생을 낯선 장소에 데려갈 때에는 사전대책을 면밀히 강구하라. 이동거리와 커브 위치, 경사로, 날씨, 이동이나 다른 통로의 접근을 막는 물리적인 방해요소 등과 같은 가능한 문제들을 고려하라.
8. 휠체어 사용 학생이 휠체어에서 일반의자나 책상, 또는 화장실로 옮겨 앉을 때,

휠체어를 손에 닿는 곳에 두어라. 만일 휠체어를 옮겨두어야 할 이유가 있다면 옮겨두어야 하겠지만 휠체어 사용 학생에게 최상의 선택이 무엇인지를 물어보라.
9. 휠체어는 비싸고 중요한 장비임을 기억하라. 휠체어 작동 및 사용방법을 익혀 학생이 도움이 필요할 때 도와줄 수 있어야 한다.
10. 휠체어나 다른 이동장치 사용 학생을 포함한 모든 학생을 위해 응급대피 계획을 마련해 두어라.

학습점검

- 지체장애라는 용어는 다른 특징을 지닌 많은 학생들을 지칭한다. 법에서 정의되었듯이, 지체장애 학생은 교육적 수행에 부정적 영향을 끼칠 수 있는 심각한 정형외과적 손상을 지니고 있다. 여기에는 선천적 기형(congenital anomaly), 질병 및 다른 원인에 의해 발생하는 손상을 포함할 수 있다.
- 90% 이상의 지체장애 학생들이 또래와 함께 학교생활을 하고 있으며, 일반교실에서 서비스를 받고 있다. 많은 지체장애 학생은 물리적으로 학교환경에 접근하기 위해 또한 일반교육 교육과정과 특별활동에 참여하기 위해 관련 서비스를 필요로 한다.
- 자세유지를 위한 AT는 단순한 것에서 매우 복잡한 것에 이르기까지 그 범주가 매우 넓다. 교실에서 책상의 높이를 조정하거나 사용자의 요구에 맞게 설계된 스탠더(stander)를 제공하는 것을 의미할 수 있다. 올바른 자세유지는 근긴장에 도움이 되고, 기형에 대처하며, 자세를 지지하는 데 도움이 된다.
- 물리치료사나 작업치료사는 자세유지와 관련한 문제를 처리해야 한다. 자세유지에 사용된 AT 장치는 학생의 기능과 편안함을 고려해 제공되어야 한다. AT 장치는 가능한 한 기능적이어야 한다.
- IEP 팀 구성원의 정보와 함께, 올바른 자세유지는 통합교육환경에서 학생의 참여를 제고시킨다. 휠체어 사용 학생은 대부분의 교실활동에 참여하기 위해 좋은 자세를 갖는다. 탁자나 출입구, 책상의 높이는 적절해야 하고, 이동에 적합한 넓이이어야 한다. 스탠딩 보조기나 휴대용 스탠더, 지지스탠더 등을 사용하는 학생은 근력을 향상할 수 있고 근육발달을 강화할 수 있다. 그러한 장치는 학생이 어떤 협동

학습 집단이나 게임, 기립을 요하는 활동에 참여할 수 있도록 도와준다.

- 초기 단계에서 AT를 관찰하는 것은 AT 사용을 조절할 수 있도록 도와줄 수 있다.
- 머리, 목, 몸통의 정렬은 자세유지와 AT 사용을 위해 중요하게 고려되어야 할 사항이다. 올바른 자세유지는 자세와 근긴장을 유지하는 데 도움이 될 수 있다.
- 적응장비는 학생에게 사회화의 기회를 제공해야 한다. 학생은 AT 장치에 대한 반응 때문에 고립감을 느껴서는 안 된다. 장비는 학생이 또래와 활동 시 가능한 한 두드러지게 드러나지 않아야 한다. 또한 어디에서 AT 장치가 사용되는지는 AT 사용에 관한 의사결정을 할 때 매우 중요한 고려사항이다.
- 교사는 교실 설계 시 UDL을 고려해야 한다.
- 이동성 보장을 통해 학생은 물리적·사회적 환경과 상호작용하는 데 있어 더 많은 기회를 갖게 된다. 학생의 나이, 능력수준, 건강, 가정생활, 사회 · 작업환경, 자금력, 학교배치, 선호 등은 AT 장치를 선택하는 데 있어 중요한 요인으로 고려되어야 한다.
- 이동성 체계의 목표는 학생에게 최고의 독립성을 제공하고 가장 효율적인 방법으로 질적으로 최상의 이동을 할 수 있도록 하는 데 있다. 이동성 장치 선택 시 신체정렬과 올바른 자세유지가 고려되어야 한다.
- 어떤 이동성 시스템도 모든 다른 선택이 충분히 검토되기 전까지 제1의 좌석시스템(seating system)으로 고려되어서는 안 된다.
- 이동성 시스템에 의존하는 학생은 피부조직의 손상을 막기 위해 자세를 수시로 바꾸어 주어야 한다.
- 이동성 시스템은 매우 다양하지만, 기본적으로 수동과 전자의 두 가지 유형으로 나뉜다. 각 유형은 장 · 단점이 있다. IEP 팀은 어떤 유형이 학생의 요구에 가장 잘 부합하는지를 결정해야 하며, 어떤 이동성 시스템을 사용하기 위해 필요한 사전 기술을 사정해야 한다.
- 의자 작동 시, 학생은 안내사항을 따르고 환경적인 위험요소를 이해하기 위한 적절한 감각적, 인지적 기술이 필요하다.
- 지체장애 학생에게 유아기 중재와 근육발달에 초점을 맞춘 취학 전

프로그램은 많은 도움이 된다. 이것은 통합교육환경에서 아동의 성공을 보장하기 위해 모든 환경에서 올바른 자세유지를 하는 것을 포함한다. 다학문 팀은 모든 환경에서 근육발달을 위한 아동의 요구를 충족시키기 위한 훈련을 제공하기 위해 교사 및 가족과 긴밀히 협력해야 한다.

- 아동이 취학 전 프로그램에서 초등환경으로 이동함에 따라 IEP 팀이 자세유지와 이동성 문제를 고려하고 이 둘이 학생의 또래와의 학문 활동을 어떻게 촉진시킬 것인지를 고려하는 것은 중요하다. IEP 팀은 어떤 자세가 학생에게 도움이 되는지를 고려해야 하고, 교실과 건물이 방해되지 않는 환경인지를 확인해야 한다.
- 적절한 소프트웨어와 함께 인간공학적으로 설계된 작업환경은 지체장애인이 일반교육 교육과정에 접근할 수 있는 기회를 제공한다.
- 로봇공학은 근육기술발달에 도움이 되고 모든 환경에서 어느 정도 수준의 독립성을 제공한다.
- IEP 팀은 자세유지와 이동성과 관련한 문제와 함께 학생에게 어떤 AT 장치와 지원이 일반교육 교육과정에 접근하는 데 도움이 되는지를 고려해야 한다.

참고문헌

Best, S. J., Heller, K. W., & Bigge, J. L. (2005). *Teaching individuals with physical or multiple disabilities* (5th ed.). Upper Saddle River, NJ: Merrill/Pearson Education.

Bigge, J. L., Best, S. J., & Heller, K. W. (2001). *Teaching individuals with physical, health, or multiple disabilities*. Upper Saddle River, NJ: Merrill/Pearson Education.

Butler, C. (1986). Effects of powered mobility on self-initiated behaviors of very young children with locomotor disability. *Developmental Medicine and Child Neurology, 28*, 472-474.

Deitz, J. C. (1998). Pediatric augmented mobility. In D. B. Gray, L. A. Quantrano, & M. L. Leiberman (Eds.). *Designing and using assistive technology: The human perspective* (pp. 269-284). Baltimore: Brookes.

Individuals with Disabilities Education Improvement Act of 2004. Pub. L. No. 108-446, 118 Stat.2647.

Kermoian, R. (1998). Locomotor experienced psychological functioning. In

D. B. Gray, L. A. Quantrano, & M. L. Leiberman (Eds.). *Designing and using assistive technology: The human perspective* (pp. 251-268). Baltimore: Brookes.

Snell, M. E., & Brown, F. (2006). *Instruction of students with severe disabilities* (6th ed.). Upper Saddle River, NJ: Merrill/Pearson Education.

Stremel, K., Molden, V., Leister, C., Matthews, J., Wilson, R., Goodall, D. V., et al. (1990). *Communication systems and routines: A decision making process.* Washington, DC: U.S. Office of Special Education.

Thiers, N. (May, 1994). Hope for rehab's forgotten child. *OT Week*, pp. 16-18.

U.S. Department of Education. (2009). *Twenty-eighth annual report to Congress on the implementation of the Individuals with Disabilities Education Act.* Washington, DC: Author.

Westling, D. L., & Fox, L. (2004). *Teaching students with severe disabilities* (3rd ed.). Upper Saddle River, NJ: Merrill/Pearson Education.

제7장

의사소통을 위한 보조공학

장(章) 개관

- 보조공학 스냅샷
- 의사소통
- 의사소통 장애
- 보완대체의사소통
- 학습을 위한 보조공학
- [보조공학 적용 7-1]
- 학습점검
- 참고문헌

학습과제

1. 의사소통을 정의하라.
2. 의사소통 장애란 무엇인가?
3. 보완대체 보조공학 장치의 목적은 무엇인가?
4. 교사는 수업시간에 어떻게 의사소통을 장려하고 증진시킬 수 있는가?

보조공학 스냅샷

민수 사례

만 6세인 민수는 고려 초등학교를 다니는 1학년 학생이다. 민수는 간이음식점에서 일하시는 어머니 김 여사와 여동생과 함께 살고 있다. 민수의 아버지는 민수에게 큰 관심이 없는 상황이다.

김 여사에 따르면, 민수는 처음 말을 시작할 때 매우 느렸는데, 말이 느린 이유에 대해서 당시 민수가 조숙아인데다 저체중이었기 때문이라고 믿었다. 또한 그 당시 민수는 구구하는 소리를 내기 시작했으나 만 2세가 되는 시점에는 앓는 소리를 내며 무언가를 가리키면서 의사소통을 하기 시작했다. 김 여사는 민수의 행동이 특히 낯선 사람들과 함께 있을 때 산만해지는 것에 대해 걱정했다. 예를 들어, 민수가 낯선 사람과 만나면 크게 비명을 지르곤 했는데, 만일 그 사람이 계속 그 자리에 있으면 무엇이든 붙잡고 자기 머리를 때렸다. 김 여사에 따르면, 민수는 그 누구와도 좀처럼 눈 맞춤을 하지 않았고 아주 가끔 눈을 마주칠 때면 마치 그곳에 아무도 없는 것처럼 허공을 응시하는 것 같았다. 만 3세가 되었을 때 민수는 두 명의 소아과의사로부터 **전반적 발달장애**(pervasive developmental disorder)로 진단되었는데, 제한된 사회적 상호작용과 의사소통 장애 그리고 상동행동패턴을 보였다. 이러한 진단은 민수가 만 4세 되었을 때 자폐로 바뀌었다.

민수는 늦은 진단 때문에 조기중재서비스를 받지 못했고, 유아특수교육을 통해 언어치료서비스를 받았다. 해당학교 교육청은 김 여사가 일하는 동안 민수를 맡아 보살펴준 민수의 외할머니댁에서 언어치료서비스가 제공될 수 있도록 조치했다. 만 5세가 되었을 때 민수는 유치원에 입학했다. 민수의 언어치료는 집단환경에서 일주일에 2번, 1회 30분씩 지속적으로 제공되었다. 유치원환경에서 민수는 발작(tantrum), 타인에 대한 공격행동, 보속증(perseveration)[5], 자해와 같은 행동을 보였다. 민수는 이러한 과잉행동뿐만 아니라 언어·사회·학업적 기술에 있어서도 결여를 보였다. 학년 중반에 민수의 유치원 교사는 민수의 교육을 도울 수 있도록 보조교사를 배치해 줄 것을 IEP 팀에 요청했다. 보조교사는 학년이 끝나기 2달 전에 배치되었다.

IEP 팀은 유치원에서 민수의 진보가 제한적이긴 했지만 보조교사의 도움으로 민수가 진급할 수 있었다고 판단했다. 1학년이 된 후, 민수의 행동적 결함은 더욱 강화된 과잉행동으로 표면화되었고, 이는 곧 성공적인 학습을 방해했다. 민수의 학급담임인 최 교사는 IEP 팀에게 민수가 계속 일반교실에 통합되어 생활할 수 있도록 지원해 달

5) [역자 주] 보속증(perseveration): 자극이 바뀌어도 같은 반응을 되풀이 하는 경향. 또는 자극으로 생긴 심리적인 활동이 그 자극이 없어져도 일정하게 지속되는 증상(국립특수교육원(2009). **특수교육학용어사전**, p.179).

라고 요청했다. 최 교사에 따르면, 민수는 급우들과 어울리지 않았다. 민수의 말은 무의미한 경우가 대부분이었으며, 몸을 흔들거리거나 어떤 소리에 집착하는 등의 문제행동을 보였다. 최 교사는 이러한 문제행동은 민수가 친구가 없고, 또한 급우들에게 때때로 폭력적으로 대하기 때문이라고 생각했다. 최 교사는 민수가 언어와 관련한 활동, 특히 구두지시에 대해 반응을 요구하는 활동을 할 때 매우 산만해져 수업에 방해가 된다고 지적했다. 민수는 또한 모든 교과영역에서 동급 학년 이하의 수준이며, 특히 언어기술과 관련한 교과영역의 수준은 더욱 낮았다. 김 여사와 최 교사에 따르면, 민수의 과잉행동은 교실과 집 모두에서 심각했다.

IEP 팀이 소집되었고, 민수에 대해 전반적인 재사정을 실시하여 합의를 도출해 냈다. 이를 위해, IEP 팀은 전형적인 사정과 더불어 학교행동전문가와 AT 전문가의 도움이 필요하다고 판단했다. IEP 팀은 사정 결과에 기초하여 다음과 같은 권고사항을 제시했다. 민수는 소근육기능이 뛰어나다. IEP 팀에서 가정하고 사정을 통해 확인했듯이, 민수의 언어기술은 현저히 낮은 상태다. AT 전문가에 따르면, 언어표현 기술을 높이기 위해 보조공학을 사용하는 것이 민수에게 매우 도움이 될 것이다. IEP 팀은 민수가 표현하고자 하는 것을 유의미한 방식으로 할 수 있게 된다면 민수의 좌절감의 수준이 낮아져 학습하는 데 도움이 될 것으로 보고 있다. 이러한 영역에 관한 행동목표는 다음과 같다. (a) 자신이 원하는 것을 요청하고자 할 때 원하는 물건을 가리킬 수 있다. (b) '예'나 '아니요'로 대답할 수 있는 질문에 대해 '예'나 '아니요'로 대답할 수 있다. (c) 원하는 물건을 자발적으로 가리킬 수 있다. (d) 대답할 때 그에 맞는 적절한 말을 할 수 있다. AT 전문가는 민수가 보조공학을 처음 사용하는 것이므로 간단한 의사소통 장치인 고정 제시 의사소통판(fixed display communication board)을 사용할 것을 제안했다. 이 의사소통판은 음식종류, 화장실 표시 등과 같이 민수가 원하는 대상이 될 만한 그림들을 이용하여 만들 수 있다. 언어치료사와 특수교사가 민수에게 의사소통판 사용법을 가르치도록 배치되었다. AT 전문가는 민수가 집에서도 같은 의사소통판을 사용할 수 있도록 두 개의 의사소통판을 제작하기로 했다. IEP 팀은 민수가 고정된 화면의사소통판에서 좀 더 다양한 메시지를 전달할 수 있도록 **역동적인 제시 의사소통판**(dynamic-display communication board)을 사용할 수 있기를 희망하고 있다.

IEP 팀은 그림 스케줄이 최 교사와 민수에게 일반교실의 구조를 알려주고 활동을 예측 가능하도록 함으로써 민수가 안정감을 갖도록 하는 데 도움이 될 것이라고 생각했다. AT 전문가는 민수가 담임교사 및 보조교사와 함께 일상적인 교실활동의 개요를 반영하는 그림 스케줄을 만들 수 있도록 도와주었다. IEP 팀은 이러한 작업이 민수를 안정감 있게 해 주고, 이러한 안정감은 민수의 과잉행동을 어느 정도 예방할 수 있을 것으로 믿고 있다.

마지막으로, IEP 팀은 행동전문가에게 김 여사와 일반교사, 그리고 특수교사와 긴밀히 협조하여 민수의 과잉행동을 조절하고 줄일 수 있는 행동계획을 개발할 것을 권했다. IEP 팀은 보조공학과 행동계획 수행을 점검하기 위해 6주 후에 다시 모이기로 결정했다.

의사소통

의사소통은 복잡한 과정이다. 의사소통 기술의 발달은 태아기에 시작하여 발달기간 또는 그 이후까지 계속된다(American Speech-Language-Hearning Association, 2004). 정보교환은 정보와 느낌, 아이디어, 원하는 것과 하고자 하는 것 등을 암호화하고, 전송하며, 정보해독을 통해 표현하고 받아들이는 상호적인 과정이다(Heward, 2003).

Webquest 7.1
전반적 발달장애에 대한 정보는 다음 웹사이트를 참고하라.
http://www.ninds.nih.gov/disorders/pdd/pdd.htm

의사소통은 보기, 듣기, 말, 읽기, 쓰기, 기호화 또는 몸짓 등을 통해 일어난다. 성공적인 정보교환을 위해, 메시지는 그것을 표현하는 송신자(sender)와 그 메시지에 반응하는 수신자(receiver)에게 함께 보내져야 한다. 우리 자신과 의사소통할 때를 제외하고, 대부분의 의사소통에는 적어도 두 명의 참여자가 있다. 이것은 의사소통의 사회적 측면을 생성한다. 그러므로 의사소통 기술은 학생의 성공적인 학습을 위해 매우 중요하다.

적절한 의사소통 기술을 지닌 학생은 일반교육 교육과정의 요구를 충족시킬 수 있다. 이러한 요구에는 서술하기, 설명하기, 보고하기, 요청하기, 표현하기 등이 있다(Heward, 2003; Lindfors, 1987; Owens, 2001). 민수와 같은 학생들에게 의사소통의 결여는 성공적인 학습과 삶을 방해한다. 전문가들은 의사소통이 무엇인지를 이해하기 위해서 전형적으로 발달하는 말과 언어(language)의 요소가 무엇이며, 의사소통 장애의 구성요소가 무엇인지를 파악할 수 있어야 한다. 민수의 사례에서 보듯이, 자폐 학생들은 종종 생후 몇 년 동안은 전형적으로 발달하는 것처럼 보이지만 전형적으로 발달하는 학생들이 하는 것처럼 발달단계에 따라 성장하지는 않는다. 말과 언어발달에 대한 더 많은 정보는 〈표 7-1〉에 제시되어 있다.

언어

언어(language)는 의사소통을 위해 사람들이 사용하는 추상적 기호체계다. 이러한 기호에는 소리와 문자, 숫자, 수화 등이 있다. 언어는 또한 그러한 기호들을 더 큰 단위로 결합시키기 위한 규칙 체계를 가지고 있다(Hulit & Howard, 2002). 이러한 복잡한 체계는 음운학(phonology), 형태론(morphology), 구문론(syntax), 의미론(semantics), 화용론(pragmatics)의 다섯 가지 구성요소를 포함한다.

말과 언어발달에 관한 추가적인 정보는 참고자료 웹사이트를 보라.

- **음운학**(phonology)은 언어의 소리체계의 언어학적 규칙 또는 형식을 말한다. 각각의 말소리를 음소(phoneme)라 부른다.
- **형태론**(morphology)은 언어의 한 형식을 말한다. 이 체계는 단어의 구조를 지배한다. 형태론은 들음으로써 의미를 인식하도록 한다. 가장 작은 유의미한 소리의 단위는 형태소(morpheme)이다(Heward, 2003).

〈표 7-1〉 말과 언어 자료

미국 말-언어-청각협회(American Speech-Language-Hearing Association) http://www.asha.org	• 미국 말-언어-청각연합회(ASHA)는 언어병리학자, 언어치료사, 말, 언어, 청력 과학자들이 가입된, 114개 이상의 기관이 소속되어 있는 전문적이고 과학적인, 권위 있는 연합체다.
말, 언어, 삼킴(Speech, Language and swallowing) http://www.asha.org/public/speech/swallowing/default.htm	• 말과 언어, 삼킴 장애에 관한 정보를 제공한다.
언어발달(Language development) http://www.asha.org/public/speech/development/chart.htm	• 전형적인 언어발달

보조공학 스냅샷에서 소개된 민수 사례에서 민수의 어떤 특징들이 의사소통 장애로 묘사되었나?

정보지표(Index of Information) http://www.asha.org/topicindex.htm	• 의사소통 장애에 관한 다양한 주제
말/언어발달 활동(Activities for Speech/ Language Development) http://www.asha.org/public/speech/development/Parent-Stim-Activities.htm	• 말과 언어발달을 돕는 활동
화용 장애(Progmatic Disorders) http://www.asha.org/public/speech/development/Pragmatics.htm	• 화용 장애를 위한 언어요령

- **구문론**(syntax)은 단어의 유의미한 구조를 문장에 제공하는 구성요소다.
- **의미론**(semantics)은 단어나 단어의 조합 또는 내용을 말한다. 언어 학습자는 어휘와 단어의 맥락적 의미, 개념발달, 단어 사이의 관계에 대한 지식을 갖추어야 한다.
- **화용론**(pragmatics)은 언어의 사회적 기술을 강조하는 것을 말한다.

이러한 다섯 가지 구성요소의 발달은 사회적 상호작용에 중요한 영향을 끼친다(Heward, 2003; McLean & Synder-McLean, 1988; Turnbull, Turnbull, Shank, Smith, & Leal, 2004).

구어(spoken language)가 의사소통을 위해 사용되는 방법을 좌우하는 규칙에는 세 가지의 의사소통 기술이 있다(American Speech-Language-Hearning Association, 2001). (a) 인사하기, 정보전달하기, 요구하기, 약속하기, 의뢰하기와 같이 다른 기술을 위해 언어를 사용한다. (b) 일상적인 대화에서 쓰이는 규칙, 이야기 말하기, 적절한 비언어 신호(signals) 사용, 청자와 화자 간의 개인적 공간과 같은 대화나 기술 시 필요한 규칙 따르기. (c) 친구에게 말할 때와 선생님에게 말할 때 다르게 하듯이, 청자의 요구나 기대 또는 상황에 따라 언어를 변형하고 주의 깊게 사용하는 것 등이다. 언어를 좌우하고 지배하는 규칙들은 개별 언어와 문화에 따라 다를 것이다.

말

말(speech)은 주로 구두 언어(oral language)를 형성하고 생산해 내는 것이다. 말은 몸짓이나 손동작, 그림상징, 또는 기호상징으로 대체되거나 그 의미가 더해질 수 있다. 말을 배우는 것은 매우 어린 시절 시작하고 대체로 발달의 연속적인 패턴을 따른다. 전형적으로 발달하는 아동은 8세까지 언어를 구성하는 거의 모든 자음과 모음을 발음하도록 배웠다(Turnbull, Turnbull, Shank, Smith, & Leal, 2004). 말은 구별되지만 관련된 네 개의 생리학적 절차, 즉 (a) 말에 힘을 주는 호흡, (b) 후두에서 소리를 만드는 발성, (c) 소리를 형성하는 공명, (d) 구체적인 소리를 형성하는 조음에 의해 만들어진다.

Webquest 7.2
말하는 의사소통판(talking communication board)을 만드는 방법에 대해 더 많이 알고 싶으면, 다음 웹사이트를 참고하라.
http://atmac.org/making-communication-boards/

의사소통 장애

이 장의 서두에 소개된 보조공학 스냅샷에서 묘사되었듯이, 학생은 말장애나 언어장애를 지니고 있거나 둘 다를 지니고 있을 수 있다. 미국 말-언어-청각협회 임시위원회(ASHA Ad Hoc Committee)(1993)는 의사소통 장애를 다음과 같이 정의했다.

> 언어 또는 비언어적, 상징적 기호체계나 개념을 이해하거나 정보를 교환하는 데 장애가 있는 것이다. 의사소통 장애는 청각, 언어, 말에 있어 분명한 특징을 보인다. 의사소통 장애는 손상된 정도에 따라 경계선급부터 최중도에 이르기까지 그 범위가 넓다. 이는 발달적일 수도 있고 후천적으로 획득될 수 있으며, 하나의 영역에서 장애를 보일 수도 있고 복합된 장애를 보일 수도 있다. 의사소통 장애는 1차적 장애를 초래할 수 있고, 2차적으로 다른 장애에 영향을 미칠 수도 있다(p. 40).

Webquest 7.3
TTS(text to speech)에 대한 정보는 다음의 웹사이트를 참고하라.
http://text-to-speech.imtraslator.net/speech.asp?dir=ko

IDEIA(2004)에 따르면, 학생이 의사소통 장애로 인해 특수교육서비스를 받기 위해서는 장애(disorder), 언어장애(language impairment), 말장애(speech impairment)가 아동의 학습에 부정적인 영향을 끼쳐야 한다. 말장애 또는 언어장애는 말더듬, 손상된 조음, 언어장애, 또는 음성장애로 인해 아동의 교육적 수행에 부정적인 영향을 미칠 때 의사소통 장애에 해당되는 것으로 정의된다(34 C.F.R.Sec.300.7(a)(c)(11)).

민수처럼 언어장애로 인해 서비스를 받고 있는 많은 학생들은 또한 정신지체나 학습장애, 중복장애, 뇌손상, 또는 청각장애를 함께 지니고 있는 경우가 많다. 예를 들어, 민수는 자폐와 언어장애를 함께 지니고 있었다. 이러한 장애 학생은 전형적으로 일반교실환경에서 서비스를 받게 된다.

언어장애

언어장애 학생은 말, 쓰기, 또는 몸짓과 같은 다른 상징체계를 이해하는 데 어려움을 겪는다(American Speech-Language-Hearing Association, 1993). 가장 손상이 심한 유형의 언어장애가 뇌의 언어 기능을 담당하고 있는 부분의 손상으로 인한 **실어증**(aphasia)이다. 실어증의 경우, 대부분 뇌졸중(stroke)이 원인이지만 외상성 뇌손상을 입은 아동들 또한 뇌졸중을 경험했을 수도 있다(American Speech-Language-Hearing Association, 2004b). 아동의 언어장애를 초래하는 다른 장애들로는 아동기에 학습된 활동을 실행하지 못하는 증상을 보이는 실행증(apraxia)[6], 언어기반 학습장애, 외상성 뇌손상, 뇌성마비, 자폐가 있다. 심각한 언어손상을 지니고 있는 민수와 같은 아동 역시 성공적인 학습자가 되는 데 있어 어려움이 있다.

말장애

미국 말-언어-청각협회(ASHA)(1993)에서 정의했듯이, 말장애는 말의 조음(조음 장애), 말의 유창성(유창성 장애), 또는 음성(음성 장애)과 관련된 장애다. 조음 장애(articulation disorders)는 음소생략, 대치, 왜곡, 첨가 등의 특성을 나타내는 비정형적 말의 산출을 포함한다.

---

6) [역자 주] 실행증(apraxia): 말초신경에 특별한 문제가 없음에도 불구하고 특정한 신체부위를 자신의 뜻대로 움직이지 못하는 증상(국립특수교육원(2009). 특수교육용어사전, p.248).

유창성 장애(fluency disorders)는 학생이 말을 사용하는 데 있어 말의 흐름이나 유창성이 부적당한 패턴으로 나타나는데, 비정형적인 말의 속도, 리듬, 소리와 음소, 단어, 구문의 반복 등으로 특징지어진다. 음성 장애(voice disorders)는 음조, 강조, 음질, 공명과 관련한 기본적인 음성적 특성이 학생의 나이와 성을 고려할 때 기대되는 정형적인 목소리와 편차를 보이는 말장애의 한 유형이다(American Speech-Language-Hearing Association, 1993). 말장애를 초래하는 상태나 장애로는 뇌성마비, 구순구개열(cleft lip or palate), 말더듬 등이 있다. 심각한 청각손상 또한 말장애의 원인이 된다. (청각손상은 제8장에서 논의된다.)

심각한 말장애와 언어장애 학생은 보완대체의사소통 시스템(augmentative or alternative communication system)을 사용하도록 교수된다. 이러한 시스템은 말을 통한 의사소통이 가능하지 않을 때 학생에게 자신의 아이디어를 의사소통하는 하나의 수단으로 제공할 수 있다. AT 전문가와 언어치료사(SLP)는 보고와 사정과정에서 성공적인 학습을 위한 지원을 마련하는 데 중요한 역할을 한다. 제3장에서는 이러한 과정에 대해 더욱 상세히 기술하고 있으며, 〈표 7-1〉은 언어와 말에 대한 부가적인 자료를 제공하고 있다.

〈표 7-1〉을 이용하여 전형적으로 발달하는 아동의 의사소통 기술을 보여주는 의사소통 발달표를 찾아보자.

보완대체의사소통

심각한 말-언어장애와 지체장애를 함께 지니고 있는 학생을 가르치는 것은 가장 훌륭한 교수기회인 동시에 교사에게는 도전이 되는 일이다. 학생은 말-언어장애 때문에 주변 환경과 상호작용하는 능력이 저해될 수 있는데, 그러한 학생이 지체장애를 함께 지니고 있을 때 상호작용하는 것은 불가능하거나 매우 어려워진다. 어떤 사람이 상호작용할 수 없을 때, 기본적인 욕구는 부적절하게 충족될 수 있고, 사회적으로 고립되거나 개별적인 좌절상황에 빠질 수 있다.

학생이 자신의 환경과 의사소통하는 기술을 개발하는 것은 매우 중요하다. 이것은 가장 유용한 시스템을 개발함과 동시에 학생이 지니고 있는 능력을 고양시킨다. 학생이 다양한 환경에서 더욱 효과적인 의사소통을 하는 것은 언어프로그램의 주된 목표다. 보완대체의사소통(augmentative and alternative communication: AAC)은 이러한 과정을 촉진시키는 데 사용될 수 있다.

보완대체의사소통의 정의

AAC는 말과 목소리, 몸짓, 구체적인 도구 및 장치와 관련된 의사소통을 위한 행위를 포함하여 한 개인에게 유용한 의사소통 도구까지를 포함한다고 정의된다. 이러한 도구는 전통적인 의사소통 도구를 보충, 향상, 대체할 수 있다(Belson, 2003). 보완의사소통(augmentative communication)과 대체의사소통(alternative communication)은 다르다. 보완의사소통 시스템은 학생이 이미 가지고 있는 의사소통 시스템을 사용하도록 돕는 것인 반면, 대체의사소통 시스템은 말의 시스템을 모두 바꾸는 것이다. 민수의 사례에서 우리는 다학문적 접근팀이 민수는 언어를 전혀 사용하고 있지 않기 때문에, 대체의사소통 장치가 민수에게 가장 최선의 해결책일 것이라고 제안하는 것을 배웠다. 고정 제시 의사소통판(fixed display communication board)이 민수를 위한 최초의 의사소통 장치로 선택되었는데, 민수가 이 장치를 숙달하게 되면 좀 더 복잡하고 역동적인 제시 의사소통판(dynamic display communication board)을 사용하게 될 것이다.

보완대체의사소통의 선택

민수의 IEP 팀의 예에서와 같이, AAC의 유형과 방법은 학생의 신체적, 인지적, 감각적, 수용적 의사소통 기술에 따라 다르게 고려된다. AAC 시스템의 선택과 개발에 있어 또 다른 요인은 다른 사람이 그 학생을 얼마나 잘 이해할 수 있는지를 고려하는 것이다. 장애 학생을 위한 AAC 시스템 개발을 위해 다양한 자료를 수집해야 하고, 이것을 기반으로 사정을 실시해야 한다. 가장 기본적인 자료는 그 시스템을 필요로 하는 개인이겠지만, 두 번째 자료는 일상적인 상황에서 그 학생과 상호작용하는 학생이 당면한 환경에 있는 사람들이다. 또한 유용성, 비용, 시스템 사용을 위한 학생과 가족 지원, 모든 환경에서 시스템이 얼마나 유용한지 등에 대한 많은 질문들이 고려되어야 한다.

학생을 위한 최상의 의사소통 방법을 선택하는 것은 간단한 일이 아니다. 비록 그것이 일상적으로 사용되는 것일지라도, 언어발달은 매우 복잡하다. 중도의 말-언어 손상을 지닌 학생을 위해 올바른 의사소통 시스템을 선택하려면 많은 전문가들의 사정이 필수적이다. 이러한 전문가들은 해당 학생과 학생의 주변인물들이 더 나은 의사소통 기술을 촉진할 수 있는 AT 장치를 사용하여 학습할 수 있도록 도울 수 있다. 올바른 AAC 장치를 선택하는 것은 학생의 교육적 수행을 위해 결정되어야 하는 가장 중요한 사안이다. 학생이 모든 사회적, 교육적 환경에서 효과적으로 의사소통하도록 교수하는 것은 학생과 학생의 IEP 팀을 위한 최우선의 목표다. IEP 팀은 AAC를 개발하고 사용할 때 수많은 요인을 고려해야 한다. 제3장에는 이러한 사정 절차와 관련한 더 많은 정보가 있다.

표시

학생을 위한 시스템 개발 시, 특히 비언어적인 학생(nonverbal student)을 위해서는 표시(indications)를 설명하는 것이 중요하다. 표시는 학생이 메시지를 알 수 있도록 하는 기법을 말한다. 표시는 **스캐닝**(scanning), **부호화**(encoding), **직접 선택**(direct selection)의 하위영역으로 나뉜다(Schmidt, Weinstein, Niemic, & Wallberg, 1986; Vanderheiden, 1984).

스캐닝은 선택이 미리 결정된 순서대로 제공되며, 학생은 자신이 원하는 것을 가리킨다. 스캐닝의 장점은 간결성(simplicity)에 있다. 많은 중도장애 학생들은 스캐닝을 사용할 수 있다. 그것은 '예'와 '아니요'의 답변, 20고개 게임처럼 간단하다. 그러나 스캐닝의 간결성은 또한 주요한 약점이기도 하다. 즉, 그것은 수신자(receiver)가 어떤 인지능력을 지닐 것을 가정한다. 정보전달자가 환경에 대해 질문하기는 매우 어렵고, 따라서 환경에 대해 학습하거나 제3자와 의사소통하고자 할 때에는 스캐닝 장치를 사용하는 것이 적합하지 않다.

부호화는 메시지의 일부가 어떤 형식과는 별개로 소통되는 기법이다. 기호와 메시지 부분은 수신자에 의해 해석되어야 한다. 부호화는 정보전달자가 수신호(manual signing)나 수화철자(manual spelling)와 같은 의사소통 장치를 사용하여 메시지를 전달하기 위해 일련의 기호를 선택할 때 사용된다.

부호화를 사용하면 몇 가지 장점이 있다. 스캐닝보다 훨씬 빠르고 정보전달자가 질문을 할 수 있기 때문에 상호작용이 가능하다. 부호화는 또한 스캐닝보다 훨씬 추상적이어야 한다. 부호화는 정보전달자와 수신자가 개념을 함께 연결시키고, 부호화가 효과적으로 사용되기 전에 상위의 인지수준이 요구된다.

세 번째 방법은 **직접 선택**이다. 직접 선택은 학생이 자신이 알고자 하는 메시지의 일부분을 직접 선택할 때 사용될 수 있다. 직접 선택은 어휘의 요소를 선택하도록 해준다. 학생은 직접 선택을 통해 입력이나 스캐닝할 때 드는 시간보다 훨씬 짧은 시간 안에 메시지를 의사소통할 수 있다. 직접 선택은 보통 프린터나 모니터, 합성/디지털화된 음성도구와 같은 출력장치와 함께 사용된다.

실행

실행(implementation)은 학생의 의사소통을 돕기 위해 사용되는 장치다. 이는 (a) 도움 없이 가능한 유형(unaided), (b) 기본형(fundamental), (c) 간단한 전자형(simple electronic), (d) 완전 독립형(fully independent), (e) 완전 전자식 휴대용(fully electronic and portable)의 다섯 가지 영역으로 나뉜다. 전형적으로, 장치의 수준은 라이트테크(light tech)에서부터 하이테크(high tech)에 이르기까지 다양하고, 장치의 정교함과 가격 또한 다양하다.

도움 없이 가능한 유형의 도구는 어떤 보조장치도 필요치 않은 장치나 기법이다. 학생은 메시지의 일부분을 이해했음을 표시할 때 언어와 머리 끄덕임, 또는 수신호를 사용한다. 일반적으로 정보전달자는 질문이 불가능하고 최소의 상호작용만이 가능하다.

기본형 장치는 일반적으로 의사소통에 대한 보충물이다. 기본형 장치의 예로는 학생이 메시지의 일부를 이해했음을 보여주기 위하여 특정 순서로 그림이나 기호를 가리킬 수 있는 그림판(picture board)이 있다.

간단한 전자형 장치는 움직임을 해석하는 보조물이다. 그 장치는 일반적으로 학생의 선택을 스캔하며, 학생은 적절한 선택을 했으면 스캐너를 멈춘다. 메시지는 일반적으로 명확하다.

완전 독립형 장치는 출력물을 듣거나 보거나 또는 둘 다 가능하도록 해준다. 이러한 장치는 모니터와 프린터, 또는 음성출력 장치 및 전원과 연결되어 있다. 일반적으로 부피가 꽤 크고 전원을 사용해야 하기 때문에 사용상 제한이 있다.

완전 독립적이고 휴대 가능한 장치는 모든 독립형 장치의 속성들을 지닐 수 있지만, 전원과 연결되지 않아도 된다. 어떤 것은 충전기 또는 태양열을 사용하여 작동된다.

다른 수준의 표시와 수행에 대해 조사할 때, IEP 팀은 이러한 작업을 하는 이유에 대해 망각해서는 안 된다. 목표는 학생이 일반교육 교육과정에 접근하여 성공적인 학습자가 되도록 하기 위해 가장 효과적인 장치를 생산하기 위함이다. 장치는 재정적 요구, 환경적인 활용(environmental utility), 휴대가능성(portability), 확장가능성(expandability) 등에 기초하여 검토되어야 한다.

AAC를 위한 테크놀로지 연속선

AAC 시스템은 학생이 의사소통하는 메시지를 표상하는 기호를 사용한다. 기호는 하나의 단어일 수도 있고, 하나의 완전한 문장이나 여러 개의 문장을 이루기도 한다. 제1장에서 논의한 바와 같이, AT는 노테크(no tech)에서부터 라이트테크(light tech), 하이테크(high tech)에 이르기까지 그 범주가 넓다(Vanderheiden, 1984). (제1장은 AT 연속선에 관한 상세한 정보를 담고 있다.) 이러한 테크놀로지 연속선(technology continuum)은 학생이 필요로 하는 의사소통 장치의 유형을 선택할 때 보다 폭넓게 선택할 수 있도록 해준다. 그러나 모든 유형의 AT는 메시지를 의사소통하기 위해 몇 가지 종류의 기호를 사용한다. 다음에서는 AAC 시스템을 위한 테크놀로지 연속선에 대해 설명한다.

노테크(no tech). 어떤 경우, 학생은 AAC 장치를 사용하지 않고 자신이 원하는 것을 가리킬 수 있다. 예를 들어, 어떤 학생이 머리를 끄덕여 "예"를 표시하고 고개를 저어 "아니요"를 표시한다면, 그 학생은 그러한 의사표시를 위해 하이테크 장치를 사용할 필요가 없다. 장치를 선택할 때, 먼저 학생의 요구를 살펴보고, 궁극적으로는 장기목표를 염두에 두어야 한다.

라이트테크(light tech). 라이트테크 장치는 대개 일반교사나 특수교사 또는 학교 관계자에 의해 설계된다. 그것은 교실 내에서 다양한 소재로 만들어질 수 있다. 라이트테크 장치에 전원은 필요 없다. 라이트테크 장치의 몇 가지 예로는 몸짓, 목걸이 사진(necklace photos), 의사소통판, 선택판(choice boards), 눈응시 대상물(eye-gazing objects), 소도구(props), 음성출력 장치가 있다. 이 외에도 다양한 라이트테크 장치가 있다.

학생은 몸짓을 통해 요구하는 바를 전달할 수 있다. 가리키기, 눈 맞춤, 머리 끄덕이기와 같은 몸짓은 교실 환경에서 학생에게 지시를 제공한다. 몸짓은 학생에게 더 적은 주의를 끌게 하면서도 어떤 과제를 수행하기 위한 시각적 단서를 제공한다.

목걸이 사진은 학생이 수행해야 하는 특정 과제의 상징인 그림을 함께 담은 수단이다. 사진은 코팅 후 링바인더에 묶어 줄을 달면 학생이 목걸이처럼 걸 수 있다. 이미지는 기능적 과제의 묘사에서부터 교과에 이르기까지 다양하다. 학생이 손 씻기와 같은 특정 과제를 수행해야 할 때, 교사는 그 활동을 묘사하고 있는 그림을 들어 올린다. 이러한 유형의 라이트테크 AAC 장치는 모든 교과영역에서 사용될 수 있다. 그림은 사진이나 소묘일 수 있는데, 잡지나 책, 인터넷 등에서 발췌하여 사용할 수 있다. 이것은 비언어적인(nonverbal) 학생이나 청각에 문제가 있는 학생을 위한 간단한 보조장치다.

의사소통판은 학생의 장애와 장치가 사용될 환경에 따라 매우 다양하다. 의사소통판은 학생이 학교나 그 밖에서 참여할 수 있는 개별 활동을 위해 사용될 수 있다. 그림이나 사물, 편지, 단어 또는 문장은 여러 장의 판에서 이용될 수 있으며, 이러한 장치는 교실 내 여러 장소에서 사용될 수 있고, 이를 통해 학생들에게 접근 가능할 수 있게 된다. 그림 자료는 사진이나 아이콘, 소프트웨어, 인터넷, 그림소묘 등 다양할 수 있다. 학생이 과제를 완수했을 때 그림에 빨래집게를 매다는 등의 표시로 그다음 어떤 일을 해야 할지 알 수 있도록 되어 있다. 단어는 읽을 수 있고 올바른 순서대로 수행할 수 있는 학생을 위해 사용될 수 있다. 교사는 또한 학생의 기호세트를 마련하여 학생이 요청하는 과제를 해당 학생에게 보여줄 수 있다. 시각적 스케줄과 의사소통판은 웹사이트에서 다운로드 받거나 인쇄한 자료로 구성할 수 있다.

눈응시 장치는 학생이 무엇을 원하는지를 알게 하기 위해 사용된다. 눈응시 장치는 장애 학생이 자신이 선택하고자 하는 것을 충분히 오랫동안 응시함으로써 다른 사람이 그 학생이 선택한 것을 이해할 수 있도록 하는 방식으로, 매우 간단하다. 이 방법이 사용되는 또 다른 방법은 표면에 두 개나 세 개의 기호를 두어 학생에게 원하는 것을 충분히 오랫동안 응시하게 하여 다른 사람에게 자신의 선택을 이해하도록 하는 것이다.

벨크로(Velcro) 조각으로 감싼 두꺼운 하드보드지로 만들어진 선택판(choice boards)은 의사소통의 또 다른 좋은 수단이다. 몇 개의 기호화된 사물을 벨크로에 붙이고, 학생은 그러한 상황에서 가장 적절한 것을 가리키거나 응시할 수 있다. 학생은 이러한 방법을 통해 선택에 대한 감각을 기를 수 있게 된다. 사진과 같은 기호화된 사물의 예는 이 장의 마지막에 실린 [보조공학 적용 7-1]을 참고하면 된다.

교실 내에서의 소도구(props)는 학생이 학습환경 내에서 성공적인 학습자가 될 수 있도록 도와준다. 소도구는 어린 학생에게 언어발달을 자극하고 연장자와 함께 어휘발달을 이끌도록 하는 하나의 좋은 수단이다. 소도구는 과학실험에서 사용되는 눈금실린더(graduated cylinder), 비커(beakers), 플라스크 병(flasks) 등에 척도로 쓰이는 촉각적 표시일 수 있다. 수학과 과학, 화학, 물리에서 퍼프 페인트(puff paint)가 촉각 표시를 위해 사용될 수 있다. 타이머는 이동시간과 활동시간을 재는 데 사용될 수 있다. 소도구는 좋은 AAC 장치이며, 튀지 않는 무난한 모양을 가지고 있다.

음성출력 장치는 라이트테크나 하이테크로 간주될 수 있다. 작은 휴대용 장치는 학생이 일상적인 환경에서 자주 사용하는 한두 가지의 메시지를 기록한다. 장치는 버튼을 누르면 작동되며, 대개 전자음성을 출력한다.

테이프 플레이어(tape player)는 스위치로 작동한다. 메시지는 학생이 스위치를 눌러 필요할 때 켤 수 있도록 되어 있는 테이프에 녹음된다. 녹음기는 보통 교실에서 많이 사용되고 비용도 적게 든다. CD 플레이어나 MP3 플레이어와 같은 새로운 플레이어가 사용 학생의 요구에 부응하기 위해 사용될 수 있다.

라이트테크 AAC 장치를 위한 다른 것들로 강의를 녹음하거나 시험시간을 연장해 주는 것, 교수자료를 점자나 적응적 전자매체 등과 같이 학생이 원하는 형태로 바꿔주는 것, 학생이 다양한 교수자료나 모형을 적절히 조작하도록 하는 것, 장애 학생이 도움이 필요할 때 도움을 줄 수 있도록 동료를 함께 앉히는 것 등이 있다. 이러한 것들은 비용 지출을 거의 하지 않고 쉽게 통합하여 사용할 수 있다.

하이테크(high tech). 하이테크 AAC 장치는 보통 전원을 사용해야 하는 높은 수준의 테크놀로지가 사용된 의사소통 장치다. 그러나 이 용어는 사용하기 어려운 장치를 표현하는 말은 아니다. 하이테크 장치는 비용이 많이 들기도 하지만, IEP 팀이 하이테크 장치를 선택할 때 여러 가지 선택에 관심을 두어야 하는 것이다. 기본적인 하이테크 장치로는 TTS(text-to-speech), 단일수준/다중수준 음성출력기(single-level/multiple-level voice output devices), 화면전시 장치(screen display devices)가 있는데, 이것 외에도 매우 다양한 하이테크 장치들이 있다. 테크놀로지의 발달에 따라 계속적으로 개선된 장치들이 소개되고 있다.

TTS 장치는 학생이 단어나 구문을 타이핑하면 장치가 그것을 화면에 출력하면서 음성으로 읽어준다. TTS 사용 시 항상 컴퓨터가 필요한 것은 아니며, 보다 휴대 가능한 장치들과 함께 사용될 수 있다.

단일수준 음성출력기는 전자화된 음성을 사용하고 사용자에게 메시지를 녹음할 수 있도록 해준다. 이 메시지는 교실 내에서 여러 번 반복하여 사용될 수 있다. 하나 이상의 장치가 접근성을 위해 사용될 수 있다. 하나의 장치만 사용 가능하다면, 활동이 바뀔 때 메시지가 바뀌어야 할 것이다.

다중수준 음성출력기는 단일수준 음력출력기와 같은 기능을 제공할 수 있다. 그러나 여러 개의 키가 있어서 다양한 메시지를 제공할 수 있다. 학생은 해당 메시지와 연관된 키를 누름으로써 개별 메시지를 들을 수 있다. 소프트웨어를 이용해 다양한 메시지를 녹음할 수 있다.

의사사통 오버레이(communication overlays)는 의사소통판 위에 덮는 투명덮개다. 이 오버레이는 범주화될(categorized) 수 있어서 학생은 몇 가지 다른 활동을 할 때 그것을 사용할 수 있다. 교사는 오버레이를 파일폴더에 보관할 수 있으며, 학생이나 학생과 일하는 사람들이 필요할 때 그것을 바꿀 수 있도록 범주화할 수 있다.

화면제시 장치는 터치스크린으로 작동된다. 학생은 스크린에 보이는 기호를 터치하고, 컴퓨터는 그것을 읽어주거나 선택된 그림과 관련된 다른 화면을 띄워준다. 이 시스템은 컴퓨터에서 사용할 수 있도록 설계되었다. 이러한 유형의 시스템은 주의 깊게 계획해서 학생이 초기에 너무 부담되지 않도록 해야 한다. 학생이 이러한 시스템에 익숙해지면 다른 기호들이 더 사용될 수 있다.

많은 컴퓨터들은 학생이 컴퓨터 키보드의 레이아웃을 바꿀 수 있도록 설계된 접근성 옵션을 가지고 있다. 이러한 선택 중 하나가 장애 학생이 Shift 키나 Control 키와 같이 두 개의 키를 사용해야 컴퓨터 키보드에서 기능을 수행하는 대신 하나의 키를 사용해도 가능하도록 하는 필터키(filter key)다. 또 다른

옵션은 고정키(stickykey) 기능이다. 이것은 반복되는 타자의 속도를 늦춰 줌으로써 키를 누르고 다시 손을 떼는 데 어려움을 겪는 지체장애 학생에게 도움이 된다. 또 다른 기능은 마우스 포인터를 천천히 움직이거나 마우스 움직임에 흔적을 남게 해 학생이 가리킨 것의 모양이나 색깔을 바꾸거나 그것을 추적하고 확대하는 것을 쉽게 해 주는 것이다.

레이아웃 교체(layout changes)는 키보드의 순서를 변경하기 위해 사용될 수 있다. 키보드는 일반적으로 **쿼티**(Qwerty) 자판으로 되어

있는데, 이를 드보락(Dvorak) 자판으로 바꾸어 입력속도를 향상시키기 위해 자주 쓰는 키를 중앙에 정렬시킬 수 있다. 이러한 옵션은 쉽게 다운로드 받을 수 있다(Bigge, Best, & Heller, 2001).

변이형(variations)은 또한 전체 키보드의 설계를 위해 이용 가능하다. 타이핑을 할 때, 학생은 손목을 많이 꺾지 않고 손을 편 상태로 두 손을 가능한 한 중립적인 위치에 두는 것이 바람직하다. 표준 키보드는 사용자의 팔목을 회전시켜 부자연스러운 각도로 손목을 꺾게 한다. 이러한 자세는 타이핑 속도를 늦출 뿐만 아니라 손목 관절에 무리를 주어 반복성 긴장장애(repetitive stress injury)를 초래할 수 있다. **인체공학**(ergonomic) 장치는 이러한 문제를 경감시킨다. 인체공학은 분리 키보드와 곡선 키보드, 또는 다른 대체 입력장치들을 설계할 때 고려되는 원리다.

그렇게 설계된 키보드가 많이 있다. 가장 인기 있는 것은 분절되어 있고 각 부분마다 손목을 지지하여 회전이 가능한 키보드다. 이는 키보드의 가운데에 공간을 두어 키보드의 양쪽을 나누고 각도를 조절할 수 있도록 설계되어 있어 학생이 손목을 중립적인 위치에 둘 수 있게 하여 손목 관절의 긴장을 줄일 수 있다.

분리된 키보드를 텐트모양으로 만들 수 있다. 이러한 설계는 팔뚝과 손목 부분의 과도한 회전을 줄여주고 팔꿈치 부분의 긴장을 경감시켜 줄 수 있다.

키의 위치와 키보드의 경사를 고려할 때, 다른 두 가지 고려사항이 있다. 어떤 키보드는 키가 놓일 때 오목한 모양이 되어 가장 긴 손가락으로 누르면 다른 키보다 약간 아래로 위치하게 된다. 또 다른 키보드는 사람의 손가락 끝 모양에서 더욱 자연스럽게 느껴지도록 하기 위해 곡선모양의 키를 가지고 있다. 개인의 편안함과 학생의 선호도에 따라 선택할 수 있도록 하기 위하여 매우 많은 키보드들은 다른 경사각을 가지고 있다. 어떤 학생은 평평한 키보드를 선호하는 반면 또 다른 학생은 경사진 키보드를 선호할 것이다. 이 경우, 키보드 밑부분에 있는 받침을 높이거나 낮춤으로써 경사각을 조정한다. 어떤 키보드는 키보드 앞부분을 높이기 위해 뒷부분이 앞부분보다 더 높은 경사각(negative slope)을 가지고 있다. 경사와 위치, 키보드 설계가 모두 개별적으로 결정되어야 하는데, 그러한 결정이 학생의 의사를 반영하여 학생과 함께 내려져야 함을 잊어서는 안 된다.

키보드 선택 시 고려해야 할 사항들이 있다. [그림 7-1]은 그러한 결정을 내리는 데 필요한 정보를 제공해 준다. 〈표 7-2〉는 AAC 사용자에게 많은 대안적인 키보드에 대한 자료를 제시해 준다.

1.	키보드는 현재 사용하고 있는 하드웨어와 호환이 가능한가?
2.	어떤 키보드는 표준 키보드보다 폭이 넓다. 선택한 키보드의 폭은 키보드 선반에 맞는가?
3.	경사진 키보드를 사용한다면 책상 아래에 위치한 키보드 선반의 높이가 경사진 키보드를 두기에 알맞은 높이를 가졌는가?
4.	학생이 독수리 타자법을 사용한다면, 키들은 잘 보이는가?
5.	키보드의 어떤 기능을 사용하여 작업할 것인가? 어떤 대체 키보드는 키의 기능을 바꾸어 제공하고 어떤 경우에는 키가 삭제되어 있다.
6.	학생이 키보드를 사용하는 데 걸리는 시간은 얼마나 되는가?

[그림 7-1] 키보드 고려 시 생각해 보아야 할 질문들

출처: U.S. Department of Health and Human Services, Public Health Service, Centers for Disease Control and Prevention, National Institute for Occupationa Safety and Health (n.d.)

〈표 7-2〉 대체 키보드 관련 자료

OrbiTouch Keyless Keyboard http://www.keybowl.com	• OrbiTouch는 두 개의 반구모양의 물체를 여덟 위치 중 하나로 이끌어질 때 타자가 된다.
Ergonomic Keyboards http://www.ergodirect.net	• 분절된 형태로서, 트랙볼[7]과 터치패드를 제공한다.
FrogPad http://www.frogpad.com	• USB와 함께 사용된 한 손으로 쓰는 키보드. PDA와 휴대용 PC, 태블릿 PC[8], 일반 PC와 호환된다.

IntelliKeys http://store.cambiumlearning.com	• IntelliKey USB를 컴퓨터에 연결하여 사용한다. 표준 키보드를 사용하기 어려운 지체장애나 시각장애, 인지장애를 지닌 사람에게 접근성을 제공한다.
Cirque Glidepoint Wave Keyboard http://www.cirque.com	• 키보드의 설계가 팔과 손의 자연스런 각도에 맞는다. 키를 더욱 자연스런 위치에서 사용할 수 있도록 하기 위해 제작되었다.
Cirque Smooth Cat Keyboard http://www.cirque.com	• MSNatural 키보드와 유사하나 Backspace와 Enter키가 크다.
Comfort Keyboard http://www.comfortkeyboard.com	• 어색한 자세, 불편함, 컴퓨터 사용자가 경험하는 피로감과 관련한 문제를 설명해 준다.
Darwin Smartboard http://www.datadesktech.com	• 더욱 자연스러운 자세에서 타이핑할 수 있도록 제작되었다.
Data Hand http://www.datahand.com	• 두 개의 인체공학적으로 설계된 키보드로 구성되어 있다(왼손과 오른손을 위한 키보드 각각 하나씩).
ErgoLogic Keyboard http://www.alimed.com	• 주문 제작된 키보드. 모든 PC 소프트웨어와 호환이 가능하다.
Freestyle Convertible Keyboard http://www.kinesis-ergo.com	• 사용자의 손과 팔, 어깨를 올바르게 배치하도록 하여 키보드 사용 시 발생하는 부정적인 효과를 줄이기 위해 인체공학적으로 설계되었다.

수많은 라이트테크와 하이테크 장치들이 의사소통 장애 학생의 일반교육에의 참여를 높이고 학생의 성취를 개선시키기 위해 이용될 수 있다. 정보를 수집하는 데 시간을 투자하는 것은 학생이 올바른 AAC 장치를 사용하도록 확실히 하는 작업이다. 이것은 AT를 구비하고 쓸 수 있도록 도울 것이다. AAC 사용자를 위한 터치스크린에 관한 정보는 〈표 7-3〉에 있다.

7) [역자 주] 트랙볼: 스크린의 커서를 회전할 수 있는 볼을 사용하여 움직이는 장치

8) [역자 주] 태블릿 PC: 펜이나 문자나 그림을 입력할 수 있으며, 무선 LAN을 통해 어디서나 인터넷 접속이 가능한 모바일 PC

이 장 서두에 소개된 보조공학 스냅샷에서, AT 전문가는 민수를 위해 처음에 고정 제시 의사소통판을 사용할 것을 권했다. 이 장치는 AT 연속선에서 어디에 해당하는가?

〈표 7-3〉 터치스크린 관련 자료

APOGEE http://www.cybertouch.com/LCDOPENFRAM.html	• 금속받침으로 받쳐진 개방형 터치 LC 화면 시스템
Magic Touch http://www.abilityhub.com/mouse/touchscreen.htm	• 특허받은 외장 추가 터치스크린 키트. 사용자 친화적인 입력장치가 요구될 때 좋다.
Micro Touch 5-Wire Resistive Touch Screen http://www.3m.com/3MTouchSystems/Products/PDFs/5-wire.pdf	• 입력 유연성과 빠른 반응시간을 요구할 때 사용 가능한 애플리케이션
MicroTouch PL Analog Resistive Touch Screen http://www.3m.com/3MtouchSystems/Products/PDFs/PL.pdf	• 특별히 제작된 광학의 품질 접착물이 열과 습기에 견디도록 해 주는 충격방지 터치스크린을 제작한다.

학습을 위한 보조공학

보완대체의사소통 사용 준비

AAC를 선택하는 것은 학생의 성공을 위해 매우 중요한 요인이다. 올바른 장치는 개별 학생의 요구를 충족시키는 것이어야 한다. 개별 학생이 사정절차를 따르면서 모든 환경에서 장치를 사용할 수 있도록 학습하는 것이 매우 중요하다. 학생과 일상적으로 함께 일하는 교사, 부모, 보조원 역시 장치 사용법을 연수받아야 한다.

전략 다음은 AAC 장치를 사용하는 데 있어 도움이 되는 전략들이다.

1. **지원하는 환경을 제공하라.** 교사, 부모, 서비스 제공자는 일상적인 환경에서 학생의 요구가 무엇인지를 사정하기 위해 모두 함께 협력해야 한다.
2. **학생을 도전하게 하라.** 학생과 함께 일하는 어른들은 학생이 장치 사용에 도전하도록 격려해야 한다. 학생이 성공하면 가

벼운 강화를 사용하여 격려한다.

3. **팀 구성원 간 개방적인 의사소통을 견지하라.** AAC 장치를 활용할 수 있도록 팀 구성원에 의해 공통의 목표와 지속적인 전략이 개발되어야 한다.
4. **적극적인 역할을 담당하라.** 모든 팀 구성원은 학생이 성공적인 학습자가 되기 위해 사용하는 시스템에 대해 잘 알고 있어야 한다.
5. **IEP와 IFSP, 전환교육계획을 점검하라.** IEP와 IFSP, 전환교육의 목표가 달성되었는지를 점검하라. IEP와 IFSP, 그리고 전환교육계획은 학생이 의사소통 기술을 개발할 때 다양한 전략과 장치를 사용하도록 하는 절차를 안내해 준다. (전환교육계획은 제9장에서 더욱 심도 있게 다룬다.)
6. **먼저 간단한 전략부터 시도하라.** 먼저 라이트테크 장치를 시도해 보고, 더욱 복잡한 장치는 나중에 시도하라(Jaehnert, 2005).

학생 주변 사람들은 진보가 예상했던 것보다 쉽지 않음을 이해할 필요가 있다. 어떤 경우에는 학생이 성공적으로 사용할 수 있는 것으로 사정되기 전에 해당 AAC 장치를 시도해 보아야 할지도 모른다. 또한 학생은 그러한 장치에 편안하게 적응하기 위해 예상했던 것보다 오랜 시간을 투자해야 정확하게 사용할 수 있게 된다. 성공을 위해서는 유연성이 매우 중요하다. 주어진 시간에 최종적으로 학생이 성공적으로 그 장치를 사용할 수 있어야 한다. 〈표 7-4〉는 AAC 자료 중 일부를 제공하고 있다.

보조공학과 언어병리학자

언어병리학자(SLP)는 음성기술에 대한 풍부한 배경지식을 가지고 있으며, 언어발달과 조기 문해 기술에 있어 교사에게 중요한 지원이 될 수 있다. SLP는 소리-단어관계에 초점을 맞춘 교수계획 개발 시 교사를 도와줄 수 있다. SLP는 언어가 기초가 된 구체적인 내용에 한해서는 협동교수를 할 수도 있다. 훌륭한 교사는 학생이 교실에서 언어발달을 이루기 위해 어떤 수단을 가지고 있어야 함을 이해한다. SLP는 말장애 학생을 보조하기 위해 교사의 교수양식을 변형하도록 도와줄 수 있다.

〈표 7-4〉 AAC를 위한 자료

Mrs. Riley 그림 카드 http://mrsriley.com/introduction	• 그림카드를 제작, 공유, 인쇄하기 위해 매우 유용한 사이트. 무료 시험판을 사용할 수 있다.
Tufftalker Convertible http://www.words-plus.com	• 형태와 기능을 하나의 사용하기 편리한 AAC 장치에 합한 의사소통 시스템
SpringBoard Lite http://www.prentrom.com	• 보완의사소통을 시작할 때 사용할 수 있는 음성출력 장치
Boardmaker Plus! http://www.mayer-johnson.com	• 4,500개 이상의 그림 의사소통 기호(picture communication symbols: PCSs)가 흑백 또는 컬러와 44개 국어로 제공된다. Boardmaker Plus!는 소리 내어 읽어주고 녹음된 소리와 영화를 재생해 주는 기능을 가지고 있는 시각자료 데이터베이스가 결합된 그림 프로그램이다. 사용자는 이러한 상호작용 요소를 통해 대화 활동판, 연습지, 스케줄, 책, 쓰기활동, 게임 등을 만들 수 있다. 또한 개별 학생에게 모든 학습자료를 적응시킬 수 있는 기능도 가지고 있다.
Tango http://www.dynavoxtech.com/products/tango/	• 다양한 옵션을 제공하는 의사소통 장치
M3 http://www.dynavoxtech.com/products/m3/	• DynaVox의 M3는 모든 연령과 모든 신체기능을 가진 의사소통자들을 위해 역동적인 제시를 가능하게 하는 AAC 장치다.
Palm3 http://www.dynavoxtech.com/products/palm3/	• Palm3는 빠르고 강력한 의사소통을 위해 강화된 메시지 작성과 접근성 옵션을 함께 제공하는 휴대용 AAC 장치다.

언어병리학자의 역할. SLP의 역할은 의사소통을 위해 AT 장치를 사용해야 하는 학생에게 매우 중요하다. 학생은 계속 성장하고 언

어사용은 더욱 복잡해진다. 그러므로 올바른 AT 장치를 이해하고 이를 정확하고 일관되게 사용하기 위해서는 SLP가 학생 본인과 학생과 매일 직접 의사소통하는 사람들을 보조하는 것이 중요하다.

학생은 성공적인 교육적 경험을 이루기 위해 좋은 의사소통 기술을 지녀야 한다. SLP의 역할은 교육적 환경에서 네 가지 측면으로 정리될 수 있다.

1. 학생에게 1 대 1로 언어치료를 제공하는 것. SLP는 학생과 일할 때 개별적으로 스케줄을 잡을 수 있다. 만일 학생이 AT 장치를 사용해야 한다면, 더 집중적인 세션이 계획되어야 학생이 모든 환경에서 장치를 사용할 수 있도록 배울 수 있다. 이러한 유형의 세션은 학생이 장치 사용에 더욱 편안해지고 장치를 효과적으로 사용할 수 있도록 학습되었을 때 변경될 수 있다.
2. SLP는 올바른 AT를 선택하기 위해 학생의 IEP 팀으로 구성되어야 한다. SLP는 모든 환경에서 사용될 수 있는 적절한 기준과 올바른 목표를 개발하기 위해 IEP 팀의 구성원으로서 가족과 함께 일할 수 있다. SLP는 AT가 가정에서 정확하게 사용되는지를 확인하기 위해 가족과 지속적으로 연락하여 점검해야 한다. 이러한 노력을 통해 AT가 유기되는 것을 줄일 수 있을 것이다.
3. SLP는 일반교육 교육과정에 접근하고 있는 학생을 보조하기 위해 통합환경에서 일할 수 있다.
4. SLP는 일반교육교사에게 자문을 제공할 수 있는데, 이를 통해 일반교실에서의 학생의 AT 사용을 고취시킬 수 있다.

학생의 학습에 있어 SLP의 역할은 간과되어서는 안 된다. SLP는 학생이 AT 장치를 사용할 모든 환경에서 더 나은 의사소통을 할 수 있도록 촉진하기 위해서 학생의 일상 중 주요한 부분으로 고려되어야 한다.

언어를 위한 보조공학 전략

AAC 사용자의 언어발달을 위한 전략은 몸짓처럼 매우 간단할 수도 있고 TTS처럼 정교한 것일 수도 있다. 모든 것은 사용자의 요구에 따라 달라진다. 교실 환경은 AAC 사용자의 잠재력을 극대화하기 위해 구성되어야 한다. 만일 학생이 어떤 언어능력이 있다면, 교사는 그것을 사용하도록 독려해야 한다. 만일 학생이 몸짓, 눈응시, 또는 수화를 통해 AAC를 사용한다면, 이러한 기법은 언어발달을 촉진하기 위해 일상적인 스케줄과 교과영역에 통합되어야 한다.

교사, 학생 그리고 SLP는 단어에 대한 기호를 사용할 수 있는 학생을 위해 학생에게 구체적으로 필요한 기호에 기반한 의사소통 시스템을 고안할 수 있다. SLP는 이러한 시스템의 사용을 촉진하기 위해 일반교실에서 학생과 함께 일할 수 있는데, 이러한 시스템은 수업에서 다루는 교육과정과 함께 고려될 수 있다.

말을 위한 보조공학 전략

말(speech)의 발달은 언어발달만큼이나 중요하다. 이 장의 서두에서 논의한 바와 같이, 말은 주로 구화언어(oral language)를 형성하거나 만들어 내는 것이다. 비록 어떤 학생이 AAC 장치를 사용하고 있을지라도 가능한 한 최대로 구화언어를 사용하도록 독려해야 한다. 교사는 수업 중에 학생이 의지하는 역할모델이므로, 가능할 때마다 학생이 구두로 반응하도록 독려해야 한다. 언어와 관련하여, 교사는 앞서 목록화된 전략을 통해, 또한 그림이나 기호, 몸짓, 눈응시 등을 통해 말을 독려할 수 있다. 만약 학생이 먹을 준비가 되었음을 나타내기 위해 그릇세트 사진을 사용한다면, 교사는 학생에게 "무엇을 먹고 싶니?"라고 반응할 수 있다. 학생이 처음에 대답하지 않으면 교사는 학생이 그림을 사용할 때마다 같은 질문을 함으로써 학생의 반응을 지속적으로 독려해야 한다. 만약 학생이 구화언어로 말할 수 있으면, 최종적인 질문에 구화언어로 대답할 수 있을 것이다. 그러나 IEP 팀은 교사가 대답을 유도하기 전에 학생이 조금이라도 구화언어로 반응할 수 있는지를 파악해야 한다.

이미 논의한 바와 같이, 전자책(e-books)을 사용하는 학생은 단어의 발음을 활성화해 보기 위해서 단어를 음절로 나누어 볼 수 있다. 학생이 다른 것보다 발음을 잘하는 소리가 있을 것이다. 만일 강의가 녹음된다면, 학생은 녹음하는 사람이 큐 사인을 줄 때 몇몇 단어를 구화언어로 말할 수 있고, 교사는 수업내용을 비디오녹화를 하거나 DVD에 담아 학생이 어떤 단어를 반복해서 소리 내어 보도록 단서를 제공하거나 영상과 함께 그 단어를 말하도록 요청할 수 있다. 학생은 전달매체를 마음껏 시작하고 멈출 수 있어야 하며, 그렇게 함으로써 단어나 구절을 소리 내어 연습할 수 있는 기회를 충분히 얻을 수 있게 된다.

교사, 가족, 지원인력, 그리고 학생의 동료들은 의사소통 시 학생이 독립적이 되도록 격려해야 한다. 학교에서 생활하는 동안 교수(instruction)는 의사소통과 독립성을 촉진해야 한다. 프로젝트, 과제, 집단활동, 토론에 참여하는 등의 활동은 AAC 장치를 사용함으로써 독려될 수 있다. 교사는 교실에서 학생이 의사소통하는 기술을 고양시키도록 하는 교수를 제공하는 데 있어 중요한 역할을 한다. 이러한 기술은 또한 학생의 자아개념과 독립심을 길러 줄 수 있다.

읽기를 위한 보조공학 전략

어느 교과영역에서든 성공적인 학습자가 되기 위해서는 읽기능력이 필수적이다. 문해 기술의 발달은 AAC의 사용과 통합될 수 있다. 교사는 문해능력을 통해 의사소통할 수 있는 능력을 신장시켜 준다. 문자를 그림이나 다른 적절한 기호와 짝짓는 것은 읽기와 함께 언어발달을 촉진할 수 있다. 영상을 이용한 교수자료를 사용하면, 학생들은 그 내용을 숙달할 때까지 해당 단원을 재생해 볼 수 있다. 이것은 또한 학생이 전달된 단원의 시각적 표상을 통해 내용의 여러 부분을 구화언어로 표현할 수 있도록 하기 때문에 말 발달을 촉진시키며, 학생에게 편안한 속도로 공부할 수 있도록 해준다. 또한 전자책은 언어발달을 위해 사용될 수 있고, 읽기를 위한 동기를 제공할 수 있다. (제4장에서 무선 읽기 장치가 논의된 바 있다.) 학생은 전자책을 통해서 특정 교과목에 대한 흥미를 개발할 수 있으며, 이는 곧 언어발달을 촉진시킬 수 있다.

AAC 장치를 사용하는 학생은 전형적으로 또래보다 문해 기술을 연습할 기회가 훨씬 적다. 교사는 일반교육 교육과정에서 학생을 위한 문해 전략을 살펴보고 이러한 전략을 AAC 장치를 사용하는 학생의 요구에 부응하기 위해 적응시켜야 한다. 교사는 중도 의사소통장애 학생을 위해 설계된 다양한 범위의 활동을 고안해야 한다.

음소인식. 음소인식(phonemic awareness)은 더욱 능숙한 독자가 되기 위해 개발해야 하는 영역이다. 책을 구체적인 소리를 강조하여 녹음·제공하면, 학생은 소리를 인지할 수 있다. 의사소통 출력장치 속에 프로그램화된 어떤 소리가 포함되어 있는 사진은 읽기시간에 사용할 의사소통판의 일부가 될 수 있다. 출력장치에 프로그램화된 글자게임(letter game)은 학생이 어떤 문자의 소리를 구별하는 것을 학습할 수 있도록 도울 수 있다. 많은 소프트웨어프로그램은 읽기를 배우기 시작하는 저학년 동안에 음소인식 발달에 도움이 되도록 다양한 문자의 소리와 함께 제작될 수 있다.

읽기를 시작하는 아동을 위해서 글자를 색인카드에 담아 읽는 활동을 할 수 있다. 학생은 교사가 발음한 문자를 고르기 위해 문자와 소리를 비교해 보고 소리에 해당하는 문자를 골라낼 수 있다. 이러한 카드는 하이테크 장치 또는 터치스크린을 사용하는 음성출력 장치와 함께 사용될 수 있다.

스캔/읽기 시스템은 스캐너, 광학식 문자인식(OCR) 소프트웨어, 출력된 자료를 크게 읽어주기 위한 음성출력기를 함께 사용한다. 컴퓨터 화면은 어떤 부분이 음성으로 출력되어 읽혀지고 있는지를 보여준다. 스캔/읽기 시스템은 AAC 사용자가 읽기활동을 할 때 교실에서 지원 가능한 효과적인 도구다.

안내된 읽기. 안내된 읽기(guided reading)는 읽기의 즐거움을 촉진하고 이해를 높이기 위해 사용될 수 있다. 한 교사가 이야기를 선택하고, 그 이야기를 읽기 전에 어휘를 소개한 후, 특정 어휘를 AAC 사용자에게 친근한 기호로 관련시킬 수 있다. 그래픽 조직자(graphic organizer)는 하나의 이야기 안에서 정보를 강조하고 조직하는 데 사용될 수 있다. 교사는 이야기 중 필요한 시점에서 멈추고 학생에게 그 이야기를 위해 상세히 개발된 단어를 사용하여 정보의 일부를 요약하도록 요청할 수 있다. 이것은 의사소통판에 프로그램화되거나, 오디오로 녹음하거나, 텍스트 및 음성과 함께 매체로 재생산될 수도 있다. AAC 사용자에게 적절한 수정과 편의제공이 되고 독립적인 읽기를 위한 기회가 제공되면, 사용자는 스스로 읽을 수 있게 된다.

쓰기를 위한 보조공학 전략

쓰기(writing)는 학생의 교육에 있어 중요한 영역이다. AAC 장치를 사용하는 많은 학생들은 쓰기 활동에 제약이 되는 다양한 유형의 지체장애를 지니고 있다. 근육협응력에 문제가 있는 학생은 쓰기에 어려움을 지니고 있고, 따라서 교사에게 자필로 쓴 과제를 제출할 수 없게 된다.

> 학생이 일반교육 교육과정에 접근하도록 돕는 데 있어 SLP의 역할은 무엇인가?

쓰기에 문제가 있는 미숙한 소근육 기능을 지닌 학생을 위해서는 수정과 편의제공을 통해 교수하는 것이 교사가 해야 할 중요한 일이다. 교실에서 필기하고 쓰기과제를 하는 것은 교육과정에서 중요한 구성요소다. 많은 학생들은 컴퓨터를 사용하여 훌륭한 쓰기표현을 개발하거나 또래와 함께 이러한 활동에 참여할 수 있다. 컴퓨터는 AAC 사용자의 요구를 충족시켜 주는 뛰어난 편집기능을 갖추고 있다. 형식적인 쓰기(formal writing)는 AAC 사용자가 사용할 수 있도록 적응된(adapted) 컴퓨터에서 수행되어야 한다.

노트필기를 필요로 하는 학생은 자신만이 이해할 수 있는 축약어를 사용할 수도 있다. 노트는 컴퓨터에 저장될 수 있고, 수업 이후 개인적인 사용을 위해 다운로드 받을 수 있다.

AAC 장치에서 삭제와 인쇄, 끼워 넣기를 포함한 많은 문자 수정기능을 사용할 수 있다. 이러한 편집기능은 대부분의 컴퓨터에서 표준화되어 있으며, 거의 모든 AAC 장치에 적합하도록 변경될 수 있다.

[보조공학 적용 7-1]

학생의 의사소통판을 위한 일과표

	방으로 들어온다.
	앉는다.
	공부를 시작한다.

	질문이 있을 때 손을 든다.
	물건들을 치운다.

학습점검

- 의사소통은 성공적이고 독립적인 삶의 중요한 부분이다. 의사소통은 정보와 감정, 아이디어, 원하는 것과 하고자 하는 것의 정보입력과 전달, 해독에 의해 서로 교환하는 것을 포함한다. 의사소통은 보기와 듣기, 말, 읽기, 쓰기, 기호화 또는 몸짓 등을 통해 일어난다.
- 언어는 의사소통을 위해, 사람들에 의해 사용되는 추상적 상징기호다. 이러한 상징에는 소리와 문자, 숫자, 수신호 등이 있다.
- 복잡한 언어 시스템은 음운론, 형태론, 구문론, 의미론, 그리고 화용론을 포함한다.
- 음성언어(spoken language)가 의사소통을 위해 어떻게 사용되는지에 관한 규칙에는 세 가지 종류의 의사소통 기술이 있다. (a) 인사하기나 정보 전달하기, 요구하기, 약속하기, 요청하기와 같이 다른 기능을 위해 언어를 사용한다. (b) 대화, 서술, 이야기의 규칙을 따른다. (c) 기대, 청자의 요구, 또는 상황에 따라 언어를 적응시키고 검사한다.
- 말은 구화언어를 형성하고 생산하는 것이다. 말은 호흡, 발성, 공명, 조음이라는 네 가지의 개별적이지만 서로 관련된 생리학적인 과정에 의해 만들어진다.
- 의사소통 장애는 개념이나 언어, 비언어 또는 시각적인 소리시스템을 수용・전달・처리・이해하는 능력이 손상된 것을 뜻한다. 그것

은 경도에서부터 최중도까지 그 범위가 넓다.

- 많은 말장애 학생들은 다른 추가적인 장애도 함께 지니고 있는데, 이를 수반장애(concomitant disabilities)라고 한다.
- 언어장애는 뇌의 언어기능을 담당하고 있는 부분의 손상으로 인한 실어증, 언어기반 학습장애나 외상성 뇌손상, 뇌성마비, 자폐로 인한 실행증으로 구성된다. 말장애는 말소리(speech sounds)의 조음이나 말의 유창성 또는 말에 영향을 미치는 장애다.
- 심한 언어장애나 말장애 학생은 AAC 시스템을 사용하여 교수할 수 있다. 이러한 시스템은 학생에게 말을 통한 의사소통이 가능하지 않을 때 학생에게 제공할 수 있는 의사소통의 한 방법이다.
- AAC는 말과 음성, 몸짓, 특정 도구 및 장치와 관련된 의사소통 행동을 포함하여 개인이 사용할 수 있는 의사소통 도구의 조합으로 정의된다. 이러한 방법은 전통적인 의사소통 방법을 보완하거나 향상 또는 대체할 수 있다. 사용되는 AAC의 유형은 학생의 신체적, 인지적, 감각적, 그리고 수용의사소통 기술을 고려하여 선택된다. AAC 장치를 선택하기 위해서는 많은 전문가들의 협조가 필요하다. 다학문 팀은 학생에게 가장 적합한 AAC 장치를 선택함에 있어 학생을 사정하는 것뿐만 아니라 그 환경을 사정해야 한다.
- 표시(indications)는 학생을 위해 AAC 장치를 고려하고 개발할 때 설명되어야 한다. 표시는 학생이 메시지를 알았다는 것을 표현하는 기법이며, 그것은 스캐닝과 입력, 직접 선택이라는 세 가지 영역으로 구성되어 있다.
- 실행(implementation)은 학생의 의사소통을 돕기 위해 사용된 장치들이다. 이들은 도움 없이 가능한 유형과 기본형, 간단한 전자형, 완전 독립형, 완전 전자식과 휴대용의 다섯 가지 유형으로 나눌 수 있다.
- AAC를 위한 테크놀로지 연속선은 노테크(no tech), 라이트테크(light tech), 하이테크(high tech)로 구성된다. 노테크는 학생이 AAC 장치의 도움 없이 자신이 원하는 것과 요구를 표현하는 것이다. 라이트테크는 보통 일반교사와 특수교사에 의해 설계되고 교실에서 교수자료를 소재로 만들어진다. 하이테크는 전원을 요구하는 높은 수준의 의사소통 장치다.
- AAC 장치는 모든 환경에서 학생에 의해 사용되어야 한다. 6개의

전략을 통해 학생이 AAC를 이용해 학습할 수 있도록 도울 수 있다. 지원하는 환경 제공하기, 학생을 도전하게 하기, 팀 구성원 간 개방적인 의사소통 견지하기, IEP와 IFSP, 전환교육계획 점검하기, 먼저 간단한 전략부터 시도하기 등이다.

- SLP의 역할은 AAC 장치를 사용하는 학생에게 매우 중요하다. 학생이 성장함에 따라 언어사용도 성장하게 된다. 올바른 AT 장치를 이해하고 이를 정확하고 일관되게 사용하기 위해서는 SLP가 학생 본인 및 학생과 매일 직접 의사소통하는 사람들을 보조하는 것이 중요하다. SLP의 역할은 교육적 환경 내에서 4가지 측면으로 정리된다. 1 대 1 환경에서 학생에게 언어치료를 제공하는 것, 학생의 IEP 팀에 소속되는 것, 통합교육환경에서 학생과 일하는 것, 그리고 일반교실에서 AT 장치의 사용을 높이기 위해 일반교사의 자문위원으로서의 역할을 다할 것이다.
- 언어를 위한 AT 전략들은 AAC와 함께 개별 학생의 요구에 따라 매우 간단할 수 있고 매우 복잡할 수도 있다. 눈응시, 수화, 단어의 상징기호 사용과 같은 전략은 학생을 보조할 수 있는데, 이를 위해서는 AT 전략이 학교와 가정에서 학생의 일상적인 일과에 통합되어야 한다.
- 교사는 가능하면 학생이 질문에 말로 대답하도록 독려해야 한다. 교사는 언어전략을 사용함으로써 그림, 상징, 몸짓, 눈응시를 통해 학생이 대답을 말로 표현하도록 이끌 수 있다. 교사나 가족 구성원, 지원인력, 그리고 학생의 동료는 의사소통을 통해 학생 편에서 독립성을 갖추도록 독려해야 한다.
- 문해능력의 발달은 AAC의 사용에 포함되어야 한다. 교사는 일반교육 교육과정에서 학생을 위한 문해 전략을 살펴보고, AAC 장치를 사용하는 학생의 요구에 부응하기 위해 이러한 전략을 적응시켜야 한다.
- AAC 장치를 사용하는 학생이 쓰기를 할 때 컴퓨터의 편집기능을 사용하는 것은 매우 중요하다. 이러한 기능은 AAC 사용자의 요구에 부응하도록 맞추어야 한다.

참고문헌

American Speech-Language-Hearing Association Ad Hoc Committee on Service Delivery in the Schools. (1993). *Definitions of communication disorders and variations. ASHA, 35*(Suppl. 10), 40-41.

American Speech-Language-Hearing Association. (2001). Pragmatics, socially speaking. Retrieved May 18, 2004, from http://www.asha.org/public/speech/development/ragmatic-Language-Tps.htm

American Speech-Language-Hearing Association. (2004a). Roles of speech language pathologists in the neonatal intensive care unit: Technical report. ASHA Supplement October, 2003.

American Speech-Language-Hearing Association. (2004b). Aphasia. Retrieved May 21, 2004 from http://www.asha.org/public/speech/disorders/Aphasia_info

Belson, S. (2003). *Technology for exceptional learners.* Boston: Houghton-Mifflin.

Bigge, J. L., Best, S. J., & Heller, K. W. (2001). *Teaching individuals with physical, health or multiple disabilities.* Upper Saddle River, NJ: Merrill/Pearson Education.

Heward, W. L. (2003). *Exceptional children: An introduction to special education* (7th ed.). Upper Saddle River, NJ: Merrill/Prentice Hall.

Hulit, L. M., & Howard, M. R. (2002). *Born to talk: An introduction to speech and language development* (3rd ed.). Boston: Allyn & Bacon.

Jaehnert, K. (2005). Selecting an augmentative and alternative communication (AAC) device for your child. Retrieved May 25, 2005, from http://www.ucp.org/ucp_general.cfm/1/129

Lindfors, J. W. (1987). *Children's language and learning* (2nd ed.). Boston: Allyn & Bacon.

McLean, J., & Snyder-McLean, L. (1988). Applications of pragmatics to severely mentally retarded children and youth. In R. Schiefelbusch & L. L. Lloyd (Eds.), *Language perspectives: Acquisition, retardation, and intervention* (pp. 255-288). Austin, TX: PRO-ED.

Owens, R. E. (2001). *Language development: An introduction* (5th ed.). Boston: Allyn & Bacon.

Schmidt, M., Weinstein, T., Niemic, R., & Walberg, H. (1986). Computer assisted instruction with exceptional children. *Journal of Special Education, 19*(4), 493-501.

Turnbull, R., Turnbull, A., Shank, M., Smith, S., & Leal, D. (2004). *Exceptional lives: Special education in today's schools* (4th ed.).

Upper Saddle River, NJ: Merrilll Prentice Hall.

Vanderheiden, G. (1984). High and light technology approaches in the development of communication systems for the severely physically handicapped persons. *Exceptional Education Quarterly, 4*(4), 40-56.

제8장

감각장애를 위한 AT 장치

장(章) 개관

- 보조공학 스냅샷
- 감각장애
- 감각장애를 위한 AT 장치
- 학습을 위한 보조공학
- [보조공학 적용 8-1]
- 학습점검
- 참고문헌

학습과제

1. 감각장애의 유형을 열거하라.
2. 감각손실이 있는 학생이 일반교육 교육과정에 접근할 때 무엇이 요구되는가?
3. 시각장애 학생에게 어떤 종류의 보조공학 장치가 적절한가?
4. 청각장애 학생에게 어떤 종류의 보조공학 장치가 적절한가?
5. 학습과 관련한 감각장애가 시작되는 시기는 어떠한가?
6. 감각장애 학생이 부분적인 참여가 가능하도록 하는 데 있어 보조공학이 어떤 역할을 하는가?

보조공학 스냅샷

권 교사 사례

권 교사는 시골의 작은 마을에서 시각장애 학생들을 가르치고 있다. 시각장애 학생들을 가르치는 교사로서, 권 교사는 시각장애 영역 프로그램에서 특별히 훈련받았으며, 시각장애 학생들에게 특별한 기술을 가르칠 수 있는 교육부 자격증을 소지하고 있다. 권 교사는 순회교사이고, 현재 7명의 학생을 가르치기 위해 4곳의 학교를 다니고 있다. 권 교사의 업무는 다음과 같은 업무를 하는 데 필요한 시간에 의해 결정된다. (a) 시각장애 학생에게 직·간접적인 서비스를 제공한다. (b) 관련된 책무를 수행한다. (c) 한 학교에서 다른 학교로의 이동에 드는 시간.

순회교육모델에서, 권 교사는 일반교실이나 중복장애 학생을 위한 모든 시설이 완비된 교실(self-contained classroom)에 배치되어 학생들을 가르쳤다. 권 교사는 학생의 IEP에 기술된 특별한 교육적 요구에 대해 설명하기 위해 여러 학교를 순회한다. 권 교사가 한 명의 학생과 보내는 시간은 학생의 개별적 요구에 따라 다르다. 권 교사는 학생에게 필요할 만한 특별한 교재를 준비해야 한다. 권 교사는 학생이 AT 장치를 사용하는 데 필요한 훈련도 실시한다. 권 교사는 학생을 담당하고 있는 교사들이나 언어병리학자(SLP)나 AT 전문가와 같은 다른 서비스 제공자들과 의견을 교환하는 데 시간을 보낸다.

시각장애는 저출현 장애에 해당되므로, 권 교사의 학생들은 이질적인 집단이다. 학생 중 두 명은 저시력이고, 한 명은 농맹(deaf-blindness)이며, 네 명은 다른 장애를 함께 지니고 있는 저시력 학생들이다. 다혜와 철호는 감각장애를 가진 학생들이 얼마나 다양한지를 보여주는 좋은 예다.

3학년인 다혜는 저시력을 지니고 있는데, 교정 이후에 심한 시각 손상을 입었으나 AT 사용 후 시각기능이 향상되고 있다. 만 9세인 다혜는 출생 직후 **선천성 백내장**(congenital cataracts)으로 진단되었다. 선천성 백내장은 한쪽 눈이 희미해져 **미숙아 망막증**(retinopathy of prematurity)으로 발전하는 일종의 망막장애다. 이 때문에 다혜는 근시와 원시를 동시에 지니고 있다. 백내장은 생후 6개월 만에 제거되었다. 다혜는 시각장애와 언어발달지체를 위해 조기중재서비스를 받았다. 1학년 사정 때 다혜의 지능은 평균을 나타냈다. 1학년 전에는 다혜가 성공적인 학습자가 되기 위해 어떤 수정과 편의제공이 필요한지를 판단하기 위해 저시력 클리닉에 다녔다. 그 당시 클리닉에서는 확대경과 큰 글자 교재, 이미지를 확대시켜 모니터에 나타나도록 하는 확대 시스템인 CCTV를 권했다.

다혜의 1, 2학년은 매우 성공적이었다. 다혜의 시각장애와 언어발달지체를 위해 시각장애 학생을 담당하는 교사의 자문이 있었고, 언어치료서비스를 제공받는 등 일반교육 교육과정에 접근할 수 있도록 특별한 교육서비스가 제공되었다. 최근 안과의사의 검진결과에 따르면, 다혜의 최고 교정시력은 양안에서 약간의 시력손실과 함께 20/200이었고, 다혜가 백내장 제거 수술을 받을 때 일부 손실된 수정체를 대체하기 위해 연속착용렌즈를 처방했다.

다혜는 3학년이 되기 직전 여름방학 동안 저시력 클리닉에서 재검진을 받았다. 권고사항은 다음과 같다.

1. 벽면에 제시되는 모든 학습자료는 다혜가 책상에서 사용할 수 있도록 큰 문자로 개별적으로 제공되어야 한다.
2. 24폰트로 제공한다.

이 정도가 24 폰트 크기다.

3. CCTV를 사용한다.
4. 처방된 렌즈와 함께 환한 색의 소형 확대기를 사용한다.
5. 시각 인지시스템을 사용하는 컴퓨터기반 읽기시스템을 사용한다.
6. 교실환경에서 책상이나 의자, 식탁을 옮기지 않는다.
7. 다혜 자리는 눈부심이 없도록 조명을 조절한다.

권 교사는 다혜와 다혜의 부모님, 일반교사에게 확대경과 컴퓨터기반 읽기 시스템 사용법을 가르치기 위해 AT 전문가를 배치했다. 권 교사는 다혜에게 큰 글씨 교수자료를 제공해야 한다.

권 교사의 또 다른 저시력 학생인 철호는 일반유치원에 다니는 5세 아동이다. 철호는 할머니와 함께 산다. 철호의 할머니와 의료기록에 따르면, 철호의 생모는 임신 초기에 거대세포바이러스(cytomegalovirus: CMV)[9]에 걸렸다. CMV는 출산 전후 또는 모유를 통해서도 태아에 감염될 수 있는 바이러스다. 출생 직후 철호는 녹내장으로 진단되었고, 녹내장 진행속도를 늦추기 위해 즉시 치료를 받았다. 철호의 할머니와 의료기록에 따르면, 철호의 어머니는 요구되는 치료를 성실히 받지 않았고, 그 결과 철호는 녹내장으로 인해 시력이 손상되었다. 철호의 시력은 최적 교정 이후에 더 좋은 쪽이 20/200 이하다. 철호는 법적으로 맹인으로 등록되었고 교정렌즈를 착용한다.

철호는 만 3세 때 저시력 외에 경도 양측 감각신경성 청각장애(bilateral sensorineural hearing impairment)로 진단되었다. 이는 출생 전 CMV 감염에 의한 것으로 추측되었다. 이러한

9) [역자 주] 세포질 및 세포핵에 특징적인 봉입체(inclusions)를 갖는 거대한 세포가 보이는 독특한 DNA 바이러스다. 헤르페스 바이러스계에 속한다. 사람, 원숭이, 설치동물을 감염시키며, 여러 기관에서 숙주특이성(식물병원균이 한정된 범위의 식물에 기생하여 병을 일으키는 현상)이 높고, 침샘에 특별한 친화성을 보여 타액선 바이러스라고도 한다. 자궁 내 태아에 감염될 때 기형 및 사산을 초래할 수 있다(국립특수교육원(2009). 특수교육용어사전, p.20 참고).

진단 직후, 철호 어머니는 철호를 떠났고 친할머니와 함께 살게 되었다. 4세가 되었을 때, 철호는 권 교사로부터 유치원특수교육을 받기 시작했다.

철호는 5세 때 일반유치원교육을 받기 시작했다. 철호는 시각장애와 발달적 언어지체로 인해 특수교육서비스를 받았다. 권 교사는 철호의 담임교사와 함께 철호가 일반교실에서 공부할 수 있도록 지원했다. 철호는 일주일에 세 번 1회 30분씩 언어치료를 받는 동안에만 일반교실 밖에서 지냈다. 학년이 시작된 3달 후, 철호 할머니는 철호의 청력검사를 재실시했다. 그 결과, 경도 청력손실은 중도 양측 혼합성 난청(bilateral mixed hearing loss)으로 악화되었다. 청각 전문가는 주변 소리를 증폭시키고 주변 소리에 대한 이해를 높이는 데 도움이 되도록 보청기를 사용할 것을 권했다. 철호는 밝은 초록색 종류를 선택했다.

청력에 대해 새로운 검사를 받고 나서, 권 교사는 철호의 다학문 팀에게 새로운 정보를 검토하도록 했다. 팀은 철호를 농맹(deaf-blindness)으로 재분류하였다. 팀은 또한 철호의 시력과 청력 손실 모두가 불안정한 상태이며 진행 중인 것으로 파악하였다. 결과적으로, 그들은 장기목표와 단기목표를 정하고 철호가 일반교육 교육과정에 접근할 수 있도록 하기 위해 보조장치와 서비스를 개발했다. 철호의 선생님과 할머니는 청력보조장치를 어떻게 사용하는지에 대해 훈련받았다. 철호는 농맹과 언어장애를 위해 관련된 특수교육서비스를 받을 것이다. 다학문 팀은 철호가 언어와 함께 손가락의 감각을 이용해 글씨를 익히고 생활하는 데 필요한 기호와 수화를 배우기 시작해야 한다고 권했다. 권 교사는 철호 할머니와 함께 터치를 통해 지문자(finger spelling)를 익히고 수화를 사용할 수 있도록 할 것이다. 다학문 팀은 또한 AT 전문가가 어떤 장치가 적절한지를 살펴보기 위해 철호와 유치원 환경을 사정할 것을 권했다. 이렇게 되면, 철호는 16폰트의 인쇄물을 읽을 수 있다. 컴퓨터 화면은 이러한 요구를 충족하기 위해 변형될 것이고, 권 교사는 철호를 위해 큰 문자로 된 학습자료를 제공할 것이다.

철호는 감각장애에도 불구하고, 매우 적극적이고 환경에 대해 매우 호기심이 많은 특징을 보인다. 철호는 학급 친구들과 매우 잘 어울렸고 모든 활동에 잘 참여했다.

감각장애

다혜와 철호가 보여준 것과 같은 감각장애(sensory impairments)는 일반적인 집단에서는 상대적으로 드물게 발생하기 때문에 **저빈도 발생 장애**(low-incidence disabilities)로 간주된다. 이러한 이유 때문에, 많은 일반교육교사들은 시각장애나 청각장애, 혹은 농맹을 가진 학생에 대한 경험이 거의 없다.

모든 감각장애는 학생이 어떻게 학습하는지에 영향을 미칠 만한 잠재력을 가지고 있다. 이러한 손상은 경도에서 중등도까지 손상된 정도가 다양하며, 감각장애 학생이 어떻게 의사소통하고 학습하는지를 결정하는 데 있어 중요한 요인이다. 이 장에서는 시각장애, 청각장애, 농맹, 그리고 그러한 장애를 가진 학생이 일반교육 교육과정에서 성공적으로 학습하기 위해 필요한 AT에 대한 정의와 설명으로 구성되어 있다.

Webquest 8.1
스크린리더 비디오를 보려면, http://www.doit.wisc.edu/accessibility/video/intro.asp를 참고하라.

시각장애

아동들 중 시각장애(visual impairment)는 저빈도발생 장애다. IDEA에 따라 IEP를 가지고 있는 6~21세 아동의 0.4%, 또는 200명당 1명만이 시각장애를 위한 서비스를 받고 있다(U.S. Department of Education, 2009). 다혜와 철호처럼, 시각장애 학생은 또한 매우 다양한 특징을 보인다. 모두가 개별적인 특성을 지니고 있으며, 모두 능력이 다르고, 발달 속도와 사회성도 다르다. 이러한 학생들의 한 가지 공통점은 그들이 완전하지 못한 시각시스템을 지니고 있다는 것인데, 이러한 시각시스템은 일반교육 교육과정에의 접근을 방해하고 성공적인 학습자가 되지 못하도록 한다. 모든 이러한 학생들은 특별히 개별화된 교수가 필요하다. 아이들은 봄으로써 배우고, 시각장애를 지닌 아동들은 모두 다른 방식으로 본다(Huebner, 2003). 그러므로 교사가 시각장애의 법률적, 교육적 정의뿐만 아니라 학생의 시각과 개인적인 학습요구를 정확하게 이해하는 것이 중요하다.

교사와 다른 관련된 서비스 전문가들은 시각장애의 출현 시기가 언제인지, 잔존시력이 있는지의 여부를 파악해야 한다. 이러한 정보는 교사에 의해 사용될 수 있는 학습과 교수전략에 영향을 미친다(Huebner, 2003).

다혜의 시각손상은 출생 이전에 발생된 선천적인(congenital) 것이었다. 철호와 같은 경우는 보통 사고나 질병의 결과로 인한 **우연한**(adventitious) 시각손상인데, 이는 일반적으로 5세 이후, 즉 시각기억이 정립된 이후에 발생된 시각손실을 말한다. 5세까지 시력을 지니고 있었던 학생은 자신이 학습하기 위해 사용할 수 있는 시각기억을 지니고 있을 것이다.

비록 철호가 법률적인 맹으로 진단되었다 할지라도, 이는 철호가 완전히 맹이라는 것을 뜻하지는 않는다. **법률적인 맹**(legally blind)은 교육환경에서 거의 사용되지 않으나 종종 정부기금 재원을 위한 적격성을 결정하는 데 있어 도움이 된다. 2004의 IDEIA에서의 **시각장애**(visual impairment)의 정의는 학생의 시각과 학습의 관계와 함께 학생의 시각장애가 교육적 성취에 어떤 영향을 미치는지를 강조하고 있다.

교육적인 목적상, 다혜와 철호의 시각장애를 설명하기 위해서는 저시력(low vision)이라는 용어를 사용하는 것이 훨씬 낫다. 그들은 학습의 주요 수단으로 시각을 사용할 수 있으나 다른 감각을 사용하여 정보를 입력함으로써 학습을 보완할 수 있다.

기능적인 맹(functionally blind)으로 분류되는 또 다른 사람들은 시력이 거의 남아 있지 않고 주로 청각과 촉각을 통해 학습한다. 이러한 학생들은 다른 자원으로부터 받은 정보를 지원하기 위해 잔존시력을 사용할 수 있다(Heward, 2009). 또 다른 학생들은 전맹(total blindness)으로 진단될 수 있다. 이것은 볼 수 없는 것으로, 말 그대로 빛만을 감지하거나 전혀 보지 못하는 것을 일컫는다. 이러한 학생들은 시각을 통해서 유용한 정보를 얻을 수 없기 때문에 학습을 위해서는 촉각이나 청각에 의존해야 한다. 시각장애는 대부분의 경우 이러한 용어를 모두 아우른다.

많은 경우, 학생이 자신의 시력을 학습을 위한 제1감각기관으로 사용하지 않을 때 특수교육서비스를 받게 된다. 미국에서는 학생이 특수교육서비스를 받을 것인지의 여부를 결정하기 위해 구체적인 용어를 사용한다. 그러므로 교사는 그러한 용어에 익숙해야 한다. 더불어 부모, 교사, 특수교육서비스 제공자들은 개별 학생의 관점에 대해 가능한 한 많은 것을 결정하게 된다. 〈표 8-1〉은 시각장애에 관한 더 많은 정보를 제공하는 웹사이트다.

다혜와 철호 모두 시각장애 때문에 특수교육을 받았다. 제3장에서 제시된 협력팀의 구성원에 더하여, 시각장애 학생의 팀에는 시각장애 관련 전문가가 추가로 포함되어야 한다. 학생, 보호자, 학생의 교사와 매우 가까이에서 일하는 전문가는 시각장애 학생을 위한 특수교사(Teacher of Visually Impaired: TVI)다. TVI는 시각장애 학생에게 특별한 기술을 가르치도록 훈련받았고 이와 관련한 자격증을 취득한 사람이다. 권 교사와 같은 전문가는 학생의 다학문 팀의 핵심 구성원이며 학생의 개별적 학습 요구에 대해 다른 구성원들에게 정보와 통찰을 제공한다. 권 교사는 다혜와 철호를 위해 교수자원과 자료를 제공하고 시각장애에 특수한 사정자료를 평가하기 위해 학생의 선생님들과 상의했다. TVI는 종종 학생의 IEP, 목표, 지원을 개발하는 데 요구되는 학생의 부모와 보호자 또는 다른 전문가들이 포함되었는지를 확인할 책임이 있다.(더 많은 정보를 보려면, 제3장을 참조하라).

학생의 다학문 팀에 포함되어야 하는 전문가로는 (a) 방향성과 이동성 전문가, (b) 적응적 체육교사, (c) SLP, (d) 작업치료사(OT), (e) 저시력 전문가, (f) AT 전문가, (g) 특수교육 보조교사가 있다. 이러한 전문가들은 팀이 시각장애 학생을 위해 적절한 교육을 실시할 수 있도록 하기 위해 반드시 필요한 의사결정을 하는 데 도움이 될 것이다(Topor, Holbrook, & Koenig, 2003).

〈표 8-1〉을 보라. 시각장애 학생의 부모는 NAPVI와 같은 기관으로부터 어떤 혜택을 받을 수 있는가?

〈표 8-1〉 시각장애 관련 정보

AT 사정(Assistive Technology Assessment) **텍사스 맹학교**(Texas School for the Blind and Visually Impaired) http://www.tsbvi.edu/technology/vieval.htm	• 시각장애 학생이 익혀야 할 테크놀로지를 요약한 체크리스트(다운받아 사용 가능)
전국 시각장애 학생 부모 연합(National Association for Parents of Children with Visual Impairments: NAPVI) http://www.spedex.com/napvi	• NAPVI는 부모들의, 부모들에 의한, 부모들을 위한 비영리조직이며, 시각장애를 가진 아동을 위한 다양한 지원을 제공한다. 이 사이트는 NAPVI 지역모임, 출판물, 학부모모임, 유용한 링크 등으로 구성되어 있다.
미국 맹인인쇄서(American Printing House for the Blind: APH) http://www.aph.org	• APH는 특별히 제작된 자료와 제품들 그리고 서비스를 통해 시각장애를 지닌 사람들의 독립성을 증진시킨다.
Lighthouse International http://www.lighthouse.org	• 시각손상과 재활에 관한 전 세계적인 자료들을 제공한다. Lighthouse는 시각손상에 대한 정보를 무료로 제공한다. 연구, 제품, 출판물, 시각자료에 관한 링크를 제공한다.
National Braille Factory http://www.brillefactory.com	• 색칠하기 책과 인사카드를 포함한 다양한 점자 문서를 생산한다.
Nemeth Code of Braille Mathematics and Science Notation http://www.tsbvi.edu/math/math-resources.htm	• Nemeth Code를 학습하기 위한 컴퓨터기반 상호작용 사용지침 프로그램
인터넷 접근을 위한 보편적 설계(Universal Design for Interent Access) http://www.cast.org	• 접근성을 위해 웹페이지를 조사하는 웹기반 툴 "Bobby"
전국 접근가능매체센터(National Center for Accessible Media: NCAM) http://ncam.wgbh.org	• NCAM은 접근 가능한 웹페이지의 예시들을 제공한다.
DO-IT http://www.washington.edu/doit	• DO-IT은 접근 가능한 웹페이지 설계를 위한 인터넷 자료목록을 제공한다.

다학문 팀은 학생을 위한 목표를 개발하는 것뿐만 아니라 특수교육서비스와 관련서비스, 보조장치와 서비스에 관한 의사결정을 해야 한다. 이것은 접근을 위해 AT를 사용하고 편의제공과 수정을 위해 AT를 사용하는 것을 포함하는 내용이다. (이 책 후반에 있는 시각장애 학생을 위한 AT 장치에 대해 살펴보라.)

청각장애

시각장애에서처럼, 청각장애(hearing impairment) 역시 저빈도발생 장애로 간주된다. 청각장애 학생은 특수교육서비스를 받고 있는 6~21세 학생의 약 1.2%를 차지하며, 이는 전체 학생의 0.11%를 차지하는 수치다(U.S. Department of Education, 2009). 청각장애 학생은 흔히 또 다른 장애를 지니고 있다. 철호의 경우, 시각장애와 함께 중도 양측 혼합성 청각장애(moderate bilateral mixed hearing impairment)를 지니고 있었다.

> **Webquest 8.2**
> 사용 가능한 청각 장치를 살펴보려면, 다음 웹사이트를 참고하라. http://www.hdhearning.com/

청각손실 학생을 선별하고 적절한 교육을 받도록 하기 위해서는 청각장애 관련 용어를 이해해야 한다. IDEIA(2004)에서 나타난 청각장애의 정의는 교육적인 정의인데, 청각장애는 학생의 청각손실이 교육적 수행에 부정적인 영향을 미쳤을 때를 말한다고 명시하고 있다. 대부분의 특수교사들은 농난청(deaf and hard of hearing)이라는 용어를 사용하고 있다. **농**(deaf)은 청각손상 때문에 보청기를 사용해도 청각자료를 이해할 수 없을 정도로 심한 정도를 말하며, **난청**(hard of hearing)은 교육적 수행에 영향을 미치는 청각손실을 지니고 있으나 보청기를 사용하거나 사용하지 않아도 어느 정도의 언어적 정보를 청각적으로 처리할 수 있는 정도를 말한다(Heller, Alberto, Forney, & Schwartzman, 1996; Heward, 2009).

학생이 지니고 있는 다른 유형의 청각손상을 설명할 필요가 있다. 이 장의 보조공학 스냅샷에서 철호는 다른 질병이나 사고로 인해 우연히 청각손실을 지니게 되었다. 철호의 생모가 임신 초기에 앓았던 질병이 아이에게 옮겨져 진행성 청각손실을 지니고 있는 반면, 다혜는 출생 당시 청각이 정상이었기 때문에 말(speech)과 언어발달이 가능했다. 어떤 학생은 손상의 정도가 다르긴 하지만 선천적 청각손상을 지니고 있으며 말과 언어를 개발하는 데 있어 여러 가지 어려움을 겪고 있다. 언어발달 이전에 나타나는 청각손상인 **언어습득기 이전에 농**(prelingual deafness)을 지닌 많은 학생들은 말과 언어발달이 어렵다. 다학문 팀은 학생에게 올바른 교수전략과 AT 장치를 사용하기 위해 발생 시기를 파악해야 한다.

철호의 경우처럼, **언어습득기 이후 청각장애**(postlingual hearing impairment)를 지니고 있는 학생은 어느 정도의 말과 언어발달이 이루어진 상태다. 따라서 이러한 학생은 말과 언어발달이 전혀 되어 있지 않은 학생과는 다른 학습요구를 가지고 있다. Heward(2009)에 따르면, 언어습득기 이전에 농이 있는 학생을 위한 교육프로그램은 언어와 의사소통 기술을 강조해야 하는 반면, 언어습득기 이후 청각장애를 지닌 학생은 잔존 말과 언어능력을 유지하는 것에 초점을 두어야 한다. 언어습득기 이전에 농이든 언어습득기 이후 청각손실이든 AT의 혜택은 매우 클 것이다.

청각장애는 정상 청력에서 중도 청각손상에 이르기까지의 연속선상에서 측정된다. 연구에 따르면, **한쪽 귀만 손상되었거나**(unilateral) **양쪽 귀가 손상**(bilateral)되었을 수 있다. 청각장애에는 **전도성 청각손상**(conductive hearing loss) 또는 **감각신경계 청각손상**(sensorineural hearing loss)이 있다. 전도성 청각손상은 소리 파장이 외이(外耳)나 내이(內耳)로부터 귀 내부의 다른 구조에까지 전달될 수 없을 때 나타난다(Heller et al., 1996). 감각신경계 청각손상은 소리 파장이 외이(外耳)와 중이(中耳)를 통해 정상적으로 이동하지만 내이(內耳)에서 손상되거나 청각신경이 함께 손상된 경우를 말한다(Heller et al., 1996). 많은 유형의 감각신경계 청각손상의 경우, 문제가 소리를 전도하는 데 있는 것이 아니라 손상된 귀 내부의 메커니즘에 있기 때문에 청각 보조장치는 권장되지 않는다. 전도성 청각손상과 감각신경계 청각손상을 함께 지니고 있는 것을 **혼합청각손상**(mixed hearing loss)이라 부른다. 철호는 혼합청각손상을 지니고 있으며, 잔존 청력을 높이고 환경의 소리에 대한 이해를 돕기 위해 청각 보조장치를 사용하도록 적응되어 왔다. 청각손상에 대한 더 많은 정보는 〈표 8-2〉에 제시되어 있다.

〈표 8-2〉 청각장애에 관한 정보

농과 난청을 위한 Alexander Graham Bell 협회(Alexander Graham Bell Association for the Deaf and Hard of Hearing) http://www.agbell.org	• 1890년에 Alexander Graham Bell 박사에 의해 창립되었다. Alexander Graham Bell 연합은 듣기, 학습, 대화, 청력손상을 지니고 독립적으로 살아가도록 하기 위해 보호하고, 네트워크를 지원하며, 평생자원을 제공한다. 이 협회는 청각손상을 지닌 사람을 위한 음성언어(spoken language)와 보조공학의 사용을 촉진한다. 협회는 미국에서 가장 방대한 정보를 제공하고 소아청력손상과 말/농 교육을 위한 기관을 지원한다.
미국농아협회(American Society for Deaf Children) http://www.deafchildren.org	• 이 웹사이트는 특히 농이나 난청인 아동을 위해 정보를 제공한다. 서비스, 행사, 자료 등을 제공한다.
미국 말-언어-청각협회(American Speech-Language-Hearing Association: ASHA) http://www.asha.org	• 말과 언어, 그리고 청각에 대한 정보를 제공한다. 또한 이 권위 있는 기관은 연구를 널리 알리는 역할을 한다.
농자료도서관(Deaf Resource Library) http://www.deaflibrary.org	• 이 웹사이트는 농이나 난청인 사람을 위한 또는 이들에 대한 온라인 잡지, 주소록, 뉴스그룹, 연구결과를 수록하고 있다.
Hearing Aid Care http://www.healthyhearing.com/article/31575-hearing-aid-care-made http://www.nidcd.nih.gov/health/hearing/hearingaid.asp	• 교육자들에게 청력 보조장치를 어떻게 다루는지에 대한 정보를 제공한다.

철호는 현재 함께 일할 손상된 청력을 가진 교사가 없다. TVI인 권 교사는 또한 농맹학생을 지도하도록 훈련받았다. 그러나 철호의 청각손상이 진행됨에 따라 다학문 팀은 이러한 청력손실에 추가적인 지원을 제공하는 것과 관련된 문제를 설명해야 할 것이다. 여기에는 농(deaf)인 교사의 서비스가 포함되거나 철호가 중도장애 또는 농이나 난청 학생을 위한 특수학교에서 서비스를 받도록 고려되어야 할 것이다. TVI는 특별하게 훈련되었으며 청각장애 학생에게 서비스를 제공하도록 자격증이 부여되었다.

농맹

철호는 실제로 이중감각장애(dual sensory impairments)를 지닌 작지만 도전적인 학생집단을 대표한다. IDEIA(2004)에 따르면, 이러한 아동은 이중(dual), 병행(concurrent) 장애의 특징상 단순히 시각장애, 청각장애, 또는 중복장애 때문에 특수교육프로그램에서 교육받을 수 없는 교육적 요구와 발달적 요구, 또한 의사소통상의 요구를 가지고 있다. 특수교육서비스를 받고 있는 학생 중 0.1% 이하의 학생이 농맹(deaf-blindness)으로 분류된다(U.S. Department of Education, 2009).

> **Webquest 8.3**
> 방향성과 이동성 장치의 예시들은 다음 웹사이트를 참고하라.
> http://orientationandmobility.org

농맹으로 분류된 대다수의 학생들은 기능적 청각이나 시각을 지니고 있다(Heller et al., 1996). 이중감각손상은 의사소통과 방향성 이동성, 기능적 기술, 개념발달, 학문기술, 또는 사회성 기술의 영역에도 영향을 미친다. 이러한 이유 때문에 농맹학생을 위한 교수를 위해서는 특별한 교수전략을 요구한다.

농맹학생을 위한 IEP를 설계할 때 고려되어야 하는 요인은 감각손상 정도와 감각손상의 개별 구성요소의 출현 시기다(Heller et al., 1996). 이러한 요인은 다학문 팀을 도와 일반교육 교육과정에의 접근을 증진시키기 위한 최선의 교수전략과 AT 장치를 선택하도록 돕는다. 〈표 8-3〉은 농맹학생에 대한 이해를 돕기 위한 자료를 제시한다.

감각장애를 위한 AT 장치

시각장애 학생을 위한 AT 장치

시각장애 학생은 정보에 접근하기 위해 테크놀로지를 사용해야 한다. 다혜와 철호와 같은 청각장애 학생에게는 테크놀로지를 성공적으로 또한 독립적으로 사용하기 위해서 AT 장치가 필요하다. 청각장애 학생은 그것이 라이트테크(light tech)이든 하이테크(high tech)이든 AT 장치를 사용하여 일반교육 교육과정과 일상생활에서 성공적으로 생활하기 위해 필요한 방대한 양의 정보에 접근할 수 있다. 그러나 청각장애 학생은 모두 다르다. 이러한 이유 때문에, AT 장치는 다혜와 철호의 예에서처럼 개별 학생의 요구에 따라 개별화되어 제공된다. 철호에게는 컴퓨터 스크린에서 16포인트로 확대시킬 필요가 있었고, 다혜에게는 24포인트 크기가 필요했다. 몇몇 시각장애 학생들에게는 글자 확대 대신에 글씨를 다른 색으로 바꿔 주어야 한다. 다학문 팀은 교사와 다른 서비스 제공자들이 학생이 필요한 장치가 무엇인지를 정확하게 알도록 하기 위해서 학생의 IEP에 명시적인 정보를 제공해야 한다. 다음에서는 시각장애 학생을 위한 장치에 대한 개관을 제공할 것이다.

〈표 8-3〉 농맹에 대한 정보

DB-Link http://nationaldb.org/	• DB-Link는 연방 기금으로 운영되는 정보이며 농맹을 진단하고 조정하며, 농맹을 가진 21세 이하 청소년과 아동과 관련한 정보를 무료로 배포하는 서비스다.
농맹청소년과 성인을 위한 국립 Helen Keller 센터(Helen Keller National Center for Deaf-Blind Youths and Adults) http://www.helenkeller.org	• 농맹청소년과 아동에게 서비스를 제공하는 기관이나 가족들에게 훈련과 정보, 지원을 포함하는 기술적 도움을 제공한다.
농맹아동과 청소년을 위한 국립 기술지원협회 (The National Technical Assistance Consortium for Children and Young Adults Who Are Deaf-Blind: NTAC) http://www.tr.wou.edu/ntac	• NTAC는 농맹청소년과 아동에게 서비스를 제공하는 기관이나 가족들에게 기술적인 도움을 제공한다.
농맹을 위한 과학 교육과정(Science Curriculum for Deaf-Blind) 맹학생을 위한 Perkins학교의 Howe 출판사 (Howe Press at Perkins School for the Blind) http://www.perkins.org/accessiblescience	• 2~9세 농맹학생 중 인지능력이 있는 학생들을 위한 4단계 교육과정 안내서

멀티미디어 자료와 출력에 접근. 시각장애 학생을 지도하는 교사는 사용 가능한 적절한 AT 장치를 만들어 학생이 컴퓨터 화면에

제시된 정보에 접근할 수 있도록 하는 데 중요한 역할을 한다. Kapperman과 Sticken(2003a)은 화면 정보에의 접근을 가능하게 하려면 화면상의 이미지와 시각정보를 확대해 주고, 스크린리더를 제공하며, 정보를 점자로 제공할 것을 제안했다.

컴퓨터 이미지와 시각정보의 확대. 많은 저시력 학생은 컴퓨터 OS의 작동 개선 및 편의제공을 통해 컴퓨터 화면을 읽고 정보에 접근할 수 있다. 예를 들어, 워드프로세서는 시간과 노력이 거의 필요하지 않은 접근성 옵션들을 제공하고 있다. 화면 제시, 키보드, 소리, 마우스는 시각장애 학생을 위해 변경(adaptation)될 수 있다. OS는 텍스트 크기와 폰트 크기를 변경시키고 확대기를 사용할 수도 있다. 또한 시각장애 학생이 정보를 입력할 수 있도록 하는 옵션을 제공한다. 철호가 단지 16포인트 크기의 선택을 요구한다면 이러한 종류의 변경으로부터 도움을 받을 것이다.

> 여러분의 PC에 있는 접근성을 위한 옵션을 살펴보라.
>
> 〈표 8-4〉를 사용하여, 교사가 교실미디어 자료에 자막을 제공하기 위해서 사용할 수 있는 것이 무엇인지를 살펴보라.

이것이 16포인트 크기의 예시다.

몇몇 시각장애인들은 시각이미지의 질을 향상시키기 위해 특별한 소프트웨어를 필요로 한다. 화면확대 소프트웨어는 화면 이미지의 크기를 확대하기 위해 사용될 수 있다. 다혜와 같은 학생은 사전에 결정된 크기까지 이미지를 확대시키는 특별한 기능을 사용할 수 있도록 필요한 전략을 배워야 한다. 또한 문자의 일부분은 확대되고 동시에 나머지 텍스트는 확대되지 않도록 하는 기능이 사용되어야 한다. 이러한 소프트웨어는 상세한 차원이 배려된 설계이며, 개별 학생의 요구에 따라 설계될 수 있다. 이러한 목적을 위해 제작된 시험판이나 시판제품이 〈표 8-4〉에 제시되어 있다.

〈표 8-4〉 시각장애를 위한 보조공학 자료

American Printing House for the Blind, Inc. (APH) http://www.aph.org	• 교육과 일상생활에 필요한 서비스, 특별한 자료, 생산품을 제공함으로써 시각장애인의 독립성을 증진시키는 비영리조직
점자번역 소프트웨어(Braille Translation Software) Duxbury Braille 번역기 MegaDots http://www.duxburysystems.com	• 컴퓨터를 위한 점자번역, 워드프로세서 프로그램; Nemeth Code 번역프로그램 포함
기술적 비디오 서비스(Descriptive Video Service) Media Access Group at WGBH http://main.wgbh.org/wgbh/pages/mag/description.html	• 시각장애인이 이야기를 더 잘 이해하도록 하기 위해 대화 시 자연스러운 휴지동안 중요한 시각적 요소를 기술적인 설명으로 보안해 주는 서비스를 제공한다.
필기 보조장치 TransType http://www.msu.edu/~mjh/atc-bvi.htm	• TransType은 하나의 소형 패키지 안에 두 개의 제품을 포함한다. 하나는 합성자(synthesizer)이고 다른 하나는 고급 필기자(advanced note taker)다.
Braille Sense Plus http://www.enablemart.com	• 기능적 필기자와 점자 제시
Franklin Company http://www.franklin.com	• 확대 제시와 말 출력이 가능한 사전들
독립생활 보조기기(Independent Living Aids) http://www.independentliving.com	• 저시력인의 독립적인 삶을 위한 제품들, 확대경과 음성 벽시계, 음성 손목시계, 다른 일상에 필요한 도구들과 같은 AT 장치가 있다.
PDA PAC Mate http://www.freedomscientific.com	• PAC Mate는 정보와 컴퓨터에 지속적인 접근을 제공하는 휴대용 컴퓨터다. Freedom Scientific은 시각장애를 위한 AT 제품과 특수교육과 학습장애를 위한 제품을 만든다.
Delphi http://www.aagi.com	• 시각장애 컴퓨터사용자에게 탐색과 방향 정보를 제공한다.
화면확대 하드웨어와 소프트웨어(Screen Enlargement Hardware and Software) ZoomText Xtra http://www.aisquared.com	• 모니터에 제시된 정보를 확대해 주는 하드웨어와 소프트웨어, ZoomText Xtra는 화면 확대경 기능 또는 확대경과 리더를 함께 지원한다.
화면확대(Screen Enlargement) MagniSight Explorer B/W CCTV http://www.lssproducts.com	• 텔레비전 자막을 위한 자료
화면확대(Screen Enlargement) 화면확대기 홈페이지 http://www.magnifiers.org	• 시각장애인을 위해 컴퓨터, 정보, 인터넷에의 접근을 개선시키는 소프트웨어와 하드웨어에 대한 정보를 무료로 제공한다.
음성 출력 시스템(Speech Output Systems)	• JAWS는 음성을 합성하며 9개의 언어를

JAWS 10 for Windows http://www.freedomscientific.com/products/fs/jaws-product-page.asp	제공한다. JAWS는 또한 점자지원을 제공하면서 점자를 출력해 준다.
음성 출력 시스템(Speech Output Systems) Texthelp http://www.texthelp.com	• Texthelp System Ltd.는 접근성 소프트웨어와 난독증 소프트웨어, TTS 소프트웨어를 개발했다.
촉각 이용 제품(Tactile Products) Repro-Tronics http://www.repro-tronics.com	• Repro-Tronics는 Tactile Image Enhancer, Flexi-Paper Tactile imaging paper, Thermo Pen II의 디자이너이자 제작자다. 이러한 제품은 촉각 그림 이미지를 이해하고 제작해야 하는 시각장애인을 보조하기 위해 설계되었다. 이 웹사이트를 살펴보면 이러한 제품이 촉각이미지를 설계하고 해독하는 데 있어 어떻게 도움이 될 수 있는지를 이해할 수 있다.
과학을 위한 광학장치(Optical Devices for Science) Carolina Biological Supply Company http://www.carolina.com	• 현미경을 통해 작은 물체를 확대하여 컴퓨터 모니터나 텔레비전, 스크린 등에 보여주는 것과 같은 생물 실험 시 유용한 기구들이 소개되고 있다.

스크린리더. 시각장애 학생에게는 컴퓨터에 있는 정보를 소리로 들려주어야 한다. 왜냐하면 시각장애 학생은 시력이 없고, 읽을 수 없으며, 스크린리더 소프트웨어와 함께 인쇄물 읽기를 보충해 주어야 하기 때문이다. 이유가 무엇이든 간에 학생은 인쇄물로부터 정보를 얻기 위해 **음성출력 장치**(speech output devices)를 사용할 수 있다. 스피커가 달린 컴퓨터와 같은 음성출력 장치는 학생의 개별적인 요구에 적합한 방식으로 학생에게 정보를 의사소통한다.

스크린리더(screen reader) 기능을 제공하기 위해 꼭 필요한 두 가지 구성요소가 있다. 첫째, 컴퓨터는 읽고 소리를 만들어 낼 소프트웨어를 지원할 만한 적절한 하드웨어를 갖추어야 한다. 대부분의 컴퓨터는 음성합성기가 구비되어 있다. 그렇지 않은 컴퓨터를 사용할 때에는 합성기가 컴퓨터에 연결되어 있어야 한다. 음성합성기는 모델이 개선되고 있지만 여전히 로봇 같은 음질을 지니고 있다. 많은 소프트웨어 프로그램들은 사용자가 출력될 음성의 성별과 언어를 선택할 수 있도록 해준다. 둘째, 시스템은 이미지를 음성으로 전환하는 소프트웨어를 갖추어야 한다. 대부분의 소프트웨어는 사용자 친화적이지만 학생에게 소프트웨어 사용법을 알려 주어야 한다. 텍스트는 스캔한 자료를 업로드하거나 인터넷을 통해 읽는다. 미국장애인법(ADA, 1990)과 통신법(1996)에 따르면, 많은 조직과 정부기관, 소프트웨어 사업체, 웹사이트에서 스크린리더와 함께 읽힐 수 있는 정보를 제공하도록 장려되고 있다. 주의사항은 학생이 컴퓨터 OS와 애플리케이션 소프트웨어 사용법을 알아야 한다는 것이다. 컴퓨터 기술에 대한 연수가 이러한 장치 사용을 위해 선행되어야 한다.

점자 형식. 점자(braille)는 시각장애인이 글로 쓰인 단어를 읽고, 점검하며, 공부할 수 있도록 하는 촉감을 이용한 의사소통체계다. 6개의 작은 공간에 돋아진 점으로 구성되며, 각 배치공간이 알파벳 문자를 표상한다. 점자는 또한 알파벳과 마침표를 사용하는 것뿐만 아니라 186개의 단축형과 단어의 축약형을 포함한다. 점자는 검지를 사용해 읽고 한 손이나 두 손으로 왼쪽에서 오른쪽 방향으로 한 줄씩 읽는다(American Council for the Blind, 2005). 컴퓨터에서 점자로 바꾸는 두 가지 방법, 즉 전자식 점자와 점자 프린터가 있다.

전자식 점자(electronic refreshable braille display)는 프린트를 점자로 바꿔주는 소프트웨어와 결합된 하드웨어 장치다. 사용자는 화면을 스캔한 후 화면상에 제시된 정보를 점자로 바꾼다. 정보는 점자가 있는 하드웨어 장치에 표시된다. 학생은 손가락을 사용해 하드웨어 장치에 표시된 점자를 읽는다. 휴대용 점자 장치도 있다. 이러한 장치를 통해 노트북이나 휴대폰, PDA와 같은 장치에 점자를 제공할 수 있다. 이러한 장치들에 대한 더 많은 정보는 〈표 8-4〉에 제시되어 있다.

컴퓨터에 제시된 정보를 점자로 바꾸기 위해 사용될 수 있는 두 번째 테크놀로지는 점자 프린터(braille printer)와 함께 사용되는 점자 번역 소프트웨어다. 학생은 (a) 교재(materials)를 워드프로세서에 입력하거나, (b) 교재를 입력하기 위해 스캐너와 광학인식 소프트웨어를 사용하거나, (c) 스캔된 교재, 인터넷, CD와 같은 다른 자원들로부터 정보를 인출함으로써 점자로 전환될 정보를 입력할 수 있다(Kapperman & Sticken, 2003a). 정보는 이 세 가지 방법을 통해 점자로 전환되고 점자 프린터로 보내진다. Kapperman과 Sticken은 번역 소프트웨어와 점자 프린터를 점자 초보자와 비시각장애인도 사용하기 쉬운 양질의 점자를 만드는 효율적인 방법이라고 제안했다.

인터넷 접근. 시각장애 학생이 겪는 지속적인 문제들 중 하나는 접근성의 부족과 시각정보를 즉각적으로 수용하지 못하는 것이다. 인터넷은 방대한 양의 정보에 접근하도록 하고 전 세계에 있는 사람들과 즉각적인 의사소통이 가능하도록 해준다. 시각장애 학생이 인터넷에 접근 가능하게 되면 풍부한 정보와 의사소통, 사회적 기회를 누릴 수 있게 된다. 접근 가능한 웹사이트와 접근성을 위한 웹페이지를 어떻게 설계할 것인지에 대한 예시는 〈표 8-1〉에 제시되어 있다.

시각장애 학생은 인터넷에 접근하기 위해서 동료와 비슷한 장비를 갖추어야 한다. 그러나 그 학생은 또한 이전에 설명한 유형의 AT를 필요로 하며, 이를 통해 인터넷에 접근할 수 있게 된다. 시각장애 학생은 또한 어떻게 AT를 사용하는지, 인터넷에서 찾은 정보에 어떻게 접근하는지에 대한 직접적이고도 명확한 교수를 필요로 한다. 구체적으로, 학생은 이메일에 접근하고 이메일을 주고받는 방법에 대한 교수를 필요로 한다. 웹사이트를 탐색하고 채팅방에 들어가 어떻게 참여하는지도 교수되어야 한다.

시각장애 학생은 AT 장치를 사용하여 컴퓨터에 접근 가능하다. 시각장애 학생이 성공적인 학습자가 되도록 하기 위한 다른 장치에 대한 논의는 다음 부분에 논의되었다.

시각장애를 위한 AT 장치 지원하기. 시각장애 학생의 일반교육 교육과정에의 접근을 지원하기 위한 보조장치는 매우 많다. AT 연속선에서 살펴본 하이테크 AT 장치로는 휴대용 전자필기자(portable electronic note takers), 확대 스크린과 음성출력 기능이 있는 전자사전, 음성계산기, 점자사용자를 위한 PDA, 휴대용 리더기, 전자 이동장치, 무선 리더기, 촉감과 점자 제시 및 음성출력 기능을 하는 나침반 등이 있다. AT 연속선의 라이트테크 장치에는 촉감 표시, 시각측정기, 촉감 종이(tactile paper)가 있다. 〈표 8-4〉는 이러한 자료를 제공하는 자원을 소개하고 있다.

AT가 적극적으로 사용되도록 하기 위해 학급의 교사는 어떤 정보를 IEP 팀 미팅에 제공할 수 있을까?

시각장애 학생을 위한 AT 장치는 교수를 개선시키고 학생이 일반교육 교육과정에 참여할 수 있는 접근성을 제공한다. 다학문 팀은 어떤 AT가 이러한 목표를 달성하는 데 가장 도움이 될 것인지를 결정할 때 신중하고 구체적이어야 한다. 제품이 학생에게 최선인 것 이외의 다른 이유로 선택된다면 그렇게 선택된 AT는 곧 사용되지 않게(abandonment) 되기 쉽다. 다학문 팀은 개별학생의 요구를 파악하고 그것을 설명하기 위해 협력함으로써 학생이 AT 장치를 사용하는 데 성공적일 수 있는 기초를 제공할 수 있다.

청각장애 학생을 위한 AT 장치

청각장애 학생을 지도하는 교사라면 어떤 청각손상을 지닌 학생을 가르칠 때 학생의 개별적인 요구를 이해해야 한다. 가볍거나 경도의 청각손실이 있는 학생을 위해서는 약간의 편의제공이 필요하겠지만, 철호와 같이 중도나 중등도의 손상을 지닌 학생이 교실 수업에 접근하여 혜택을 얻을 수 있도록 하기 위해서는 편의제공이 필요하다. 손상된 청각을 지닌 교사가 다학문 팀의 다른 구성원들과 협력하여 학생이 학습을 위해 성공적일 수 있도록 교수전략과 AT 장치를 고려할 수 있다.

감각적 요구가 있는 학생을 돕기 위해서는 환경적인 편의제공이 필수적이다. 이러한 유형의 편의제공으로는 (a) 학생의 자리 배치,

(b) 교실에 대한 수정, (c) 교수와 교수자료의 수정 및 편의제공이 있다(Heller et al., 1996). 제1장에서 상세하게 논의한 바와 같이, 편의제공은 접근(access)을 허용하지만 수정은 내용이나 수준 면에서 학생의 기대를 바꾼다.

AT 장치는 수정과 편의제공에 의해 향상되거나 또는 적응, 수정, 편의를 제공한다. 예를 들어, 선호하는 자리에 앉게 되면, 청각장애 학생이 사용하는 AT 장치는 말 읽기 소리를 제공하거나 확대한다. 만일 학생이 해설자와 함께 자리한다면, 교실은 학생이 교사와 해설자를 동시에 볼 수 있는 위치에 앉을 수 있도록 배치되어야 한다. 교실에서의 수정은 교실의 울림을 개선시켜서 학생이 배경소리로부터 덜 방해받게 하고 AT 장치가 더욱 효율적으로 작용하게 하는 것을 포함한다. 아울러, 학생이 해설자와 함께 할 때, 방은 학생이 해설자를 볼 수 있도록 충분히 밝아야 한다. 이러한 상황은 비디오나 슬라이드를 보면서 불을 끌 때 특히 잊지 말아야 한다. 마지막으로, 교사는 노트필기 장치를 사용하여 동료가 청각장애 학생을 위해 노트필기를 할 수 있도록 하는 것과 같은 교수자료에 대한 편의를 제공하기 위해 AT 장치를 사용할 수 있다.

소리제공과 소리확성을 위한 보조공학. 청각 보조장치는 소리확성(sound amplification)으로 혜택을 받는 학생을 위해 가장 자주 처방된다. 미국 말-언어-청각협회(ASHA)(2004a)에 따르면, 생후 4주 이후인 아동은 보청기 및 AT와 같은 확성장치에 적응될 수 있다.

많은 종류의 보청기가 있는데, 철호는 녹색의 귀 모양으로 된 내장형 모델을 사용했다. 학생에게 색을 선택하게 하는 것은 학생에게 선택권을 부여하여 보청기에 대해 주인의식을 느끼도록 할 수 있는 기회다. 특수보청기는 매우 특수한 유형의 청각손상을 조절하기 위해 만들어졌다. 예를 들어, 골전도 보청기(bone-conduction hearing aids)는 머리밴드(headband)를 사용하고 귓바퀴가 없거나 외이(外耳)가 없는 사람을 위해 뼈 떨림기(bone vibrator)를 사용한다.

한쪽 귀가 전혀 들리지 않는 사람에 의해 사용되는 보청기는 한쪽 귀로 소리가 와서 다른 쪽으로 건너가도록 되어 있다. 다른 종류의 보청기로는 귀 뒤에 착용하는 것, 몸에 착용하는 것 또는 안경과 함께 착용하는 것 등이 있다(American Speech-Language-Hearing Association, 2004b).

철호와 같은 학생은 양쪽 귀에 보청기를 착용한다. 양쪽 귀 보청기(binaural aids)는 두 귀 보청기(bilateral aid)보다 기술적으로 진보된 것이기 때문에 이 둘은 다른 것이다. 양쪽 귀 보청기는 두 귀 보청기와는 달리 듣는 것을 훨씬 더 자연스럽게 해준다. 그러나 많은 아동들은 한 귀 보청기(monaural aid)를 사용한다. 보청기의 목적은 소리를 듣고, 그것을 확대하고, 소리를 중이로 전달시키는 것이다. 청각장애 학생들과 함께 일하는 사람들은 소리가 확대될 뿐이지 항상 명확하게 들리는 것은 아니라는 것이다(Heward, 2009). 그러나 보청기는 아동이 인식하고 의사소통하는 법을 배울 수 있도록 가능한 한 조기에 적응하도록 해야 한다. IEP의 부분에서처럼, 학생 본인과 학생과 함께 일하는 모든 사람들은 보청기를 어떻게 관리하고 보청기에 자주 발생하는 문제점은 무엇인지에 대해 교육받아야 한다. 보청기 관리에 대한 정보는 〈표 8-5〉에 제시되어 있다.

〈표 8-5〉에 제시된 정보에서 보청기 관리요령을 정리하라.

〈표 8-5〉 청각장애를 위한 보조공학 자원

증폭기(Amplifiers) http://www.harriscomm.com	• LightLink 적외선 목걸이형 수신기
Butte Publications http://www.buttepublications.com	• 청각장애 학생을 위한 교육자료 편찬
Captioned Media Program(CMP) http://www.cfv.org	• CMP는 4,000개 이상의 자막이 있는 프로그램을 비디오와 CD-ROM, DVD 형태로 무료로 대여해 준다. 학습자료는 청각장애인에 의해 또는 청각장애인을 위해 대여될 수 있다.
Media Access Group at WGBH http://main.wgbh.org/wgbh/pages/mag/services/captioning/	• Media Access Group, Caption Center는 영화와 홈비디오, 음악비디오, DVD, 화상회의, CD-ROM을 제공한다.

보청기는 학생이 음성언어를 실제로 듣고 이해할 수 있을 때에만 효과적이다. 시끄러운 교실에 있는 학생은 보청기를 통해 거의 혜택을 받지 못한다. 이러한 이유 때문에, 집단 보조장치는 교실에 덜 의미 있는 소음을 낮추게 함으로써 학습에 중요한 소리의 사용을 증폭시킨다. 대부분의 경우, 교사는 정보송신용 마이크를 끼고 있고, 학생은 보청기와 같이 생긴 수신기를 착용하고 있다. 이러한 장치로는 FM 시스템이나 적외선 시스템, 전자기의 청각감응장치(induction loop) 등이 있다. 모든 경우에 있어, 교사는 학생의 요구를 위해 선택된 시스템을 어떻게 사용하는지를 훈련받아야 한다.

FM 시스템은 라디오 음파를 사용한다. 그것은 송신기, 수신기, 점검기를 가지고 있다. 이 시스템은 적외선 시스템으로, 리모컨에 있는 적외선 진공관과 유사한 송신판을 가지고 있으며 손전등처럼 콘 모양의 반경 360도 내에 신호를 내보낸다. 전자기 청각감응장치는 보청기에 포함되어 있거나 데스크톱 수신기에 있는 T 코일로부터 소리를 받기 위해 수신기와 송신기의 전자기 에너지를 사용한다. 교사의 소리를 10에서 12데시벨로 증폭한 교실에 비치된 스피커에 목소리를 전달하기 위해 FM 마이크를 사용하는데, 이 장치는 SNR(signal-to-noise)를 개선시킨다. 증폭기로부터 최대의 혜택을 받기 위해서는 적어도 +15의 SNR이 필요하다. 〈표 8-5〉는 이러한 장치에 대한 더 많은 정보를 제공해 준다.

인공와우 사진을 보려면, 참고자료 웹사이트를 참조하라.

교사는 **인공와우**(cochlear implant)를 지닌 청각손상 학생을 가르치게 될 수 있다. 인공와우는 보청기를 사용해도 도움을 받지 못하는 중도나 중등도의 청력손실 아동에게 말을 더 잘 이해할 수 있는 잠재력을 높이고 소리 감지를 높이기 위해 설계된 전자장치다(Niparko, 2001). 인공와우는 소리를 증폭하는 것이 아니라 귀의 손상된 부분을 수술하여 직접적으로 청각신경을 자극하는 방식이다. 부모, 교사, 다른 서비스 제공자, 또한 필요한 경우 학생은 인공와우의 외부 구성요소 관리방법을 알아야 한다. 이러한 구성요소에는 소리를 담아 음성처리기(speech processor)로 보내는 마이크와 유용한 소리를 선택하여 부호화하는 음성처리기, 부호를 수신기로 보내는 자력을 이용한 송신기가 있다. 송신기는 귀 뒷부분 위쪽에 착용된다. 송신기와 음성처리기는 줄로 연결되어 있다. 음성처리기는 주머니나 벨트에 착용된다. 사용자는 또한 귀 뒤쪽에 착용하는 보청기와 같은 모양을 가진 시스템을 선택할 수 있다.

소리를 대체하는 보조공학. 청각장애 학생은 보다 첨단의 기술을 통해 교실강의와 같은 실시간 프레젠테이션에 접근할 수 있는데, 이를 위해 STT(speech-to-text) 기록이나 번역이 사용된다. 교사는 이러한 기술을 통해 청각장애 학생의 의사소통 요구를 충족시켜 줌으로써 해당 학생으로 하여금 일반교육 교육과정에 접근할 수 있도록 해준다. STT 번역을 통해 훈련된 자막전문가가 교사의 교수와 학생의 언급사항을 속기부호를 사용하여 랩톱 컴퓨터에 입력한다. 텍스트는 즉시 스크린이나 학생의 개인 랩톱 모니터에 재생된다. 이것은 언어적 번역이 아니고 가능한 한 원문에 가깝게 번역된다. 이러한 기술이 교실환경에서 어떻게 실행될 수 있는지에 대한 더 많은 정보를 보려면 시각장애인을 위한 국립기술연구소(National Technical Institute for the Deaf: NTID) 웹사이트를 살펴보라(〈표 8-5〉 참고).

청각을 지닌 대부분의 사람들도 일반 텔레비전에서 자막이 제공되는 것을 알고 있다. 이것은 자막과 함께 나오는 영화를 보는 것과 같다. 자막으로부터 혜택을 받고자 하는 학생은 자막해독기 칩(closed caption decoder chip)이 내장된 텔레비전을 구비하고 있어야 한다. 이것은 보이지 않는 자막을 스크린에 보이도록 하는 것이다. 자막에는 설명과 함께 음향효과도 출력되어 제공된다. 아날로그 텔레비전 세트는 자막기능을 스크린에 둘 수 있도록 하기 위해 1993년 이후에 이러한 기능을 구비하기 시작했다. 디지털 텔레비전은 자막기능이 구비되어 있다. 그러나 미국에서 2009년에 아날로그 방식을 디지털 방식으로 바꿈에 따라 생방송 자막기능과 관련한 문제가 발생했다. 이것은 자막기능의 대부분이 아날로그 방식이기 때문이며, 디지털 스크린에서는 제시되지 않을 것이다.

학생은 일반 교실에서 비디오와 CD-ROM, DVD와 같은 미디어를 활용한 정보에 노출된다. 청각장애 학생에게 자막과 함께 이러한 매체를 이용할 수 있도록 한다면 도움이 될 것이다. 캡션미디어 프로그램(Captioned Media Program: CMP)은 자막이 있는 교육매체와 지원매체의 사용을 통해 매체와 의사소통에의 접근을 제공한다. CMP는 또한 정보를 자막화하고 연수를 실시하는 기관으로서의 역할을 수행한다. 교사는 자막을 필요로 하는 학생을 위해 자료를 대여할 수 있다. CMP와 관련한 더 많은 정보는 〈표 8-5〉에서 살펴볼 수 있다.

제1장에서 설명한 바와 같이, 미국장애인법(ADA)은 청각장애인이 텔레비전에 접근할 수 있도록 할 것을 명시하고 있다. 이 법률은 청각장애 학생을 위해 안전, 독립성, 정보에의 접근을 제공하고 있다. TTY(Teletype, 텔레타이프) 또는 TDD(Telecommunications Device for the Deaf, 농아인을 위한 통화장치)라고 불리던 TTs(Text telephones, 텍스트 전화)는 청각장애인이 일반전화로 비청각장애인과 의사소통할 수 있도록 해준다. 학생이 TTY를 가지고 있고 통화할 번호를 전달하면 된다. 사용자는 TRS(telecommunication relay service, 통신전달서비스)와 연결하고 메시지를 입력하면 된다. TRS는 이 메시지를 전화를 받는 사람에게 전달한다. 전화를 받은 사람은 목소리로 이야기하고, TRS는 메시지를 수신자에게 입력하여 전달한다. 사회적인 이유와 안전상의 이유 때문에, TRS 사용법은 학생의 IEP에 포함되어야 한다.

> 지역전화번호부를 사용하여 농(deaf)인 사람이 어떻게 전화를 사용할 수 있는지를 알아보라.

청각장애인의 일상생활을 위한 보조공학. 중도나 중등도 청각장애 학생은 일상생활을 위해 AT를 필요로 할 것이다. 이러한 장치는 독립성과 자기 결정(self-determination)을 증진시키며, 학생의 타인 의존도를 낮춘다. 예를 들어, 학교에서 울리는 벨은 수업시간이 바

뀐 것을 알리거나 위급한 상황을 알리기 위해 빛으로도 제공되어야 한다. 베개 아래 진동알람시계를 두면 학생이 자신의 하루에 대한 책임감을 가질 수 있을 것이다. 누군가 현관 앞에 있음을 알리기 위해서 현관 벨 대신 빛을 사용하여 설계될 수 있다. 유사한 장치들이 〈표 8-5〉에 제시되어 있다. 다학문 팀은 학생의 일상생활 환경에서 독립성을 증진시킬 수 있는 AT 장치를 찾기 위해 협력해야 한다.

농맹학생을 위한 AT 장치

대부분의 교육과정이 농맹학생에게 혜택이 되도록 AT를 사용할 수 있지만 어떤 영역에서는 의사소통능력 없이는 교육과정에의 접근이 불가능하다. 개선된 의사소통은 학생에게 독립성을 주고, 학교에 더 참여적이도록 하며, 우정을 쌓고, 가족 및 친구들과 잘 어울릴 수 있도록 해준다(Engleman, Griffin, Griffin, & Maddox, 1999). 학생이 자신의 보호자, 교사, 친구들과 의사소통하도록 돕는 AT 장치는 AT 연속선상에서 다르게 위치된다(제1장 참고). 의사소통 시스템은 사물, 사진, 그림, 상징의 조합으로 이루어진다. 이러한 장치들은 인쇄되어 이름 붙여져 있거나 음성출력기능을 지니고 있기 때문에 교사가 이러한 시스템을 이해하기는 쉽다. 농맹학생은 수화를 하지 못하는 사람과 의사소통하기 위해 의사소통 장치를 수신호와 함께 사용할 수 있다(Heller et al., 1996). (의사소통을 위한 AT 장치에 대한 정보는 제7장을 참고하라.)

앞에서 언급한 바와 같이, 출현 시기와 감각손상의 정도에 따라 농맹학생에게 적절한 AT 장치가 결정된다. 시각장애와 청각장애 학생에게 유용한 많은 AT 장치가 농맹학생이 사용할 수 있도록 개별화될 수 있다. 항상 그렇듯이, 다학문 팀은 학생과 보호자가 그것을 사용할 수 있도록 훈련하고 장치의 적합성을 결정하는 데 있어 중요한 역할을 한다.

학습을 위한 보조공학

다른 장애 없이 감각장애만 지니고 있는 학생은 비장애 학생과 같은 학업성취기준이 수립된다. 이러한 학생이 일반교육 교육과정에 접근하고 성공하기 위해서는 특별히 훈련된 전문가의 도움을 받아 교수를 설계하고 전달해야 할 필요가 있다. 이러한 다학문 팀의 협력적인 노력은 시각장애 학생, 청각장애 학생, 농맹학생이 학습을 위해 적절히 지원받고 특별히 설계된 교수를 제공받기 위해서는 필수적이다. 여기에서는 AT가 학생의 일반교육 교육과정에의 접근에 어떻게 영향을 미치는지, 학생의 학습은 어떻게 증진될 수 있는지에 대해 논의한다.

출현 연령: 보조공학과 학생의 학습에 대한 시사점

이 장에서 감각장애의 출현 시기는 감각장애 학생에게 제공되는 서비스에 있어 매우 중요하다고 강조되어 왔다. 학생이 선천적으로 감각장애를 지니고 있는지 후천적으로 감각에 손상을 입었는지를 아는 것은 학생이 교수에 접근하는 방법에 영향을 미친다. 출현 연령은 AT 장치와 훈련을 조달하고 사용법에 대한 교수를 실시하는 것에 관한 또 다른 문제를 야기한다. 다음 예시는 그러한 점을 설명하고 있다:

> 민서가 가진 장애 때문에 민서는 관련 서비스를 받을 수 있게 되었다. 어떤 관련 서비스가 민서가 가진 시각장애에 적응하는데 도움이 될까?

민서는 13살 때 머리를 다쳐 시각손상을 입게 되었다. 사고 전, 민서는 건강하고 활발한 10대 소녀였다. 사고 이후, 그녀는 우울증을 겪고 있고, 의료적인 조치와 함께 집단치료를 받고 있다. 그러나 민서의 다학문 팀이 민서를 만나 교실에서 민서의 읽기를 돕기 위해 CCTV 사용에 대해 논의했을 때, 민서는 CCTV 사용법을 배우는 것을 거부했다. 그 당시에 민서는 또한 학교에서 큰 활자로 된 자료를 사용하는 것을 거부하고 있었지만 수업준비를 위해 매일 밤 몇 시간씩 큰 활자로 된 자료를 읽고 있었다. 민서는 지쳐 있었고, 그녀의 부모님들은 아이의 사고와 시각손상으로 인한 정서적인 문제에 적응 중이다. 그들은 민서가 학교에서 “다르게” 보이는 것을 원치 않았다.

> 교사는 재혁이에게 어떻게 안전한 인터넷 친구들을 찾도록 할 수 있을까?

재혁이는 선천적으로 언어발달 이전에 농을 지니게 된 8세 소년이다. 그는 의사소통을 위해 수화를 사용한다. 5세 때, 재혁이의 인공와우시술은 성공적이지 못했다. 7세 때, 그는 말하고 싶어 했고, 그래서 부모님에게 또 다른 인공와우를 갖도록 해달라고 요청했다. 7세 때의 인공이식수술은 성공적이었고, 이제 재혁이는 수화와 함께 자신의 음성을 사용한다. 재혁이는 사이버 친구들과의 인터넷 실시간 채팅을 통해 계속해서 언어발달을 이루고 있다.

민지는 농맹을 가진 11세 소녀다. 민지는 두 눈과 한쪽 귀를 잃은 채 태어났다. 비록 민지가 학습하는 데 있어 시각적 기억을 사용하고 있지는 않지만, 점자를 사용하고, 매우 체계적인 일상을 영위하고자 소프트웨어 달력 프로그램을 사용한다. 그녀의 컴퓨터는 점자 소프트웨어를 갖추고 있고, 스크린리더를 사용해 가족 및 친구들과 의사소통하는 것을 즐긴다. 민지는 지팡이를 사용하지만 안내견을 가지고 싶어 한다. 민지의 선생님들은 새로운 AT 장치 사용을 가르치기 위해 명시적이고 직접적인 교수를 사용한다.

이러한 세 가지 예시들은 감각장애 학생에게 교수를 제공하고 보살피는 데 있어 교사와 보호자들이 직면한 문제들을 설명해 준다. 다학문 팀 구성원은 학생의 학습에 사용될 학업양식과 교수양식을 파악하기 위해 많은 요인들을 고려해야 한다. 올바른 AT 장치를 결정하는 것은 팀의 중요한 책임이다. (팀의 역할과 책임에 대해서는 제3장에서 자세히 논의되었다.)

시각장애 학생을 위한 보조공학

교사는 시각장애 학생이 점자를 읽는지 또는 문자를 읽는지를 파악해야 한다. 학생이 점자에 대한 문해능력을 갖추기 위해서는 전문가로부터 규칙적이고 체계적인 교수를 받아야 한다. 시각장애 학생을 위한 특수교사(TVI)는 이러한 교수를 전달하는 사람이다. 다학문 팀은 점자를 교수하는 데 충분한 시간이 할당되었는지를 확인해야 한다(Koenig & Hilbrook, 2003). TVI는 IEP 팀의 구성원으로 포함되어야 한다. 많은 AT 장치는 점자를 읽는 사람을 보조할 수 있다. 예를 들어, 강의시간에 노트필기를 해야 하는 학생은 필기분량에 따라 몇 가지 옵션을 가질 수 있다. 테이프 리코더, 점판암과 스타일러스(slate and stylus), 점자기록기, 전자노트기, 또는 데스크톱이나 랩톱을 사용하면 점자 독자를 위한 노트필기가 가능해진다(Rose & Robinson, 2003).

역사적으로, 시각장애인은 수학, 과학, 학교와 직장에서 기술적인 측면을 표상하는 데 어려움을 겪고 있다(Kapperman & Sticken, 2003b). 미국의 수학·과학 점자 규정인 Nemeth Code(The Nemeth Code of Braille Mathematics and Science Notation)는 시각장애 학생이 수학에 접근 가능하도록 해준다. 학생에게는 가장 정확한 점자로 표현되어야 한다. TVI는 수학용어와 부호, 기호 등을 점자부호로 번역할 때 가장 정확하게 전달하기 위해 담당교사들과 긴밀히 협조해야 한다. 〈표 8-1〉은 Nemeth Code를 배우는 데 필요한 컴퓨터 기반 튜토리얼에 대한 정보를 제공한다.

보건교육, 사회, 수학, 과학과 같은 교과에서 촉각으로 지각할 수 있는 모형이나 지도, 다른 도식들이 점자를 사용하는 시각장애 학생에게 제공되어야 한다. 지도와 도식들은 촉감도식 키트(tactile graphic kit)를 사용하여 점자사용자를 위해 재생될 수 있다. 점자라벨은 점자라벨제조기를 사용해 만들고 점자 번역 프로그램을 이용해 출력하여 도식에 붙여질 수 있다.

시각장애 학생에게 인간해부학을 위한 촉각 모형이 사용될 수 있다. 전형적으로 발달하는 학생들은 해부학 학습을 위한 모형(models)을 볼 기회가 있지만 맹학생은 그것을 촉각 모형을 이용하여 공부해야 한다. 학생이 당황하지 않고 또한 질문할 기회를 주기 위해서는 일반교실 밖에서 이러한 활동이 실시될 필요가 있다(Farrenkof & McGregor, 2003). 촉감도식을 위한 자료는 〈표 8-4〉를 참고하라.

과학과 사회과목은 주로 그림이나 다이어그램, 그래프, 시대표(timelines), 개념을 이해하는 데 꼭 필요한 시각정보 등을 많이 사용하기 때문에 시각장애 학생을 가르칠 때 매우 어려운 분야다. 학습을 위해 시각을 사용하는 학생은 문자 확대를 위해 CCTV와 같은 AT 장치를 필요로 할 것이다. 학습을 위해 다른 감각을 사용하는 학생은 3차원 방식이나 촉각 그래픽, 적응된 도구들을 사용하는 것이 도움이 될 것이다.

과학 활동은 시각장애 학생과 지체장애 학생도 참여할 수 있도록 적응될(adapted) 수 있다. 〈표 8-4〉는 과학자료를 담고 있다. 이러한 자료와 활동은 비장애 학생에게도 사용될 수 있다. **시각장애인을 위한 과학 활동/지체장애학습자를 위한 과학역량 강화**(Science Activities for the Visually Impaired/Science Enrichment for Learners with Physical Handicaps, SAVI/SELPH) 자료는 Lawrence Hall에서 주문할 수 있다(〈표 8-4〉 참조). 자료에는 9개의 교수단원을 포함하고, 모듈은 개별적으로 또는 공동으로 구입할 수 있다. 만일 시각장애 학생이 프로그램을 사용하기가 쉽지 않은 과학교실을 사용하게 된다면 통합적인 환경에서 참여 가능하도록 하기 위해서 도구를 개별적으로 구입할 수 있다.

청각장애 학생을 위한 보조공학

청각장애 학생의 학습을 위한 가장 중요한 고려사항 중 하나는 학생과 어떻게 의사소통할 것인가와 관련한 문제다. 청각장애 학생들은 이질적인 집단이기 때문에 의사소통 방법 또한 매우 다양하다. Easterbrook과 Baker(2001)는 많은 다학문 팀이 통합 환경에서 다양한 의사소통 방식을 제대로 설명하지 못하고 있다고 지적했다. 그러나 학생의 의사소통 요구는 학생이 얼마나 성공적으로 학습할 것인지를 결정한다. 다학문 팀은 학생의 의사소통 요구에 대한 대부분의 정보를 제공하는 영역에 대해 묻고 탐구해야 한다. 이러한 영역에는 학생이 선호하는 학습양식, 학생이 교수 받는 장소와 방법, 언어모형에의 접근, AT 장치와 서비스의 제공이 포함된다(Easterbrook & Baker, 2001).

다학문 팀 구성원들이 의사소통 요구를 설명할 때, 그들은 AT 장치와 서비스가 청각장애 학생을 어떻게 보조할 것인지를 살펴보아야 한다. 다학문 팀은 다음과 같은 질문을 던지면서 현재와 미래의 AT에 대한 고려를 사정해야 한다.

1. AT 장치는 학생의 학습에 어떻게 공헌하고 어떻게 학습을 증진시킬 것인가?
2. AT 장치는 어떻게 학생이 유의미한 방식으로 학습에 반응하도록 할 것인가?
3. 어떠한 AT 장치가 부모와 보호자를 지원할 것인가?
4. 학생, 부모, 교사가 AT 장치를 사용하기 위해서 어떤 훈련이 필요한가?
5. 학생이 학습을 위해 AT 장치를 사용하는 것이 어떻게, 언제 사정되어야 하는가?

청각장애 학생을 교육하는 데 있어 전문성을 갖추지 못한 학교 환경에서 학습하는 철호와 같은 학생을 위해, 이러한 질문들은 IEP 팀이 의사소통과 관련된 AT 학습요구를 깊이 있게 설명해 준다 (Easterbrook & Baker, 2001).

농맹학생을 위한 보조공학

농맹학생은 대개 맹학생을 위한 프로그램이나 농학생을 위한 프로그램으로부터 혜택을 받지 못한다. 농맹학생의 교육과정은 대부분 학생이 의사소통 기술과 사회적 기술을 개발하는 것을 돕도록 설계된다. 교육과정에는 또한 기초기술에 대한 교수가 포함되어야 한다. 이것은 농맹학생을 위한 교육프로그램이 중도장애 학생을 위한 프로그램처럼 만든다. 농과 맹의 정도에 따라, 학생은 학습을 위한 어느 정도의 청각적, 시각적 양식을 사용할 수 있다. 그러나 학생이 교수 동안 이러한 능력을 사용하도록 하려면, 교사는 직접적인 교수를 실시해야 한다. 농맹학생을 위한 효과적인 교수에는 촉감을 학습에 포함시킬 수 있도록 촉감교수전략이 포함되어야 한다.

출현 연령에 따라, 농맹학생은 음성언어(spoken language)를 사용할 수도 있고, 그렇지 않을 수도 있다. 많은 학생들은 보완대체의사소통(AAC)을 통해 혜택을 받는다. 수화시스템, 의사소통판, 전자 의사소통 장치는 농맹학생이 일반교육 교육과정에 접근하는 데 효과적이다. 학생의 IEP 팀은 학생이 AT를 사용하는 방식을 고려하고 비장애 학생들과 함께 학습활동에 적극적으로 참여할 수 있도록 해야 한다.(ACC에 대한 더 많은 정보는 제7장을 참고하라.)

감각장애 학생을 위한 보조공학과 미술활동

철호나 다혜와 같은 학생들은 통합교실에서 학교활동을 하고 있다. 미술(art)은 학생에게 중요한 학습과정이다. 학생은 미술을 통해 운동이나 감각 지각과 같은 다양한 주요발달 과정을 자유롭게 탐험한다. 연구자들은 미술이 포함된 교육과정에 참여하는 학생은 그렇지 않은 학생보다 학문적으로 더 많이 향상되었다고 지적한다(Ingram & Riedel, 2003; Stronge, 2002). 비록 몇몇 교사들은 그렇게 생각하지 않겠지만, 많은 감각장애 학생은 미술활동에 참여할 수 있다. 시각적 미술활동에서 배제되었던 학생들이 이제는 AT를 통해 비구조화된, 판단이 개입되지 않는 미술활동의 발달적 측면을 경험하여 다양한 혜택을 누릴 수 있다. 철호와 다혜는 다른 친구들이 좋아하는 미술활동에 참여할 기회를 가질 뿐만 아니라 그것에 접근할 수 있어야 한다.

다혜는 그림수업에 참여하기 위해 CCTV를 사용할 수 있다. 다혜가 미술프로젝트에 참여하기 위해서는 그녀가 필요로 하는 색들을 찾을 수 있도록 팔레트가 다혜 자리에 구비되어 있어야 한다. IEP 팀은 학문적인 영역을 위한 AT뿐만 아니라 AT가 어떻게 학생이 미술활동에 참여하는 것을 촉진할 것인지를 설명할 책임이 있다.

〈표 8-6〉은 미술활동을 위한 다양한 AT 자료를 제시하고 있다. [보조공학 적용 8-1]은 장애 학생의 미술활동을 증진시키기 위한 국가 기관 두 곳을 소개하고 있는데, 그곳은 감각장애 학생을 위한 Helen Keller International Art Show와 장애인을 위한 VSA Arts 기관이다.

〈표 8-6〉 보조공학과 미술자료

Ability Hub http://www.abilityhub.com	• AT는 장애를 지닌 예술가들의 삶을 돕지만 AT가 반드시 단순할 필요는 없다. 이 웹사이트는 적응장비를 찾을 수 있도록 쉽고 조직화된 방법을 제공하고, AT에 대한 질문에 답을 해 주며, 컴퓨터를 사용한 대안적인 해결방안을 위한 자료를 제공한다.
AbleNet, Inc. Art for Me, Too! http://www.ablenetinc.com	• 모든 아이들은 미술을 좋아한다. 여기에서는 AT를 사용해 모든 학생의 모든 미술활동을 돕는 자료들이 있다.
Alimed http://www.alimed.com/Alimed/site/Alimed.2.htm	• 이 사이트는 의료장비와 일반화된 정형외과적 재활관련 장비들을 주로 다루고 있다. 이러한 적응장치들은 장애를 지닌 예술가들에게 유용하다.
Extensions for Independence http://mouthstick.net/index.htm#Products	• 입 막대(mouth stick)를 사용하여 그림을 그리는 Arthur Heyer에 의해 설계된 이 웹사이트는 예술가와 모든 종류의 작업 상황을 위한 적응도구들을 제공한다. 입 막대 받침(Mouth-stick paintbrush holders), 전동이젤, 회전식 책상과 중고 휠체어 등이 특징적이다. 이 사이트는 관련 웹사이트 링크와 개인 논문들을 제공하며 작은 공동체를 형성하고 있다.
Mobility Store http://www.mobilitystore.com	• 이 웹사이트는 일상생활의 모든 측면을 위한 적응 도구를 제공하며 많은 도구들이 예술 활동에 활용될 수 있다.

부분참여와 보조공학. 일반 교육환경에서, 감각장애 학생은 몇몇 학습활동에서 어쩔 수 없이 충분히 참여할 수 없다. 감각손상이 심하고 복합적일수록 충분히 참여할 수 있는 기회는 줄어든다. 그러나 교사는 부분참여(partial participation)의 원리를 고려하여 학생이

유의미한 방식으로 참여할 수 있는 기회를 가능한 한 충분히 제공할 수 있다. Baumgart 등(1982)에 의해 처음 설명된 부분참여의 원리는 모든 학생이 교실에서의 학습활동에 충분히 참여할 수 있는 기회를 가져야 한다는 것이다. 학생은 AT와 같은 지원과 함께 활동에 부분적으로 참여할 수 있다. 예를 들어, 앞서 언급됐던 민지는 농맹이다. 그녀는 의사소통을 위해 컴퓨터와 함께 전자점자(refreshable braille)를 사용한다. 민지는 사회시간에 구두 발표를 할 수 없지만, 주제에 대해 자신이 알고 있는 것을 보여주기 위해 음성출력기가 연결된 컴퓨터를 사용할 수는 있다.

교사가 교수를 계획할 때, 농맹학생이 부분적으로 참여할 수 있는 방법을 결정해야 한다. 이것은 일상적인 교수를 위해 계속적으로 계획되고 통합되어 고려되어야 한다. 교사가 감각장애 학생을 위해 학습기회를 주고 학습에 접근하도록 하는 유의미하고 연령에 적합한 활동을 계획하는 데 있어 AT가 적극적으로 고려되어야 한다.

> 민지는 사회수업 프로젝트를 수행하기 위해 AT를 어떻게 사용해야 할까?

[보조공학 적용 8-1]

감각장애 학생의 미술활동

미술은 학생의 성장과 발달에 중요한 구성요소다. 다음 기관들에서 후원하는 것처럼, AT는 학생이 미술활동에 접근하고 참여할 수 있는 기회를 제공해 준다.

The Helen Keller Art Show

Helen Keller Art Show는 감각장애 아동이나 청소년의 심사를 거친 미술작품을 전시하는 주 전체의 국제전시관이다. 전시관의 철학은 모든 참여 학생이 승자로 고려된다는 것이다. 교사가 시각미술을 개별 학생의 IEP에 포함시키도록 권장된다. Alabama에서 전미를 걸쳐 이동된 선정된 국제 작품들이 전시되었고, Washington DC에 있는 다양한 정부건물에서 전시되었다. 제출양식을 포함한 더 많은 정보는 Helen Keller Art Show에서 제공된다. http://www.vsrc.uab.edu/deafblind/hk.html

VSA Arts

VSA Arts는 Jean Kennedy Smith 대사에 의해 1974년 설립된 국제 비영리조직이다. VSA Art는 장애인이 미술을 통해 학습하고, 미술활동에 참여하며, 그것을 즐길 수 있는 모임을 만드는 데 힘쓰고 있다. VSA Art 웹사이트는 시각미술과 이를 수행하는 것과 관련한 정보를 제공한다. http://www.vsarts.org

학습점검

- 시각장애는 저빈도발생 장애로 간주된다. 선천적인 시력 손실은 출생 시 또는 그 이전에 발생한다. 우연한 시각손상은 보통 사고나 질병의 결과로 나타난다.
- 맹의 법률적 정의는 시력(acuity)과 시계(field of vision)를 기본으로 한다.
- 청각장애 학생은 저빈도발생 장애를 지니고 있는 것으로 간주된다. 진행성 청각손상은 임신 초기에 생모로부터 태아에게 전달된 질병에 의한 손상을 말한다. 언어발달 이전의 농은 아동의 말과 언어발달을 어렵게 한다.
- 청각장애는 전도성 청력손실(conductive hearing loss)과 감각신경성 청력손실(sensorineural hearing loss)에 의해 발생된다. 학생은 한쪽 귀 또는 양쪽 귀에 청각손상을 입고 있다. 농맹 또는 이중감각손상으로 불리는 학생은 보통 심각한 의사소통 요구와 학습요구, 그리고 발달적 요구를 가지고 있다. 이러한 아동에게는 종종 더욱 특별한 서비스가 필요하다.
- 농맹학생은 특별한 교수전략을 필요로 한다. 이러한 학생은 AT 장치가 일반교육 교육과정에의 접근을 증진시키도록 고려되어야 한다.
- 테크놀로지는 시각장애 학생에게 커진 폰트 크기, 다양한 색상의 폰트, 컴퓨터 OS의 향상, 시각적 이미지를 향상시키기 위한 특별한 소프트웨어, 소리를 내주는 스크린리더, 인쇄물을 점자로 변형시켜 주는 장치, 점자번역 소프트웨어, 인터넷에의 접근장치 등과 같은 여러 가지 풍부한 보조장치를 제공한다.
- 시각장애 학생을 지원하는 또 다른 AT 장치들로는 전자필기구, 전자사전, 말하는 계산기, 점자를 읽는 사람(braille readers)을 위한 PDA, 휴대용 책 읽기 장치, 전자 여행 보조기(electronic travel aids), 촉각과 점자 디스플레이 및 음성 출력이 되는 컴퍼스가 있다.
- 청각장애 학생을 위한 AT 장치는 교실을 위한 수정과 편의를 제공할 수 있다. 예를 들어, AT는 학생의 자리 바꾸기나 교수자료의 사용을 위한 수정과 같은 라이트테크(light tech)일 수 있다.
- 어떤 청각장애 학생은 소리의 증폭을 필요로 한다. 어떤 학생은 보

청기를 필요로 한다. 보청기를 선택할 때 학생의 개인적인 요구를 기본으로 해야 한다. 보청기는 학생이 음성언어(spoken language)를 실제로 듣고 이해할 수 있을 때 효과적이다. 라디오 전파에 의해 작동되는 FM 시스템은 송신기와 수신기, 모니터를 가지고 있으며, 교사의 음성을 교실에 비치된 스피커에 송신한다. 이것은 음성을 10에서 12데시벨까지 증폭시킨다. 또 다른 학생은 최근 몇 년 사이에 인공와우 시술을 받았다. 인공와우는 소리감지를 높여주고, 중도나 중등도의 청각손실을 입은 아동에게 음성언어 이해력을 향상시킬 수 있는 잠재력을 지닌 전자장치다. 촉각장치는 학생에게 "소리를 느끼도록" 함으로써 소리에 대한 정보를 제공할 수 있도록 설계되었다. 촉각장치는 말을 가르치고 수용적 의사소통을 증진시키기 위해 사용되었다.

- STT(speech-to-text) 표기나 번역은 청각장애 학생에게 더욱 인기가 있다. 이러한 유형의 기술로 인해 전문 자막작성자(captionist)가 교사의 교수와 학생의 논평을 속기부호를 이용해 랩톱 컴퓨터에 입력할 수 있게 되었다.
- 청각장애 학생은 일반 텔레비전 프로그램에서도 내장된 텔레비전 자막기능을 사용할 수 있다. 이것이 작동하려면 텔레비전 세트는 내장된 자막해독기 칩을 가지고 있어야 한다. 청각장애 학생은 전형적으로 발달하는 또래처럼 비디오나 CD-ROM, DVD를 통해 같은 유형의 정보에 노출될 수 있다.
- 청각장애 학생이 가정과 교실에서 적응하려면 환경을 바꾸어야 한다. 점멸등이 달린 벨과 진동하는 알람시계, 불빛이 켜지는 현관 벨은 유용한 조절장치들이다.
- 농맹학생은 독립감을 주고 일반교육 교육과정에의 접근을 제공하기 위해 향상된 의사소통을 필요로 한다. 의사소통 AT 장치는 그림이나 기호, 사물과 도안의 형태로 제공될 수 있다. 이러한 장치는 촉각적이고 전기를 사용하거나 사용하지 않는 장치도 있다.
- 학생의 감각장애의 출현 시기를 아는 것은 서비스를 계획할 때 매우 중요하다. 선천적이거나 후천적일 수도 있는 감각장애의 유형은 학생이 일반교육 교육과정에 접근하는 방법에 영향을 미친다.
- 시각장애 학생은 점자나 인쇄물 리더를 필요로 한다. 학생은 훈련된

전문가의 체계적인 교수를 필요로 한다. 테이프 리코더, 점판암과 스타일러스, 점자기록기, 전자필기구, 데스크톱 컴퓨터나 노트북은 교실에서 시각장애 학생을 보조한다. 교과내용 영역을 위한 촉각모형이나 지도, 다른 도식들은 점자를 읽는 사람(braille readers)인 시각장애 학생에게 도움이 될 수 있다. CCTV를 사용하여 물체를 확대할 수 있는데, 이는 과학과 사회과목에서 학생에게 도움을 준다.

- 청각장애 학생에게 의사소통 관련 AT를 충분히 설명해야 한다. 다학문 팀은 학생이 선호하는 학습양식과 학생이 교수를 받는 장소와 방법, 언어모형에의 접근법, AT 서비스와 AT 장치의 사용 등을 고려해야 한다.

참고문헌

American Council for the Blind (2005). *Braille: History and use of braille.* Retrieved May 8, 2006, from http://www.acb.org/resources/braille.html.

American Speech-Language_Hearing Association. (2004a). *Children and hearing aids.* Retrieved July 9, 2004, from http://www.asha.org/public/hearing/treatement/child_aids.htm.

American Speech-Language_Hearing Association. (2004b). *Hearing aids.* Retrieved July 9, 2004, from http://www.asha.org/public/hearing/treatment/hearing_aids.

Baumgart, D., Brown, L., Pumpian, I., Nisbet, J., Ford, A., Sweet, M., et al. (1982). Principle of partial participation and individualized adaptations in educational programs for severely handicapped students. *Journal of the Association for Persons with Severe Handicaps, 7*, 17-27.

Easterbrook, S. R., & Baker, S. K. (2001). Considering the communication needs of students who are deaf or hard of hearing. *Teaching Exceptional Children 33*(3), 70-76.

Engleman, M. D., Griffin, H. C., Griffin, L. W., & Maddox, J. I. (1999). A teacher's guide to communicating with students with deaf-blindness. *Teaching Exceptional Children, 31*(5), 64-70.

Farrenkopf, C., & McGregor, D. (2003). Physical education and health. In M. C. Holbrook & A. J. Koenig (Eds.), *Foundations of education: Vol. 2. Instructional strategies for teaching children and youths with visual impairments.* New York: American Foundation for the Blind.

Heller, K. W., Alberto, P. A., Forney, P. E., & Schwartzman, M. N.

(1996). *Understanding physical, sensory, and health impairments: Characteristics and educational implications.* Pacific Grove, CA: Brooks/Cole.

Heward, W. L. (2009). *Exceptional children: An introduction to special education* (9th ed.). Upper Saddle River, NJ: Merrill/Pearson Education.

Huebner, K. M. (2003). Visual impairment. In M. C. Holbrook & A. J. Koenig (Eds.). *Foundations of education: Vol. 1. History and theory of teaching children and youths with visual impairments.* New York: American Foundation for the Blind.

Ingram, D., & Riedel, E. (2003). *Arts for academic achievement: What does arts integration do for students?* Minneapolis, MN: University of Minnesota, Center for Applied Research and Educational Improvement.

Kapperman, G., & Sticken, J. (2003a). *Assistive technology. In M. C. Holbrook & A. J. Koenig (Eds.), Foundations of education: Vol. 2. Instructional strategies for teaching children and youths with visual impairments.* New York: American Foundation for the Blind.

Kapperman, G., & Sticken, J. (2003b). A case for increased training in the Nemeth Code of Braille mathematics for teachers of students who are visually impaired. *Journal of Visual Impairment, 97*(2), 110-113.

Koenig, A. J., & Holbrook, M. C. (2003). Professional practice. In M. C. Holbrook & A. J. Koenig (Eds.), *Foundations of education: Vol. 2. Instructional strategies for teaching children and youths with visual impairments.* New York: American Foundation for the Blind.

Niparko, J. K. (2001). *Kids and cochlear implants: Getting connected.* Retrieved June 29, 2004, from http://www.agbell.org

Ross, D. B., & Robinson, M. C. (2003). Social studies and science. In M. C. Holbrook & A. J. Koenig (Eds.), *Foundations of education: Vol. 1. Instructional strategies for teaching children and youths with visual impairments.* New York: American Foundation for the Blind.

Stronge, J. H. (2002). *Qualities of effective teachers.* Alexandria, VA: Association for Supervision and Curriculum Development.

Topor, I. L., Holbrook, M. C, & Koenig, A. J. (2003). Creating and nurturing effective educational teams. In M. C. Holbrook & A. J. Koenig (Eds.), *Foundations of education: Vol. 2. Instructional strategies for teaching children and youths with visual impairments.* New York: American Foundation for the Blind.

U.S. Department of Education. (2009). *Twenty-eighth annual report to Congress on the implementation of the Individuals with Disabilities Improvement Act.* Washington, DC: Author.

제9장

성인세계로의 전환을 위한 보조공학

장(章) 개관

- 보조공학 스냅샷
- 보조공학과 전환
- 보조공학과 중등 후로의 전환
- 보조공학과 고용으로의 전환
- 보조공학과 대인 간 네트워크
- 보조공학과 일상생활
- 학습을 위한 보조공학
- [보조공학 적용 9-1]
- 학습점검
- 참고문헌

학습과제

1. 보조공학이 왜 전환계획에 포함되어야 하는가?
2. 중등 후 교육에서 보조공학의 역할은 무엇인가?
3. 장애 학생은 작업장에서 보조공학을 어떻게 사용하는가?
4. 보조공학이 대인 간 관계를 증진할 수 있는 방법을 기술하라.
5. 보조공학이 어떻게 학생이 거주 환경에서 독립적인 성인이 될 수 있도록 해줄 수 있는가?
6. 학생이 성인 환경으로 성공적으로 전환하도록 만들기 위하여 보조공학이 교육과정에 어떻게 포함되어야 하는가?
7. 중등교사는 학생을 성인세계로 전환할 수 있도록 어떻게 준비시킬 수 있는가?

보조공학 스냅샷

상희 사례

상희는 18살이며 현재 대한 고등학교 2학년이다. 상희는 지역 병원의 간호사인 어머니와 자동차서비스 정비소 기술자인 아버지와 함께 살고 있다. 그녀에게는 두 동생, 즉 15살인 창수와 10살인 수현이가 있다.

상희는 초등학교 2학년부터 경도장애 학생을 위한 학습도움실(resource room)에서 특수교육서비스를 받아 오고 있다. 상희는 처음에 읽기에서 구체적인 학습장애에 기초하여 서비스를 받을 자격이 있음이 결정되었다. 상희가 16살이 되었을 때, 그녀는 오른쪽 반신불수(hemiplegia) 또는 신체의 오른쪽 부분이 마비되는 교통사고를 당했다. 걷기를 포함한 그녀의 대근육 운동기능과 글쓰기 영역에서의 소근육 운동기능이 손상되었다. 아울러, 그녀는 말과 관련된 약간의 질질 끄는 발음(lingering articulation) 문제를 경험하고 있다.

상희의 IEP 팀은 그녀가 14살이 되었을 때 학교에서 성인세계로의 전환을 위한 계획 과정을 시작했다. 그 당시, 상희는 간호사와 같은 의학 분야에서 전문가가 되고 싶다는 관심을 표명했다. 상희는 교통사고 이후 가족과 학교 카운슬러의 도움으로 간호사가 되는 것이 옵션이 아닐 수도 있다고 결정했지만, 그녀는 여전히 의학 분야에 관심을 표명하고 있다. IEP 팀은 상희의 현재 IEP와 전환계획을 사정하기 위하여 만났다. 팀 구성원들로는 상희, 상희의 부모님, 그녀의 특수교육교사, 그녀의 현재 고등학교 영어교사, 그녀의 수학교사, 학교 카운슬러, 전환 전문가(transition specialist), 그녀의 작업치료사(OT)와 물리치료사(PT), 지역교육기관 대표, AT 전문가, 그리고 직업재활 카운슬러가 포함되었다.

모임 전에, 상희는 재사정을 받았다. 모임에서, 사정자료들이 검토되고 그녀의 전환계획이 고려되었다. IEP 팀은 상희가 국가에서 요구하는 졸업시험의 네 부분 중 세 부분에서 통과되었음을 알았다. 그녀는 내년에 졸업하기 전에 졸업시험의 읽기 부분을 세 번 이상 더 시험을 볼 수 있는 기회가 있었다. 그녀의 영어교사는 그녀에게 동기를 부여하고 그녀가 받고 있는 치료서비스로 인해 상희가 해당 시험에 통과할 것이라고 긍정적으로 말했다.

상희는 AT 전문가의 도움으로 다른 팀 구성원들을 위한 간단한 전자 포트폴리오 프레젠테이션을 준비했다. 그 프레젠테이션은 그녀의 장애를 드러내지 않고 그녀의 성취와 관심도를 보여주었다. 상희는 의학 지원 분야에서 2년 학위를 탐색하기 위하여 지방 중등 후 기술대학(post-secondary technical college)에 입학하는 데 관심이 있음을 보여주었다. 그녀는 직업 선택을 준비하기 위하여 해당 대학에서 제공하는 프로그램들에 대해 더 알고 싶어 했다. 상희의 부모님은 상희가 대학에 다니는 동안 집에서 살기를 바란다는 의사표명을 했지만, 그들은 독립적인 생활과 직업을 추구하기 위하여 대학 환경에 남고자 할 때 준비해야 하는 독립적인 삶에 관한 논의를 시작할 의사도 있었다. 상희와 부모님은 상희가 시간제 여름 일거리(summer job)를 구하고 상급생 동안에 일을 할 수 있기를 바랐다. 상희는 교육과정 외 활동에 참여하고 싶어 했지만 친구들을 사귀고 그녀가 원하는 활동이 무엇인지를 찾는 데 어려움이 있음을 표명했다. 그녀는 음악은 좋아하지만 말(speech) 문제 때문에 학교 합창단에 참여할 수 없다고 말했다.

상희는 대학에서 받을 수 있는 특별한 서비스에 대해서 좀 더 알기를 원했다. 고등학교 교과영역(content-area) 수업에서, 상희는 읽기장애에 대한 편의제공을 받으며, 문어(written language)의 경우에는 AT를 사용한다. 그녀는 그러한 모든 것이 대학 환경에서 어떻게 작동하는지에 대해 궁금해했다. 현재의 고등학교 환경에서, 상희의 특수교육교사가 편의제공과 서비스를 위해 상희의 교사들과 모든 접촉을 해준다. 상희는 이러한 것을 해야만 하는 미래가 두렵고 자신이 그것을 할 수 있을 것인지 확실하지 않다고 말했다.

IEP 팀은 모임의 결론부에 상희로부터의 상당한 정보에 기초하여 상희의 종합적인 전환계획을 재수정했다. 그 계획에는 자기주장(self-advocacy), 자기결정, 직업탐색, 그리고 중등 후 환경에서 그녀에게 지원을 해줄 수 있는 지방 대학교와 다른 기관들에 대한 방문 요소들이 포함되었다. 아울러, IEP 팀은 상희가 의학 분야에서의 직업을 결정하는 데 도움을 줄 수 있는 봉사학습(service-learning) 프로젝트에 참여할 것을 제안했다. 상희는 특수교육교사와 직업재활 카운슬러의 도움으로 봉사학습 프로젝트를 확인하고 아마도 의학 분야와 관련된 어떤 시간제 일거리를 찾기 시작할 것이다. 상희의 어머니는 자신이 일하고 있는 병원에서 상희에게 시간제 일거리를 구할 수 있도록 도와줄 수 있을 것이라고 믿는다. IEP 팀은 또한 상희의 목표에 의사소통과 정보 수집을 위한 컴퓨터 활용 기술의 향상을 포함시켰다. AT 전문가는 이러한 기술을 위해 어떤 AT가 요구되는지를 결정하기 위하여 상희와 함께 강구할 것이다.

보조공학과 전환

상희는 곧 중등학교 환경을 떠날 것이다. 장애 학생을 위한 전환계획은 장애 학생이 자신의 가정, 공동체, 작업장에서 적극적이고

> **Webquest 9.1**
> 전환과 보조공학에 대하여 좀 더 알고 싶으면, http://ici.umn.edu/products/impact/192/over16.html을 보라.

성공적으로 생활하고 참여할 수 있도록 준비시키기 위하여 설계된다. 준비가 없으면, 많은 장애 학생들은 실업, 불안전 고용, 중등 후 교육에의 낮은 참여, 그리고 성인의 삶에서의 전반적인 불만족과 같은 좋지 않은 학교 후(postschool) 결과를 경험한다(Conderman & Katsiyannis, 2002; Will, 1986). 장애 학생을 위한 전환서비스는 성공적인 성인 기술의 모든 영역에 초점을 둔다. Halpern(1985)에 의해 정의된 세 가지 영역은 오랫동안 장애 학생을 위한 전환서비스의 계획과 통합을 위한 성공적인 모형으로 사용되어 왔다. 이러한 영역들로는 (a) 거주환경, (b) 고용, 그리고 (c) 사회적·대인 간 네트워크에서의 삶의 질 증진이 있다. 학생의 요구와 환경의 수요가 학생에 의해 요구되는 서비스가 본질상 일반적 서비스인지, 시간제한이 있는 서비스인지, 또는 지속적인 특수한 서비스인지 여부를 결정한다.

전환의 정의

상희와 같은 학생들은 성인세계로의 전환과 성공적인 생활을 지원하기 위하여 AT 사용방법에서 집중적인 계획과 구체적인 교수(instruction)가 필요하다. 전환서비스는 장애 아동을 위한 다음과 같은 일련의 조합된 활동이다.

A. 결과지향적인 과정 속에서 행해지도록 설계된, 중등 후 교육, 직업교육, 통합된 고용(지원된 고용을 포함하여), 계속교육과 성인교육, 성인 서비스, 독립생활, 또는 공동체 참여를 포함하며, 학교에서 학교 후 활동으로의 아동의 이동을 촉진하기 위하여 장애 아동의 학문적이고 기술적인 성취를 향상시키는 데 초점을 둔 활동

B. 아동의 장점, 선호도, 그리고 관심을 고려하는, 개별 학생의 요구에 기초한 활동

C. 교수(instruction), 관련 서비스, 공동체 경험, 고용과 다른 학교

> 후 성인 생활의 목표 개발, 그리고 필요한 경우 일상생활 기술과 기능적인 직업적 사정의 습득을 포함하는 활동. (Individuals with Disabilities Education Improvement Act, 2004, Sec. 300[34])

장애인교육증진법(IDEIA)은 IEP에 학생의 학교에서 성인세계로의 전환을 지원하는 방법에 관한 정보를 포함시키도록 요구한다. 이러한 IEP는 아동이 16살이 될 때 실행되어야 한다. 그러나 전환 노력과 전환을 지원하는 데 있어 AT의 역할은 훨씬 더 이전부터 시작해야 한다. (AT 전환계획 스케줄에 대하여 좀 더 자세히 알고 싶으면, 〈표 9-1〉을 보라.) 초기 계획은 학생과 다른 IEP 팀 구성원들이 AT 및 성인 환경으로의 전환과 관련된 모든 쟁점과 우려에 답하도록 해준다.

Webquest 9.2
전환과 보조공학을 위한 계획 작성 방법에 관한 예를 보려면, http://transitioncoalition.org/transition/tcfiles/files/docs/attransitionpacket1224259340.pdf/attransitionpacket.pdf를 보라.

전환에 대한 장애

성인 환경에서 AT 사용을 위한 계획의 실패는 성인기로의 성공적인 전환에서 훨씬 더 많이 요구되는 AT의 사용을 저해하는 장애와 쟁점을 도출한다. 이러한 장애와 쟁점에는 (a) 중등 프로그램에서 초기 전환계획의 부재, (b) 학생과 다른 전문가들을 위한 적절한 훈련의 부재, (c) 학생이 AT 장비를 갖춘 후의 후속조치(follow-up)의 부재, (d) AT 유기(abandonment), (e) 자금지원처를 찾는 능력 부족, 그리고 (f) 작업장과 중등 후 환경에서 편의제공을 위한 자격 문제 등이 포함된다(Houchins, 2001; Mull & Sitlington, 2003).

어떤 사람이 학생이 학교 경력의 전환 동안 AT 장치의 사용에 대한 학습을 지도하는가?

〈표 9-1〉 보조공학 전환계획 스케줄

학생 연령	요구되는 행동
14세 이전	• 학생의 IEP는 학교, 가정, 공동체에서의 AT의 사용을 위한 목적을 포함해야 한다.
14세경	• AT가 전환과 출구(exit) 옵션에서 행하는 역할을 전환과정에 포함 • AT 서비스와 장치를 위한 자기주장 훈련 시작
16세 이하	• AT가 직업탐색, 직업 샘플링, 그리고 몇몇 직업훈련에 대한 접근과 지원을 제공할 수 있는 방법 확인 • AT가 직업훈련과 배치에서 어떻게 사용될 수 있는지 확인 시작 고용, 중등 후 교육, 거주생활, 그리고/또는 여가활동 시 학생에 의해 요구되는 AT를 위한 자금지원처 탐색
16~18세	• 성인 서비스 프로그램에 접촉; AT가 접근과 지원을 위하여 어떻게 사용될 수 있는지를 결정하기 위하여 학생의 요구와 성인 환경의 수요 사정 • 학교 후 환경에서 성공을 극대화하기 위한 AT 장치의 적절한 사용에 관한 AT 훈련 시작
18~21세*	• 성인 환경의 수요를 충족하기 위한 전환계획의 지속적인 검토와 AT 장치의 갱신 • AT의 재생, 수리, 또는 갱신을 포함하는 장기 재정 지원 계획 개발

* 몇몇 학생들은 21세까지 학교에 남아 있을 수 있다.

> 사정은 적절한 AT 장치를 결정하기 위해서 선택된 작업장에서 수행되어 왔는가?

IDEIA에 의하면, 학생은 16세경쯤에 전환계획을 실행해야 한다. 모범 사례와 상식에 따르면, 전환과정은 훨씬 더 이전부터 시작해야 한다. 상희나 상희와 같은 다른 사람들의 경우, AT는 학문과 경력(career)에서의 성공을 위해 매우 중요하다. 따라서 IEP는 AT가 학교 환경과는 다른 환경에서 어떻게 사용되는지를 가르칠 기회를 포함해야 한다. 종합적이고 잘 쓰인 계획은 학생과 학부모/아동을 돌보는 사람들이 고용, 중등 후, 거주, 사회적, 그리고 대인 간 영역에서 그러한 기회를 알 수 있도록 해준다. 스케줄과 절차는 전환을 부드럽게 할 수 있도록 도와준다. AT는 학생이 이러한 환경에 완전히 참여할 수 있도록 보장하는 데 있어 중요한 부분을 차지할 수 있다.

보조공학과 중등 후로의 전환

많은 고등학교 학생들의 경우, 미래는 대학에 가는 것도 포함된다. 중등 후 교육을 받으면 의미 있는 고용, 직업 선택권의 증가, 그리고 보다 더 큰 평생 동안의 소득을 얻을 기회가 높아진다 (Heward, 2003). 장애를 지닌 많은 어린 성인들(young adults)은 중등 후 교육에 접근하기 위한 중요한 요구들을 충족시킬 준비가 제대로 되어 있지 않다. 이러한 도전으로는 학문, 자기주장, 사회적 네트워크, 그리고 일상의 기능적 기술(daily functional skills)이 있다(Babbitt & White, 2002). 학생의 준비도를 사정하는 것은 학생이 효과적인 전환을 할 수 있도록 도와주는 한 가지 방법이다. 사정 도구들은 IEP 팀이 학생의 준비도 기술에 관한 시각을 얻고 요구를 해결할 수 있도록 도와줄 수 있다. Babbitt와 White는 그러한 도구들을 중등 후 환경에서 학습에의 접근을 위한 AT의 사용에 관한 인식을 증진시키는 질문지 형태로 개발했다. 이러한 정보는 전환과 관련한 교수를 위한 방향을 제공할 수 있다.

Webquest 9.3
보조공학과 전환을 위한 지침의 예를 보려면, http://www.ednet.ns.ca/pdfdocs/studentsvcs/assistive_technology.pdf를 보라.

중등 후 환경을 위한 준비

국립중등 후 교육지원연구센터(National Center for the Study of Postsecondary Education Supports)(2002a)는 장애 학생이 중등교육을 받는 동안 중등 후 환경을 준비하기 위해 해결해야 할 몇 가지 분야들을 제안했다. 첫째, 학생은 중등교육 기간 동안 요구되는 서비스 및 지원과 관련하여 자신과 자신이 지니고 있는 장애를 이해하는 기회를 가져야 한다. AT 서비스와 장치는 많은 장애 학생을 위한 그러한 지원과 서비스다. 이러한 서비스와 장치가 중등 후 환경에서도 활용될 수 있도록 주의를 기울여야 한다.

둘째, 중등 프로그램은 중등 후 환경에서 장애 학생의 요구를 충족시켜 주기 위하여 개별화된 지원 모형을 개발해야 한다(National Center for the Study of Postsecondary Education Supports, 2002a). 이러한 모형은 개인적으로 민감하고, 융통적이며, 학생의 전반적인 실생활 지원 요구와 통합되어야 한다. 몇몇 AT는 시간제한(time-limited)이 있을 수 있으며, 다른 몇몇 AT는 해당 학생이 중등 후 환경에 있는 시간 내내 계속적으로 서비스될 수 있음을 인식해야 한다. 시간제한이 있는 AT 서비스의 예로는 영어 작문 강좌를 위한 AT(예를 들어, 단어예측 소프트웨어)가 있을 수 있지만 건강복지 강좌를 위한 AT는 아니다. 모든 강좌에 걸친 계속적인 서비스로는 조직을 위해 PDA를 사용하는 것도 있다. 일반적인 서비스는 인터넷 접속이나 워드프로세서를 위해 컴퓨터 랩을 사용하는 것이 있다. AT는 매우 개별화되어 있으며, 앞에서 언급한 것들은 학생이 AT를 사용할 중등 후 환경의 좋은 예들이다. 전환과정은 결과지향적이며, 따라서 그것을 학생을 위한 기능적인 목적들과 관련짓는 것이 중요하다.

아마도 학부모와 전환기에 있는 학생에게 있어 가장 어려운 도전들 중 하나가 학생과 IEP 팀이 외부기관에 의해 제공되는 중등 후 교육지원과 서비스를 조정하고 관리해야 한다는 것일 것이다(National Center for the Study of Postsecondary Education Supports, 2000b). 고등학교 기간 동안, 학생의 권리는 IDEIA 하에서 보호받고 규제된다는 것을 유념하는 것이 중요하다. 그러나 졸업 후 중등 후 성인세계로 들어온 후, 학생의 권리는 다른 법률들에 의해 보호되고 규제된다(제1장 참조). 전환과정 동안, 어느 기관이 학생이 요구하는 적절한 자원, 자금지원, 그리고 편의를 제공할 것인지를 결정하는 것은 학생의 IEP 팀의 책임이다. 학생의 AT에 대한 요구가 다른 기관과의 논의와 우선순위에서 최상위가 되어야 한다. AT를 습득하고, 훈련하며, 사정하는 데 있어서의 역할과 책임은 학생이 중등 후 환경에 들어오기 오래전에 결정되어야 한다(Johnson, Stodden, Emanuel, Luecking, & Mack, 2002).

전환서비스를 위한 IEP 모임에서 가장 흔히 표출되는 관심사 중 한 분야가 직업재활(vocational rehabilitation: VR)이다. 연방 법률에 의해 의무화되고, 관련 서비스로 간주되는 VR은 장애인을 위한 통합된 경쟁적 고용(competitive employment)의 주요 목적을 가지고 있다. VR에 의해 제공되는 서비스에는 고등교육에 있는 장애 학생을 위한 중등 후 교육지원을 포함할 수 있다. IEP 팀 구성원들(그리고 여러분이 팀 구성원일 수도 있다)은 자신들이 학생에 대한 지원과 서비스를 조정하고 관리하며 접근과 성공을 위한 테크놀로지의 중요성을 인식할 수 있도록 지원해 줄 수 있는 방법을 고려해야 한다. 많은 기관들이 IDEIA 하에 전달되는 서비스와는 매우 다른 형식으로 서비스를 제공한다는 것을 주목할 필요가 있다. IEP 팀 구성원들은 서비스의 제공이 진실로 협력적인 노력일 수 있음을 스스로 알아야 한다.

IEP 팀은 중등 후 교육프로그램에서 요구되는 자원, 편의제공, 수정, 서비스, 그리고 지원이 중등교육환경으로부터 중등 후 교육환경으로, 그리고 최종적으로는 고용으로 전달됨을 보장하는 책임을 지고 있다(National Center for the Study of Postsecondary Education Supports, 2000a). Sitlington(2003)은 중등 환경에서의 훈련은 중등 후 환경에서의 AT의 적절한 사용을 보장하는 데 필수적이라고 주장했다. 훈련 기회는 교육적인 혜택을 최대화하고 높은 수준의 유기(abandonment)를 줄인다. **주의사항**: 전문가들은 학생을 중등수준에서 자격을 박탈하는 것의 영향을 주의 깊게 고려해야 한다. 중등수준에서 자격을 박탈하는 것은 학생으로 하여금 중등 후 기관에서 AT 장치와 서비스를 포함한 적절한 편의제공을 받을 수 없도록 만든다(Sitlington, 2003).

자기주장. 학생은 자기주장(self-advocacy) 기술을 훈련받아야 한다. 학생은 중등 후 환경에서 자신의 요구를 주장하기 시작해야 하며, 학생이 자기주장하는 방법을 배우는 것이 중요하다. 학생의 대학 경력 시기에, 학부모는 어떤 신분도 가지고 있지 않으며, 기관은 학생의 필요에 대한 구체적인 요구에 대해서만 반응할 것을 요구한다(Field, Sarver, & Shaw, 2003). 학생은 또한 스스로를 밝히고 장애에 대한 편의제공을 요구하는 문서를 제공해야 한다. 대학은 고등학교보다 더 많은 자기주장을 요구한다. 학생이 AT를 중등 후 기관에 요구할 때, AT가 비쌀 수도 있음을 인식해야 한다. 만약 해당 기관이 AT에 대한 자금을 지원한다면, 해당 학생이 AT를 사용함으로써 혜택을 받을 것이라는 중요한 문서를 요구한다. 중등학교부터 준비를 시작해서 학생이 성공하기 위하여 요구되는 AT 장치를 사용할 수 있도록 해야 한다. (자기주장을 증진하기 위한 활동은 이 장의 뒷부분, 학습을 위한 보조공학 절에서 볼 수 있다.)

보조공학과 고용으로의 전환

국가장기전환연구-2(National Longitudinal Transition Study-2)의 예비 분석 자료에 따르면, 15세에서 19세까지의 연령대에 있는 학생들을 위한 전환 프로그램들은 (a) 중등교육 이수, (b) 생활 정리와 사회 참여, (c) 졸업 후 교육, (d) 고용율과 직업 특성, 그리고 (e) 공동체에의 전반적인 관여분야에서 긍정적인 차이를 도출하는 것으로 나타났다(Wagner, Newman, Cameto, & Levine, 2005). 그러한 차이로는 다음과 같은 것도 포함된다. (a) 장애 학생의 학교 이수율이 1985년부터 2003년 사이에 17% 높아졌다. (b) 중등 후 입학률이 동일한 기간 동안 두 배나 증가하였다. (c) 학교를 떠나 돈벌이를 위해 일하는 학생의 수가 1987년에는 55%였으나 2003년에는 70%로 증가하였다(Wagner, Newman, Cameto, & Levine, 2005). 이러한 통계치들을 살펴보면, 우리는 장애 학생의 개별적인 요구를 충족하는 훌륭하고 강력한 전환계획의 중요성을 이해할 수 있다.

장애 학생이 성인 생활에 대한 의사결정 과정을 시작할 때, 고용이 중요한 논의사항이 된다. 성공적으로 고용될 수 있는 능력은 사람으로 하여금 독립할 수 있는 기회뿐만 아니라 자존감과 삶에 대한 만족감을 제공한다. 우리는 일을 함으로써 재정적으로 윤택해질 수 있을 뿐만 아니라 작업장에서 추가적인 인센티브를 얻을 수 있다. 장애 학생을 위한 전환은 중등 학령 동안 중등 후 프로그램에 등록하거나 중등이나 중등 후 교육 후의 고용 요소들을 포함해야 한다. 가족중심 계획은 가족 구성원이 전략을 개발하고 사용하도록 함으로써 가족 모두가 전환과정에서 진정한 파트너가 되도록 해준다.

고용분야에서 전환을 계획할 때, 학생과 가족 구성원은 21세기 고용에서 중요한 실제 생활기술을 알아야 한다. SCANS(Secretary's Commission on Achieving Necessary Skills)(2005)은 노동부장관에게 고용을 위해 필요한 기술에 관하여 자문하기 위해 설립되었다. 위원회는 고용주들이 필요하다고 생각하는 다섯 가지 역량기술 분야를 밝혀냈다. 이 다섯 가지 역량기술 분야는 기본기술(basic skills)뿐만 아니라 어떤 직업분야를 막론하고 성공을 이룬 개인들로부터 도출된 사고기술(thinking skills)과 개인적 자질(personal qualities)이다. 이 다섯 가지 역량 분야는 [그림 9-1]에 열거되어 있다.

AT 연속체를 고려하라. 라이트테크부터 하이테크 옵션들을 포함한 모든 테크놀로지 옵션들이 고려되었는가?

자원	대인 간	정보	시스템	테크놀로지
• 시간 • 돈 • 재료와 시설 • 인간자원	• 팀 구성원으로 참여 • 의뢰인/고객들에게 봉사 • 리더십 연습 • 타인 지도 • 협상 • 다양하게 일함	• 정보의 습득과 사정 • 정보의 조직과 유지 • 정보의 해석과 의사소통 • 정보처리를 위해 컴퓨터 사용	• 시스템 이해 • 수행 모니터 및 교정 • 시스템 향상과 설계	• 테크놀로지 선택 • 테크놀로지를 과제에 적용 • 장비 유지 및 문제해결

[그림 9-1] SCANS 역량

IEP 팀에 의해 행해진 전환과 관련된 의사결정은 가족과 학생의 개인적인 요구, 가족의 기존의 장점, 그리고 학생의 선호도와 관심사를 고려해야 한다. SCANS 역량은 만약 그러한 것이 실제 생활기술이 된다면 해당 학생의 교육과정의 일부가 되어야 한다. 예를 들어, 상희의 경우 IEP 팀은 SCANS 역량에 대한 고려와 함께 상희와 상회의 관심사에 대하여 가능한 한 많은 정보를 수집해야 한다. IEP 팀은 이것과 다른 사정자료들을 활용하여 통합된 고용을 위한 전환을 계획하는 의사결정을 할 수 있다.

고용 목적을 위한 관계의 네트워크를 설정하는 것은 중등 학생에게 안전한 직업 경험을 할 수 있도록 도와주는 한 가지 방법이다. 가족 관계와 네트워크는 고용 경험과 기회를 제공하기 위한 중요한 자원이 될 수 있다. 가족 중심 전략의 사용은 가족으로 하여금 전환과정에 적극적으로 참여할 수 있도록 해준다. IEP 팀 구성원들은 학생이 업무경험을 찾을 수 있도록 도와주는 공동체 자원 기관들과 같은 다른 자연적인 지원을 사용할 수 있다.

IEP 팀이 학생에게 가능한 직업 진로를 탐색할 수 있도록 도와줄 때, 학생과 가족은 모든 고용 옵션들을 인식해야 한다. 학생이 어떤 직업 옵션을 추구할 것인지에 대한 의사결정을 한 후에, IEP 팀은 학생이 고용을 위해 준비하고 확보하며 유지하기 위해 어떤 지원과 서비스가 필요한지를 살펴보아야 한다. 중등교육의 학문세계에서 성공하기 위하여 AT에 의존하는 많은 장애 학생들의 경우, AT는 작업장에서도 중요한 고려사항이 되어야 한다. 그것은 IEP 팀이 확실히 해결해야 할 중요한 문제다.

AT 장치는 작업장 환경뿐만 아니라 다른 환경에 있는 학생들도 사용하기 편리한가?

고용으로의 전환을 위한 지침

고용으로의 전환을 위해 AT를 고려할 때, IEP 팀에 의해 해결되어야 할 몇 가지 문제들이 있다. [그림 9-2]는 전환을 위한 간단한 AT 지침을 제공한다. 이와 같은 지침에 주의를 기울이면 성공을 위해 AT를 사용할 필요가 있는 학생을 위한 전환 동안 시간 낭비를 막을 수 있다.

많은 전문가들은 중증 장애 학생들의 고용 요구를 간과하는 경향이 있다. 이러한 학생들이 학교를 떠날 때, 1973년의 재활법 제504조는 이익이 있는 고용에 대한 그들의 권리를 지속적으로 보호하도

- 누가 학생의 학교 경력의 전환 국면 동안 학생에게 AT 장치 사용방법을 학습지도할 것인가?
- 사정은 적절한 AT 장치를 결정하기 위해 선택된 작업장에서 행해졌는가?
- AT 연속선을 고려하라. 라이트테크부터 하이테크 옵션들을 포함한 모든 테크놀로지 옵션들이 고려되었는가?
- AT 장치는 학생, 작업장 환경뿐만 아니라 다른 환경에서도 사용하기 편리한가?
- 학생은 테크놀로지의 효과성을 결정하기 위하여 작업장 내에서 테크놀로지를 시험적으로 사용할 수 있는가?
- 누가 AT 장치를 유지 · 관리하는가?
- AT를 빌리거나 구입하기 위하여 어떤 자금지원 옵션을 이용할 수 있는가?

[그림 9-2] 전환을 위한 보조공학 지침

록 요구하고 있다. (제1장을 보라). 지원된 고용(supported employment)은 중증 장애를 지닌 개인들이 자신들의 업무 책임을 수행하기 위하여 집중 서비스와 지원 시간 연장을 제공받을 수 있는 수단이다. 집중 서비스(intensive services)에는 학생에게 구체적인 과제를 가르치기 위하여 학생과 직접적으로 일하는 업무 코치(job coach)가 포함될 수 있다. 집중 지원(intensive supports)에는 변경된 컴퓨터 키보드(모니터상에 있는 키보드나 단 한 손만을 사용하여 조작할 수 있는 키보드), 컴퓨터 모니터(시각장애인을 위한 대형 모니터), 또는 변경된 작업장(들어 올린 책상이나 테이블)이 포함될 수 있다. 중증 장애인들은 작업장에 접근하고 성공하기 위하여 위에서 언급한 바와 같은 AT 장치와 지원을 요구할 수 있는 특수한 학습스타일을 가지고 있다.

중증 장애 학생과 일하는 중등교육자는 효과적이고 철저한 고용-훈련 프로그램을 제공해야 한다(Smith & Stuart, 2002). 중증 장애 학생은 고용환경에서 성공을 보장받기 위하여 AT와 같은 지원이 필요하다. 앞에서 진술한 바와 같이, 장애 학생을 작업장에 참여시키면 해당 학생의 독립심을 증진시킨다. 그 결과, 중증 장애 학생은 일반 세금 수입으로 재원을 지원하는 연방 수입 보조금인 **생활보조금**(Supplementary Security Income: SSI)의 장기적인 혜택에 주로 의존하지 않아도 된다. 이 생활보조금은 장애인을 위해 설계되었으며, 음식, 의복, 거주를 위한 기본적인 요구를 충족시키기 위하여 돈을

학생은 테크놀로지의 효과성을 결정하기 위하여 작업장 내에서 시험적으로 테크놀로지를 사용할 수 있는가?

제공한다.

이미 언급한 바와 같이, 중등 학생은 중등 후 교육환경을 위한 자기결정과 자기주장 기술을 개발하고 향상시켜야 한다. 이러한 기술은 해당 학생이 필요로 할 수 있는 작업장의 편의제공에 접근하기 위해 요구될 수 있다. 미국 장애인법(ADA)(제1장 참조)하에서, 자신의 장애나 장애와 관련된 어떤 정보를 언제 노출할지 또는 심지어 노출할지의 여부를 선택하는 것은 개인의 권리다. 개인은 언제 자신을 밝히고 정당한 편의제공을 요청하는 것이 적절한지를 인식하는 것이 중요하다.

정당한 편의제공(reasonable accommodations)은 개인의 요구에 따라 다르다. 그것은 간단한 것에서 복잡한 것까지, 라이트테크에서 하이테크까지, 저렴한 것에서 비싼 것까지 다양할 수 있다. AT는 사람이 자신의 직업에서 성공하기 위하여 요구할 수 있는 정당한 편의제공일 수 있다(Wonacott, 2003). 학생의 미래 직업을 탐색하고 특정 작업장에서 어떤 AT가 요구될 수 있는지를 사정하는 것은 학생이 어떤 AT가 작업장에서 필요한지를 드러냄으로써 해당 학생의 역량을 강화하는 한 가지 방법이다. 작업환경에서 AT를 사용할 수 있는 기회는 또한 미래의 업무환경에서 AT의 성공적인 활용을 촉진하는 데 있어 필수적이다.

전환활동에 참여하고 있는 장애 학생은 고용과 의사소통을 위하여 인터넷을 사용하는 방법을 배워야 한다. 많은 학생들은 인터넷에 접속하기 위하여 AT 장치를 필요로 할 것이다. 연방정부는 장애인을 위해 고용정보를 제공하는 많은 웹사이트를 운영하고 있다(〈표 9-2〉 참조). 가족과 학교 직원들은 이러한 웹사이트들이 값진 정보원임을 알게 될 것이다.

누가 AT 장치를 유지·관리하는가?

AT를 빌리거나 구매하기 위하여 어떤 자금지원 옵션을 이용할 수 있는가?

성인 기관. 가족과 학교 직원들이 고용을 위한 전환과정에 참여할 때, 그들은 성인 서비스 기관들(adult service agencies)과 협력해야 할 많은 기회들을 발견하게 될 것이다. 다시 한 번, VR은 장애인을 위한 통합된 경쟁적인 고용 목표를 달성하는 데 있어 중요한 접촉자가 될 것이다(Wonacott, 2003). AT의 사용은 오랫동안 VR의 최우선순위였다. 장애인을 위한 테크놀로지 관련 지원법(Technology-Related Assistance for Individuals with Disabilities Act)(1998)이 통과된 이후, 모든 50개 주가 고용에서 최고점에 이르는 경력 개발의 궁극적인 목표를 위해 AT를 개발하고 통합하기 위한 보조금을 받았다(Butler, Crudden, Sansing, & LeJeune, 2002). (〈표 9-2〉는 성인을 위한 AT 서비스를 찾기 위한 자원을 보여준다.) VR은 시험적으로 사용해 보기 위해 AT를 빌리고 AT를 곧바로 구매할 수 있는 자금을 얻기 위한 자원일 수 있다. IEP 팀은 공동체 내의 자원들에 익숙해져야 한다. 공동체 내의 자원과 지원의 확인은 장애 학생을 위한 전환계획의 필수적인 부분이다.

〈표 9-2〉 전환을 위한 자원

자원	내용
특수교육과 재활서비스국(Office of Special Education and Rehabilitative Services) http://www2.ed.gov/about/offices/list/osers/osep/index.html?src=mr	• 특수교육과 재활서비스 관련 법률과 서비스에 관한 개관 제공
직업평가 & 경력사정 전문가(Vocational Evaluation & Career Assessment Professionals) http://www.vecap.org	• 직업평가와 업무 조정에 관한 직업과 서비스 촉진
직업 편의제공 네트워크(Job Accommodation Network) http://janweb.icdi.wvu.edu	• 장애인의 고용 가능성을 증진하기 위하여 설계된 컨설팅 서비스
보조공학센터(Center for Assistive Technology) http://cat.buffalo.edu	• 기능적인 장애를 지닌 사람을 위한 AT 장치에 대한 지식을 증진하기 위한 연구 수행
테크놀로지접근연합(Alliance for Technology Access) http://www.ataccess.org	• 장애를 지닌 어린이와 성인을 위한 지역사회중심자원센터, 개발자, 제품생산업자, 그리고 서비스 제공자의 네트워크
장애를 지닌 젊은이를 위한 전국전환연합(National Transition Alliance for Youth with Disabilities) http://www.dssc.org/nta	• 전문가의 특수한 정보, 기술지원, 훈련, 연구 요구를 충족시켜 주는 프로그램과 장애를 지닌 영·유아, 어린이, 청소년과 성인 및 그들의 가족의 삶을 향상시키기 위한 프로그램을 설계하기 위해 1994년에 설립된 교육개발원(Academy of Educational Development)

사회보장(Social Security) http://www.socialsecurity.gov	• 사회보장을 위한 정부 웹사이트 자원
생활보조금(Supplemental Security Income: SSI) http://www.ssa.gov/ssi	• 장애인을 위한 연방생활보조금 프로그램
전환기 학생을 위한 인터넷 자원(Internet Resources for Students in Transition) http://cat.buffalo.edu/transition	• 이 자원은 인터넷과 전환계획과 관련된 정보에 대한 접근을 촉진한다. 이 사이트는 검색엔진과 온라인 사전, 책, 그리고 컴퓨터 자습서를 포함한 온라인 자원에 접근하기 위하여 컴퓨터를 사용하는 학생이 보조공학을 사용할 수 있도록 특별하게 설계되었다.
전국 중등교육과 전환센터(National Center on Secondary Education and Transition: NCSET) http://www.ncset.org	• NCSET는 장애를 지닌 젊은이들이 성공적인 미래를 달성할 수 있는 기회를 창출하기 위하여 전국적인 자원을 통합하며, 기술지원을 제공하고, 그들을 위한 중등교육과 전환과 관련된 정보를 전파한다.

보조공학과 대인 간 네트워크

성공적인 성인을 위한 삶의 질에는 사회적인 역량뿐만 아니라 건강한 대인 간 관계를 형성하고 유지하는 것이 포함된다. 개인은 적절한 사회적 기술을 가짐으로써 사회의 기대에 반응하고 수용할 수 있다. 이러한 기술은 태어나면서부터 발달하기 시작하며, 평생 동안 계속된다. 장애 학생은 종종 사회적인 역량과 긍정적인 관계를 이끌어 주는 기술을 습득하는 데 어려움을 겪는다(Vaughn, Bos, & Schumm, 2003). 중등 수준에서, IEP 팀은 학생이 직업적인 사회적 기술(occupational social skills)을 개발시킬 수 있는 교수(instruction)와 경험을 계획해야 한다. 통계에 따르면, 직업적인 사회적 기술의 결여가 직업 손실의 거의 90%를 차지하는 것으로 나타났다(Elksnin & Elksnin, 2001). IEP 팀이 전환을 계획하기 위해 만날 때, 이 사회적, 대인 간 네트워크 분야가 다루어져야 하며, 사정되어야 하고, IEP 팀은 학생의 사회적, 대인 간 문제해결과 여가 기술(leisure skills)을 포함해야 한다.

사회적 기술

직업을 유지하기 위하여 요구되는 사회적 기술(social skills)은 직업적인 사회적 기술이다. 많은 장애 학생들의 경우, AT는 이 분야에 있는 학생의 개별적인 요구를 충족시킬 수 있도록 도와줄 수 있다. 예를 들어, 사람이 직업을 구하기 위해 요구될 수 있는 한 가지 기술은 면접을 하기 위하여 잠재적인 고용주에게 전화를 거는 것이다. 청각장애 학생은 전화를 하기 위하여 원격의사소통 장치를 사용하는 방법을 알아야 한다. 이것과 다른 상황은 적절한 의사소통 기술을 가져야 하는 범주에 포함된다.

의사소통(communication)은 관계를 맺고, 사회적 기술을 향상시키며, 여가활동에 참여하는 데 있어 핵심적이다. 비록 의사소통은 제7장에서 심도 있게 기술되었지만, 이 분야에서의 그것의 중요성을 강조할 필요가 있다. 효과적으로 의사소통할 수 없는 학생은 교사와 자신을 돌보아 주는 사람들뿐만 아니라 동료와 의사소통하기 위하여 AT를 사용하는 방법을 배워야 한다.

대인 간 문제해결

대인관계 기술(interpersonal skills)은 인간 상호작용과 활동에서 중요하며 노동시장에서 매우 중요하다. 대인관계 기술은 사람이 일을 할 수 있도록 하고, 책무를 맡으며, 동료 노동자들과 협력하고, 문제를 일관성 있게 해결하도록 해준다. 장애 학생의 경우, 이 분야는 개발하고 연마하는 데 더 많은 시간을 필요로 한다. 그러한 학생이 이러한 기술을 전환과정 초기에 개발하고 대인 간 문제해결 기술(interpersonal problem-solving skills)을 학습하고 연습하기 시작하는 것이 중요하다. 이것은 교과과정, 프로젝트, 시뮬레이션, 그리고 직무훈련을 통해 달성될 수 있다. 대인 간 문제해결 기술을 개발하기 위한 기본적인 전략은 교실 내에서 가르쳐지고 그런 다음 실제 생활 상황으로 일반화될 수 있다. 교사들은 전환과정 동안 학생에게 학생의 중등 후 기간 동안 성공할 수 있는 기회를 신장시켜 줄 대인 간 문제해결과 관련된 기회를 제공할 수 있다.

여가와 레크리에이션

학문적인 환경에서 종종 간과되는 다른 분야는 여가와 레크리에이션 분야다. 의미 있는 여가와 레크리에이션 활동을 위한 기회를 가진 사람의 경우에 삶의 질은 향상된다. 레크리에이션 활동은 사회적인 상호작용을 위한 장소를 제공하며 학생이 여가와 레크리에이션 시간을 의미 있고 건설적인 방식으로 사용하는 방법을 학습하도록 도와주기 위한 것이다. 이러한 서비스들로는 여가 기능의 사정, 치료상의 레크리에이션 서비스의 확인, 학교와 공동체에서 제공하는 레크리에이션 프로그램의 탐색, 그리고 여가활동의 개발이 포함될 수 있다. 관련 서비스하에서, 여가 활동은 또한 만약 예술적・문화적인 프로그램이 학생에게 특수교육으로부터의 혜택을 제공한다면 해당 학생이 요구할 수 있는 예술적・문화적인 프로그램을 포함할 수 있다(Mattson, 2001).

AT는 장애 학생을 위한 여가와 레크리에이션에서 중요한 역할을 수행할 수 있다. 이것은 개별 학생의 요구에 따라 달라지며, IEP 팀은 AT가 레크리에이션과 여가에 대한 접근을 제공할 수 있는 방법을 모색해야 한다. IEP 팀은 또한 AT가 어떻게 학생이 이러한 기술에 유능하게 되도록 할 것인지를 결정해야 한다.

상희의 경우, IEP 팀은 상희가 학교 음악 프로그램 중 하나에 참여하기 위하여 요구되는 AT가 무엇인지를 고려해야 한다. AT가 상희가 프로그램에 접근할 수 있도록 하면서 그녀가 음악에서의 관심을 탐색할 수 있도록 하는 어떤 방법이 있는가? 상희와 음악교사와 같은 다른 학교 직원들이 함께 일할 때, AT 전문가는 AT가 어떻게 상희가 이러한 것을 할 수 있도록 해줄 것인지를 결정하는 데 도움을 줄 수 있다.

보조공학과 일상생활

몇몇 장애 학생은 학교와 작업환경에서뿐만 아니라 매일 AT를 필요로 한다. 모든 분야에서 AT는 학생의 삶의 질을 향상시킬 수 있다. 거주환경 내에서의 AT는 만약 목표들 중 하나가 독립적으로 사는 것이라면 해당 학생의 전환계획 속에 포함될 수 있다.

그러한 AT 장치들은 라이트테크에서 하이테크에 이르기까지의 AT 연속선상에 분포한다. 쉽게 잡을 수 있도록 제작된 손잡이가 있는 식판은 학생이 혼자서도 먹을 수 있도록 해준다. 이것은 식판의 손잡이를 여러 조각의 스펀지 고무(foam rubber)로 싸고 그것을 테이프로 감아서 만들 수 있다. 벨크로(velcro)는 바닥에서 미끄러지지 않도록 접시, 책, 그리고 글씨를 쓸 수 있는 판(writing tablet)을 고정하기 위하여 사용할 수 있다. 음료 컵의 한 부분은 학생이 컵으로 한 모금 마시는 것을 도와주기 위하여 절단해 낼 수 있다.

시각장애인의 경우, 계량컵, 온도 조절장치, 기구, 전화기, 그리고 시계와 같은 다양한 물건에 촉각표시(tactile markings)를 해 두면 일상생활에서 직면하는 도전들 중 몇 가지를 줄일 수 있다. 청각장애인은 진동하는 알람시계, 대문 벨이나 전화벨이 울릴 때 반짝거리는 전구, 그리고 자막이 제공되는 텔레비전이 필요할 수 있다. 보다 심한 인지장애인의 경우, 인지할 수 있도록 도와주기 위하여 모든 환경에서 다양한 제품들 위에 테이프로 물체의 시각적인 표상(visual representation)을 붙여 놓을 수 있다. 개인은 자신이 어떤 것이 필요하거나 원할 때 구체적인 그림을 지적하는 것을 배울 수 있다. 그림이 있는 시각적인 표상은 모든 환경에서 사용될 수 있으며, 특정 환경에 맞게 쉽게 변형될 수 있다. 전환기에 있는 많은 학생들은 그림을 통해서 물체의 시각적인 표상을 사용할 수 있으며, 이러한 방식으로 의사소통을 아주 잘한다. 이것은 전환계획에서 일상생활에까지 영향을 미치게 할 수 있다.

학생의 일상생활에서 독립심을 증가시키기 위하여 변형될 수 있는 다른 라이트테크 AT로는 크게 인쇄된 신문, 물체와 읽기 자료를 확대해 주는 컴퓨터 소프트웨어, 다양한 물체들을 고정시켜 주는 다이셈(Dycem), 돋보기나 확대경, 랩 쟁반(lap trays), 팔걸이, 지지용 베개, 샤워 의자, 아기 침대 보호대(bed rails), 아동을 이동시키기 위한 슬라이딩 보드, 문을 열고 닫기 위한 레버 손잡이, 높이가 낮추어진 싱크대와 테이블, 그리고 수화기를 쉽게 잡을 수 있도록 만들어진 전화기 받침대 등이 있다. 집에 있는 사람을 위한 이동 보조기기로는 휠체어를 쉽게 조정할 수 있도록 된 보다 넓은 문과 계단을 대치한 경사로가 포함될 수 있다. 집안에 있는 많은 물체들은 개개인의 요구를 충족시키기 위하여 변형될 수도 있다. 전환계획 동안, 일상생활은 학생을 위한 중요한 고려사항이 되어야 한다. 학부모들은 만약 학생을 위해 집안에서 AT가 필요하다면 장비를 구입하거나 편의제공, 그리고 변형이 행해져야 함을 보장하기 위하여 IEP 팀의 다른 구성원들과 협력해야 한다.

학습을 위한 보조공학

전환은 평생 동안 일어난다. 그것은 유치원 시기부터 시작하여 학생의 학창시절 내내 계속된다. 모든 장애 학생은 모든 수준에서 전환서비스를 받을 자격이 있다. 유일한 요구조건은 그들이 IDEIA에 규정해 놓은 기준들을 충족해야 한다는 것이다. 학생의 장애에 상관없이, AT는 IEP의 일부로 간주되어야 한다. AT는 많은 학생들을 위한 전환서비스의 중요한 부분이며, 학생의 교육 초기부터 일찍 시작해야 한다.

우리가 성공적인 전환을 증진하는 학습활동들을 살펴볼 때, 다음과 같은 두 가지 질문을 고려한다. (a) 학생이 성공적으로 전환하도록 도와주기 위하여 어떤 활동이 필요한가? (b) 어떤 AT 장치와 서비스가 학생이 이러한 활동에 접근할 수 있도록 도와주는가? 전환은 이 장의 앞부분에서 정의되었으며, 고등학교와 중등 후 학교,

그리고 미래 생활활동으로부터 전환과정에 있는 학생을 도와줄 서비스도 마찬가지로 앞부분에서 정의되었다. 전환활동으로는 직업, 중등 후 학교 고용, 중등 후 교육, 혼자서 생활하는 것, 그리고 공동체의 적극적인 구성원이 되는 것이 고려될 수 있다. 만약 학생이 이러한 분야들 각각에서 성공하기 위하여 AT가 필요하다면, 그것은 IEP에서 다루어져야 한다. 학생의 IEP의 일부분으로서, 학생의 목표와 관련된 목표들과 벤치마킹이 개발된다. 상희의 경우처럼, 그 목표는 일 년 단위로 재검토되고, IEP 팀에 의해서 적절한 것으로 밝혀지면 나중에 재검토 대상이 된다. 상희는 의사소통 기술을 증진하기 위하여 AT를 사용했기 때문에, IEP 팀은 일 년 단위보다 더 빈번하게 그녀의 IEP를 재점검함으로써 이 분야에서의 상희의 진전도를 모니터하는 것이 중요하다. 상희는 그 목표들이 자신의 평생 동안의 활동에서의 관심사와 일치하는지를 확실히 하기 위하여 이 과정에서 적극적인 입장을 취하고 있다.

초등학교에서의 보조공학과 전환

초등학교에서의 많은 전환활동은 학생에게 그가 이용할 수 있는 다양한 유형의 기회와 AT가 어떻게 작업장에 맞추어질 수 있는지를 소개하는 것으로부터 시작할 수 있다. 초등학교에서의 전환은 교과내용 속에 통합될 수도 있다. 예를 들어, 건강분야에서 교사는 영양에 관한 단원을 소개할 수 있다. 이러한 소개는 학생이 이용할 수 있는 영양과 관련된 다양한 직업들로 전개될 수 있다. 시각장애 학생은 영양사가 자신의 일을 좀 더 잘 수행할 수 있도록 병원 내에서 사용되는 다양한 소프트웨어 프로그램을 개발할 수 있다. 교육과정 속에 포함될 수 있는 다른 활동들로는 다양한 분야의 산업체에 대한 현장견학, 취업박람회, 학생에게 멘토로 봉사하는 학생들, 그리고 교육과정의 특정 부분과 관련된 경력에 관한 논의가 있다.

초등학교 교육과정의 어떤 부분은 경력탐색 활동들, 예를 들어, 교실 내에서의 시뮬레이션 활동, 정보와 실제 직업을 연결할 수 있는 초청 강연, 그리고 하루 동안의 업무현장 방문을 포함할 수 있다. 교사는 어떤 직업을 위해 학생을 준비시키기 위하여 중등 교육과정의 일부로서 이용할 수 있는 관련된 강좌나 기회를 소개한 후 학생과 학부모들이 중등 후 학교활동으로의 전환에 대하여 매우 일찍부터 생각하도록 독려할 수 있다.

교사가 초등학교 시기 동안 살펴보기 시작할 수 있는 다른 분야로는 학생의 다양한 학습스타일과 이러한 것이 나중에 학생의 삶에서 다른 직업과 어떻게 합치될 수 있는지가 포함된다. 학습스타일 목록(learning-style inventories)은 선호하는 학습양식(mode of learning)을 결정한다. 이러한 학습스타일은 학생으로 하여금 매우 다양한 배경을 지닌 개인들과 일하는 것을 학습할 뿐만 아니라 협동의 과정과 모든 사람들의 기여가 과제에 얼마나 중요한지를 학습할 수 있도록 해 주는 다양한 유형의 집단활동 속에 통합될 수 있다. 만약 학생이 초등학교 동안 AT 장치를 사용한다면, 비장애 학생들은 AT 장치가 활동에의 학생 참여를 신장시켜 주기 위하여 어떻게 활용되는지에 관한 이해를 할 수 있다. 이러한 유형의 학교활동은 많은 학생들로 하여금 모든 학생이 어떻게 사회에 기여할 수 있는지를 이해하도록 하는 평생 과정의 시작일 수 있다.

중학교와 중등학교에서의 보조공학과 전환

학생이 중학교와 중등학교로 진학할 때, 전환활동이 교육과정의 주요한 부분이 되는 것이 중요하다. 학생은 자신의 관심사가 어디에 있는지를 이해하기 시작해야 하며, 인생의 목표에 대하여 생각하기 시작해야 한다. 그는 또한 혼자 힘으로 독립적인 생활스타일을 가능한 한 많이 형성하기 시작해야 한다. 자기결정(self-determination)과 자기주장(self-advocacy)은 학생이 보다 독립적으로 되기 위한 중요한 기술이며, 중학교와 중등학교 교육과정의 일부분이 되어야 한다.

자기결정. 자기결정은 학생의 미래에 영향을 미치는 중요한 결정을 할 수 있도록 도와주는 데 학생을 관여시킨다. 만약 학생이 독립적이려면, IEP 팀 구성원들이나 관련 서비스 제공자들이 그를 위해 결정을 내려주는 것 대신에, 자신이 취하고자 하는 방향에 대해 목소리를 높여 주장해야 한다. 팀 구성원 간의 협력도 중요하지만, 학생이 전환계획의 모든 측면에 대해 최종적으로 주장할 수 있는 팀 구성원이어야 한다. 자기결정은 학생이 중등 후 활동을 위한 선택을 사정하기 시작할 수 있도록 IEP에 통합되어야 한다.

상희는 IEP 팀 구성원들에게 포트폴리오 프레젠테이션을 통해 자신의 성취도와 관심사를 보여주었는데, 그 자체가 팀 구성원들에게 자신이 성공하기 위해서 자기 스스로 그리고 자기결정을 한 지식에 대하여 많은 것을 말해 주었다. 성공하기 위한 자기결정을 위해, 서비스는 접근 가능하고, 조정가능하며, 사정 가능해야 하고, 학생은 자신의 요구를 인지해야 하며, 혼자 힘으로 주장할 수 있어야 하고, 목표를 설정하고 그것을 달성하기 위하여 일할 수 있어야 한다(Morgan, Ellerd, Gerity, & Blair, 2000).

학생은 모든 AT 지원이 자신의 학교 경력의 전환 국면 동안 성공하기 위하여 필요한지를 결정하기 위하여 문서, 사정, 관심사 목록, 학부모, 교사, 그리고 AT 전문가로부터 충분한 정보를 얻어야 한다. 정보는 학생의 성공을 보장하기 위하여 최상의 결정을 할 수 있도록 모든 IEP 팀 구성원들도 확실히 이용할 수 있어야 한다.

자기주장. 자기주장은 또한 학생의 전환계획의 통합 부분이 되어야 한다. 교사는 가능한 한 초등학교 시기 초기부터 자기 자신을 주장할 수 있는 사람이 될 수 있도록 하기 위하여 학생에게 기회를 제공하기 시작해야 한다. 학생은 자신에게 어떤 권리를 제공하는 법률에 관한 지식을 가져야 한다. 학생이 중학교에서 고등학교로 전환하기 시작하고 혼자 힘으로 주장할 수 있게 됨에 따라, 교사는 IDEIA, 1973년 재활법 제054조, 그리고 ADA에 관한 이해가 자신의 교육과정 속에 포함되어 있는지를 확실히 해야 한다. AT를 필요로 하는 학생은 또한 자신에게 이러한 옵션을 제공하는 법률에 관한 지식과 자기주장 방법에 관한 이해력을 지녀야 하며, 중등 후, 공동체, 그리고 작업환경에서 성공을 위해 요구되는 AT에 투자해야 한다.

중학교와 중등학교 수준에서, 학생은 자신의 IEP의 개발에서 핵심적인 주장을 하기 위한 발의권(initiative)을 갖기 시작해야 한다. 이러한 것에는 학생이 (a) 자기 자신의 IEP 모임을 주도하고, (b) 등록할 강좌를 결정하며, (c) 졸업 후(postschool) 다양한 기회를 탐색하기 위하여 고등학교 카운슬러를 만나고, (d) 어떤 강좌의 요건을 충족하기 위하여 요구되는 구체적인 IEP에 규정된 수정과 편의제공에 대하여 자신의 교사들 각각에게 알려주는 것이 포함된다. 학생은 중학교 시기 동안 그리고 초등학교 고학년부터 가능한 한 일찍 이러한 방식으로 참여하기 시작해야 한다. 정규교육 교실 내에서 AT를 사용하는 학생은 정규교육 교사가 AT 장치에 관한 지식을 갖도록 해야 한다. 만약 학생이 컴퓨터를 사용하기 위하여 대체 키보드나 변경된 마우스를 필요로 한다면, 교사는 그 장치가 어떻게 작동하는지에 관한 실제적인 지식을 가지고 있어야 한다. 만약 그렇지 않다면, 아마도 학생은 특정 경우에 AT 장치의 사용에 대하여 교사를 훈련시킬 수 있다.

학생이 학교 환경 내에서 혼자 힘으로 자기주장하는 것을 학습하는 방식은 졸업 후 시기, 직업교육환경이나 고등교육환경에까지 영향을 미칠 수 있다. 이것은 학생으로 하여금 자신이 어떤 AT를 이용할 수 있는지를 알고 이해하도록 도와주는 것의 일부분이 될 수 있으며, 학생이 직장과 학교에서 성공할 수 있도록 도와줄 것이다. 학생은 취업 응시원서나 대학 입학원서를 작성하는 방법을 알고 이해해야 하며, 적절한 면접기술을 사용하고, 고용주나 대학교수가 성공적인 학생이 되기 위해 요구되는 환경과 학문적인 수정을 인지할 수 있도록 해야 한다.

O*NET은 미국 노동부(U.S. Department of Labor)에 의해 지원되는 상호작용적이며 접근 가능한 직업 데이터베이스다(〈표 9-3〉 참조). 고용, 직업, 그리고 직무기술(job skills)에 대한 정보는 각 웹사이트에서 찾을 수 있다. O*NET과 비슷한 웹사이트들은 학생이 자신의 미래에 대하여 충분히 알고 결정할 수 있도록 도와주기 위하여 교육과정 속에 통합될 수 있는 정보에 관한 자료를 제공한다. 또한 그러한 웹사이트를 사용하면 구체적인 직무상황에서 어떤 유형의 AT와 다른 편의제공이 요구될 수 있는지를 결정하는 데 도움이 될 것이다.

〈표 9-3〉 전환을 위한 도구

보조공학과 재활장비(Assistive Technology and Rehabilitation Equipment) ABLEDATA http://www.abledata.com	• ABLEDATA는 국내외 자원에서 이용 가능한 보조공학 제품과 재활 장비에 대한 객관적인 정보를 제공한다. 비록 ABLEDATA는 어떤 제품도 팔지는 않지만, 제품을 파는 회사들을 찾는 데 도움을 줄 수 있다.
북미재활공학과 보조공학협회(Rehabilitation Engineering & Assistive Technology Society of North America: RESNA) http://resna.org	• RESNA는 테크놀로지와 장애에 공통된 관심사를 가지고 있는 사람들의 다학문적인 협회다. 장애인이 테크놀로지의 사용을 통해 목적을 달성할 수 있도록 장애인들의 잠재력을 향상시키는 것이다.
정보자원(Information Resources) DisabilityInformation http://www.disabilityinfo.gov	• 이 웹사이트는 장애인들을 위한 고용과 관련된 다양한 주제들을 다룬다: 일자리를 구하고 있는 장애인들을 위한 조언; 근면하고 헌신적인 고용자들을 찾고 있는 고용주 지원; 고용에 관한 권리, 법률, 그리고 규제들에 관한 정보; 고용프로그램들에 대한 자원들; 그리고 장애인들을 위한 업무 편의제공
전국재활정보센터(National Rehabilitation Information Center: NARIC) http://naric.com	• 홈페이지에 따르면, NARIC는 사용자들이 장애와 재활지향 정보를 쉽게 찾고 사용할 수 있도록 설계된, 다양한 형식으로 조직된 많은 장애와 재활지향 정보를 위한 통로(gateway)다.

업무 편의제공 네트워크(Job Accommodation Network: JAN) http://askjan.org/	• JAN은 (a) 개별화된 직장 편의제공 해결책을 제공하고, (b) ADA와 다른 장애 관련 법률에 관한 기술지원을 제공하며, (c) 방문객들에게 자유업(self-employment)에 대하여 교육함으로써 장애인들의 고용 가능성을 증진하기 위하여 계획된 무료 컨설팅 서비스다.
직업정보 네트워크(Occupational Information Network: O*NET) http://www.onetonline.org/	• 이 웹사이트는 직업과 기술 정보를 찾을 수 있도록 하기 위한 접근 가능한 데이터베이스와 검색엔진을 가지고 있다.
Just One Break, Inc.(JOB) http://www.justonebreak.com/Index.aspx	• JOB의 임무는 모든 산업체에 있는 회사들과의 파트너십을 통해 장애인들을 위한 경쟁력 있는 고용을 찾는 것이다.
AlphaSmart에 의해 개발된 Note-taking NEO http://www.neo-direct.com/	• NEO는 사용하기 쉽고, 경량이며, 구매 가능하다. 그것 자체에 다양한 컴퓨팅 능력을 제공하고 데스크톱과 노트북 컴퓨터와 힘들이지 않고 통합할 수 있도록 설계되었다. NEO는 풀 사이즈 키보드와 엄청난 배터리 수명을 제공하며 이전 모델보다 50% 더 큰 화면과 두 배나 더 큰 메모리를 추가하였다.
Organization Draft: Builder; 글쓰기와 그래픽 조직자 소프트웨어 http://www.donjohnston.com	• Draft: Builder는 글쓰기 과정을 세 가지 특징적인 기술, 즉 계획과 개념 맵핑, 노트필기와 자료 인용, 그리고 초고 작성으로 나누어 지원한다. 각각의 보기(view)는 각 과제를 수행하는 데 적절한 사려 깊은 스캐폴딩을 제공함으로써 학생을 지원한다. 아울러, 분리 화면 보기(split-screen view)는 계속적으로 유지되는데, 그것은 학생이 행해 온 작업들 모두를 보여주고 학생들이 글쓰기의 순환적인 과정을 거치면서 학습할 때, 그들이 정보를 전이(transfer)하고 아이디어를 구축할 수 있도록 해준다.
시각장애인과 난독장애인을 위한 녹음도서관(Recording for the Blind & Dyslexic) http://www.rfbd.org	• 비영리 자원봉사기관인 시각장애인과 난독장애인을 위한 녹음도서관은 시각장애, 난독증, 또는 다른 신체적인 장애 때문에 표준 인쇄물을 효과적으로 읽을 수 없는 사람들을 도와주는 국가의 교육 도서관이다.
점자와 녹음책 도서관(Braille and Talking Book Library) http://www.perkins.org	• Perkins School for the Blind의 서비스. 사용자들은 온라인 제품 카탈로그, 대형 인쇄 서비스, 음성 전환된(audio-described) 비디오 서비스, 그리고 참고 도서관을 찾

	을 수 있다. Newline은 신문을 들을 수 있도록 한 무료 전화기반 서비스다.
재활서비스청(Rehabilitation Services Administration: RSA) http://www2.ed.gov/about/offices/list/osers/rsa/index.html	• RSA는 지체나 정신장애를 지닌 사람들이 일자리를 얻고 카운슬링, 의학 및 심리학적 서비스, 직무훈련, 그리고 다른 개별화된 서비스들과 같은 지원을 통해 보다 독립적으로 생활할 수 있도록 돕는 방식(formula)과 자유재량의 보조금 프로그램(discretionary grant programs)을 감독한다. RSA의 주요한 타이틀 I 방식 보조금 프로그램은 장애인들에게 고용 관련 서비스들을 제공하기 위하여 주(州) 직업 재활기관들에게 자금지원을 제공하는데, 심각한 장애를 지닌 사람들에게 우선권을 준다.
1998년의 미국 인력투자법(Workforce Investment Act of 1998) http://www.afscme.org/pol-leg/wiahome.htm	• 직장 준비와 고용을 위한 원스톱 경력센터

학교환경은 AT를 위한 시험 장소(pilot site)로 활용될 수 있다. 앞에서 언급한 바와 같이, 학생은 AT를 사용하고 정보에 근거한 결정을 하는 데 있어 중요시되는 일반교육 교육과정 내에서 많은 시뮬레이션 활동을 할 수 있다. 학생이 시뮬레이션형(simulation-type) 환경에서 AT를 사용하는 것을 연습할 때, 그는 이러한 경험을 AT가 잠재적인 졸업 후 활동을 위해 적절한지의 여부를 알아보기 위하여 실제 생활환경으로 전이할 수 있다. 이러한 유형의 활동은 중학교 동안 시작되고 고등학교까지 계속되는 교육과정의 주요한 부분이 되어야 한다. 이러한 유형의 시뮬레이션은 나중에 성공적인 것으로 증명되지 않은 다른 선택들을 탐색하기 위한 기회 측면에서 학생을 보다 덜 실망시킬 수 있다.

IEP 팀이 학생이 어떤 직업이나 분야를 추구하기를 원하는지를 결정한 후, 해당 팀은 AT가 필요한지를 고려하는 것이 중요하다. 상희의 IEP 팀은 중등 후 환경에 성공적으로 전환할 수 있도록 하기 위하여 그녀에게 의사소통을 위한 컴퓨터 기술과 정보 수집을 향상시키는 것이 중요하다고 결정했다. 상희의 의사소통과 자료수집 기술을 증진하기 위하여 컴퓨터를 사용하기 위한 계획은 두 가지 기술 분야를 위한 AT의 사용을 요구한다. AT는 상희가 자신의 IEP의 연간 목표를 달성할 수 있도록 학교시스템에 의해 제공되어야 한다.

[보조공학 적용 9-1]

전환목표를 달성하기 위한 보조공학 활용

SCANS 역량 지도

SCANS 역량: 학생은 정보를 처리하기 위하여 컴퓨터를 사용할 수 있다.

전환목표: 미희는 정보를 획득·조직·분석·의사소통하기 위하여 컴퓨터를 사용할 수 있다.

미희 사례: 미희는 전맹인 14세 학생이다. 그녀는 점자 사용자다. 그녀의 데스크톱 컴퓨터는 전자점자(refreshable braille) 키보드, 스크린리더, 그리고 점자와 일반 인쇄 프린터가 장착되어 있다. 이 AT를 사용하여, 미희의 컴퓨터교사는 시각장애 학생의 교사와 협력하여 미희가 예산을 짜기 위하여 컴퓨터 스프레드시트를 사용할 수 있도록 가르치고 있다. 아울러, 미희의 역사 선생님은 연구 보고서를 작성하기 위해 온라인 컴퓨터 데이터베이스를 사용하는 방법을 가르치고 있다.

여러분 차례(It's Your Turn): 장 서두의 보조공학 스냅샷으로부터의 상희의 예와 이 책 전체에서 찾을 수 있는 정보와 웹사이트를 사용하여, 다음과 같은 SCANS 역량과 상희의 IEP 팀에 의해 선정된 전환목표를 달성하기 위하여 AT가 어떻게 사용될 수 있는지에 관한 예들을 만들어라.

SCANS 역량: 학생은 팀의 구성원으로서 참여한다.

전환목표: 상희는 다른 사람들과 협력하여 일하며 집단의 생각, 제안, 그리고 노력에 기여할 수 있다.

여러분 차례(It's Your Turn):

여러분의 예들: ______________________________

____

____

출처: Kopple, C., Kane, M., Matheson, A. M., Packer, A., & White, T. (1993). SCANS in the schools. In the U.S. Department of Labor, Teaching the SCANS Competencies (p.10). Retrived Aygust 11, 2005, from http://wdr.doleta.gov/SCANS/teaching/teaching.pdf로부터 수정된 정보

학습점검

- 전환서비스는 성공적인 성인 기능의 모든 영역에 초점을 둔다. Halpern(1985)은 장애 학생을 위한 전환서비스를 계획하고 통합하기 위한 세 가지 영역을 (a) 거주환경, (b) 고용, 그리고 (c) 사회적·대인 간 네트워크로 정의했다.
- 전환을 지원할 AT는 IEP 개발에서 계획 과정의 일부분이 되어야 한다. 전환계획 동안 AT를 계획하지 못하면 학생이 성공적인 성인이 되는 데 있어 장애와 문제를 초래할 수 있다.
- 전환과정 동안 문제를 일으키는 AT에 관련된 쟁점들로는 (a) 중등 프로그램에서 초기 전환계획의 부재, (b) 학생과 다른 전문가들을 위한 적절한 훈련의 부재, (c) 학생이 AT 장비를 갖춘 후의 후속조치 부재, (d) AT 유기, (e) 자금지원처를 찾는 능력 부족, 그리고 (f) 작업장과 중등 후 환경에서 편의제공을 위한 자격 문제 등이 있다.
- 어린 성인들이 중등 후 교육 상황에 접근하는 데 있어 접하는 도전들로는 학문, 자기주장, 사회적 네트워크, 그리고 일상의 기능적 기술이 있다. 학생의 준비도를 사정하는 것은 학생이 고등학교에서 중등 후 환경으로 효과적으로 전환할 수 있도록 도와주는 한 가지 방법이다. 학생이 성공하려면 중등 후 환경에서 장애 학생의 요구를 충족시키기 위한 모형의 개발은 필수적이다. 이러한 모형은 개인적으로 민감하고, 융통적이며, 학생의 전반적인 실생활 지원 요구와 통합되어야 한다. 몇몇 AT 서비스는 시간제한이 있을 것이며, 다른 몇몇 AT 서비스는 계속될 것이다.
- 중등 후 교육기관에 들어온 학생은 고등학교 시기 동안 적용받은 법률과는 다른 법률의 적용을 받는다. 고등학교 교육환경에 들어온 학생은 더 이상 2004년의 IDEIA의 적용을 받지 않는다.
- 장애 학생을 위한 전환서비스를 지원하는 기관은 직업재활(VR)이다. VR의 주요한 목표는 통합된 경쟁적인 고용이며 또한 중등 후 교육지원을 포함할 수 있다. 중등환경에서의 훈련은 중등 후 환경에서의 AT의 적절한 사용을 보장하기 위하여 필수적이다.
- 학생은 중등교육 시기 동안 자기 자신에 대하여 주장하기 시작한다. 중등 후 교육환경에서, 학생은 자기주장자가 되어야 한다. 학부모들

은 더 이상 지원해 주지 않는다. 학생은 또한 장애에 대해 자기주장을 해야 하며 편의제공 필요에 관한 문서를 제공해야 한다. 만약 학생이 중등 후 수준에서 AT를 필요로 한다면, 그 학생은 자신이 실제로 AT가 필요하며 AT를 사용함으로써 혜택을 받을 것이라는 중요한 문서를 제공해야 한다. 이것은 기관이 장치나 서비스에 대한 대가를 지불하는 경우 특히 더 그러하다.

- 전환계획에는 학생이 21세기 고용을 위해 중요한 실제생활 기술에 관하여 인식하는 활동이 포함되어야 한다. 미국 노동부에 고용을 위해 필요한 기술에 관하여 자문을 하고 있는 집단인 SCANS는 고용주들이 필요하다고 생각하는 다섯 가지의 역량기술 분야를 밝혀냈다. 이러한 역량기술로는 자원, 대인 간 기술, 정보, 시스템, 그리고 테크놀로지가 있다. 사정자료들과 통합하여, SCANS 역량은 IEP 팀이 고용으로의 전환과 관련된 의사결정을 할 수 있도록 해준다.
- 전환 동안 AT에 대한 고려사항은 IEP 팀에 의해 다루어져야 한다. 전환을 위한 아홉 가지 지침에는 다음과 같은 것이 포함된다. 누가 학생의 학교 경력의 전환 국면 동안 학생에게 AT 장치 사용방법을 학습지도할 것인가? 사정은 적절한 AT 장치를 결정하기 위한 선택된 작업장에서 행해졌는가? AT 연속선을 고려하라. 라이트테크부터 하이테크 옵션들을 포함한 모든 테크놀로지 옵션이 고려되었는가? AT 장치는 학생, 작업장 환경뿐만 아니라 다른 환경에서도 사용하기 편리한가? 학생은 테크놀로지의 효과성을 결정하기 위하여 작업장 내에서 테크놀로지를 시험적으로 사용할 수 있는가? 누가 AT 장치를 유지 · 관리하는가? AT를 빌리거나 구입하기 위하여 어떤 자금지원 옵션을 이용할 수 있는가?
- AT는 장애를 지닌 고용자가 성공할 수 있도록 작업장에서 정당한 편의제공이 되어야 한다. 전환과정 동안 AT를 사용하기 위한 탐색, 사정, 그리고 기회는 작업환경에서의 AT의 성공적인 사용을 위해서 필수적이다.
- AT는 직업적인 사회적 기술 분야에서 장애 학생을 도울 수 있다. 다양한 장애 학생은 전화를 하기 위한 원격 의사소통 장치와 같은 간단한 AT 장치를 필요로 할 수도 있다. 의사소통 기술이 결여된 사람은 사회적 기술에서도, 그리고 최종적으로는 적절한 관계를 형

성하고 유지하는 데 있어서도 문제가 있다.

- 레크리에이션 활동은 사회적인 상호작용을 위한 장소를 제공한다. 여가와 레크리에이션 활동에 접근하는 것과 관련된 서비스로는 여가 기능의 사정, 치료상의 레크리에이션 서비스의 확인, 학교와 공동체에서 제공하는 레크리에이션 프로그램의 탐색, 그리고 여가활동의 개발이 포함된다. 이러한 것에는 예술적 · 문화적인 활동도 포함될 수 있다.
- 몇몇 장애 학생은 일상생활 기술을 위해 AT가 필요할 수 있다. 거주 환경에서 AT는 또한 전환계획 속에 포함될 수 있다. 개인적인 요구는 다양하다. 적절한 AT는 접시를 고정하기 위한 벨크로의 사용에서부터 일상의 물건들 위에 촉각표시를 하는 것에 이르기까지 다양하다.
- 전환은 유치원 시기부터 시작하여 학생의 교육 시기 전체에 걸쳐 그리고 성인기까지 계속된다. AT의 사용은 만약 그것이 필요하다면 일찍부터 시작해야 한다. 전환은 다음과 같은 두 가지 방식으로 생각해 볼 수 있다. (a) 전환이 무엇인가? (b) 학생을 위해 중요한 전환과 관련된 활동은 무엇인가?
- 초등학교 시기에 전환은 교과영역 내의 다양한 직업과 통합되어 포함될 수 있다.
- 중학교와 중등학교 시기에, 전환활동은 학생의 교육과정에 통합된 부분이 되어야 한다. 이 시기 동안, 학생은 자신의 관심사와 평생 목표에 대하여 생각하기 시작해야 한다.
- 자기주장은 학생을 학생의 미래에 영향을 미치는 중요한 결정을 할 수 있도록 도와주는 데 관여시킨다. 이것은 독립성의 수준을 격려하고 강화한다. 자기주장은 또한 전환계획의 일부분이 되어야 한다. 교사는 학생에게 중학교와 중등학교 시기 동안 자기 자신의 주장자가 될 수 있는 기회를 제공해 주기 시작해야 한다. 학생은 이 모든 교육 단계 동안, AT가 성공하기 위해서 필요한지를 결정하고, 일반교육 교육과정에 접근하며, 구체적인 직업이나 중등 후 기회에 대해 고려해 보도록 하는 것이 중요하다.

참고문헌

Babbitt, B. C.. & White, C. M. (2002). "R U Ready?": Helping students assess their readiness for postsecondary education. *Teaching Exceptional Children, 35*(2), 62-66.

Butler, S. E., Crudden, A., Sansing, W. K., & Lejeune, B. J. (2002). Employment barriers: Access to assistive technology and research needs. *Journal of Visual Impairment & Blindness, 96*, 668.

Conderman, G., & Katsiyannis, G. (2002). Instructional issues and practices in secondary special education. *Remedial and Special Education, 23*, 169-179.

Elksnin, N., & Elksnin, L. K. (2001). Adolescents with disabilities: The need for occupational social skills training. *Exceptionality, 9*, 91-105.

Field, S., Sarver, M. D., & Shaw, S. F. (2003). Self-determination. *Remedial and Special Education, 24*, 339-350.

Halpern, A. S. (1985). Transition: A look at the foundations. *Exceptional Children, 51*, 479-486.

Heward, W. L. (2003). *Exceptional children: An introduction to special education* (7th ed.). Upper Saddle River, NJ: Merrill/Prentice Hall.

Houchins, D. (2001). Assistive technology barriers and facilitators during secondary and post-secondary transitions. *Career Development for Exceptional Individuals, 24*, 73-88.

Individuals with Disabilities Education Improvement Act. Pub. L. No. 108-446, 300 STAT.43.

Johnson, D. R, Stodden, R A., Emanuel, E. J., Luecking, R, & Mack, M. (2002). Current challenges facing secondary education and transition services: What research tells us. *Exceptional Children, 68,* 519-531.

Mattson, B. (2001). *Related services.* (Report no. NICHCY-ND16). Washington, DC: National Information Center for Children and Youth with Disabilities, Academy of Educational Development. (ERIC Document Service ED459567)

Morgan, R L., Ellerd, D. A., Gerity, B. P., & Blair, R J. (2000). That's the job I want! *Teaching Exceptional Children, 32*, 44-49.

Mull, C. A., & Sitlington, P. L. (2003). The role of technology in the transition to postsecondary education of students with learning disabilities. *Journal of Special Education, 37*(1), 26-33.

National Center for the Study of Postsecondary Education Supports. (2000a). *Technical report: Postsecondary education and employment for students with disabilities: Focus group discussion on supports and barriers to lifelong learning*. Honolulu: University of Hawaii at Manoa.

National Center for the Study of Postsecondary Education Supports. (2000b). *Technical report: National survey of educational support provision to students with disabilities in postsecondary education settings*. Honolulu: University of Hawaii at Manoa.

Secretary's Commission on Achieving Necessary Skills, U.S. Department of Labor. (2005). *Teaching the SCANS Competencies*. Retrieved August 11, 2005, from http://wdr.doleta.gov/SCANS/teaching/teaching.pdf

Sitlington, P. L. (2003). Postsecondary education: The other transition. *Exceptionality, 11*(2), 103-114.

Smith, S. w., & Stuart, C. H. (2002). Transition planning for students with severe disabilities: Policy implications for the classroom. *Intervention in School & Clinic, 37*, 234-238.

Vaughn, S., Bos, C. S., & Schumm, J. S. (2003). *Teaching exceptional, diverse, and at-risk students in the general education classroom* (3rd ed.). Boston: Allyn & Bacon.

Wagner, M., Newman, L, Cameto, R, & Levine, P. (2005). *Changes over time in the early postschool outcomes of youth with disabilities: A report of findings from the National Longitudinal Transition Study (NTLS) and the National Longitudinal Transition Study-2 (NTLS2)*. Menlo Park, CA: SRI. Retrieved August 11, 2005, from http://www.nlts2.org/pdfs/str6_completereport.pdf

Will, M. C. (1986). Educating children with learning problems: A shared responsibility. *Exceptional Children, 52*, 411-415.

Wonacott, M. E. (2003). *Employment for people with disabilities* (Report No. EDO-CE-03-247). New York: New York University, Institute for Education and Social Policy. (ERIC Document Reproduction Service No. ED478950)

제10장

원격학습을 위한 보조공학

장(章) 개관

- 보조공학 스냅샷
- 원격교육
- 원격수업
- 학습을 위한 보조공학
- [보조공학 적용 10-1]
- 학습점검
- 참고문헌

학습과제

1. 원격학습이란 무엇인가?
2. 장애 학생은 어떤 유형의 원격학습을 통해 교육에 접근할 수 있는가?
3. 장애 학생은 원격학습에 접근하기 위하여 어떤 종류의 보조공학이 필요한가?
4. 원격학습은 가정-학교 의사소통을 증진하기 위하여 어떻게 사용될 수 있는가?
5. 원격학습 강좌 설계자는 장애 학생도 원격학습 경험에 접근 가능하도록 만들기 위하여 어떤 정보가 필요한가?
6. 원격학습은 교육적인 네트워킹뿐만 아니라 사회적인 네트워킹을 위해 어떻게 사용될 수 있는가?

보조공학 스냅샷

준호 사례

준호는 청솔 고등학교 2학년 학생이다. 준호는 홀아버지와 형 영우와 함께 살고 있다. 준호의 아버지는 공군 소령이다. 소령인 아버지의 직업 때문에, 가족들은 여러 번 이사를 해 왔다. 준호는 현재 고등학교 2학년이며, 영우는 같은 고등학교 3학년이다. 준호가 고등학교에 들어갔을 때, 그는 모험을 했으며, 헬멧을 착용하지 않고 빌린 오토바이를 탔다. 준호는 차 사고를 당했으며, 머리를 길바닥에 부딪힌 것이 원인이 되어 외상성 뇌손상, 또는 후천성 뇌손상으로 진단받았다. 준호의 의학기록과 교육기록에 따르면, 그는 수많은 합병증과 때때로 분명한 이유 없이 폭력적이 되는 심한 성격 변화를 겪어 왔다. 약간의 신체적, 건강상의 문제와 더불어, 이러한 합병증으로 인해 준호는 여러 날을 학교에 가지 못했다. 여러 번 학교를 결석한 결과, 준호는 성공적인 학습자가 되고 친구들과 관계를 지속적으로 유지하는 데 어려움을 겪고 있다. 준호가 이러한 증상으로 인해 오랫동안 결석을 했을 때, 교육청은 그의 집이나 병원으로 찾아오는 교사를 제공했다.

준호의 특수교육교사인 최 선생님은 준호가 뇌손상 치료를 받는 동안 그에게 서비스와 극단적인 기분 변화에 대한 상담을 제공하기 위한 계획을 논의하기 위하여 IEP 모임을 요청했다. 준호의 IEP 팀의 정규 구성원들과 더불어, 최 선생님은 원격학습 테크놀로지를 제안하기 위하여 모임에 AT 전문가와 원격교육 전문가를 초청했다. 최 선생님은 그러한 테크놀로지가 준호로 하여금 수업에 실시간으로 접촉할 수 있으며 수업에 참여하고 싶을 때 컴퓨터를 통해 수업에 접근할 수 있도록 도와주기를 희망한다.

원격교육

원격교육(distance education)은 모든 학생을 위한, 전통적인 교실과 대비하여도 성장 가능한 학습 대안이다. 그러나 수업에 참석해야 하는 엄격한 표준을 충족시킬 수 없는 장애 학생은 수업에 참석하는 것과는 다른 교육을 받을 수 있는 대안적인 방법이 필요할 수 있다. 준호의 IEP 팀은 어떤 유형의 AT가 그로 하여금 가능한 대안적인 환경에서 공부를 계속할 수 있는 기회를 제공해 줄 것인지를 고려해야 한다. 이러한 환경으로는 가정, 병원, 혹은 양로병원(nursing home)과 같은 비전통적인 교육환경이 포함되며, 이러한 환경에서의 교육목표는 원격교육을 통해 가장 잘 충족될 수 있다.

준호의 IEP 팀 구성원들은 어떻게 원격교육이 준호가 성공적인 학습자가 될 수 있도록 도와줄 것인지에 대한 의사결정을 할 때, 준호에게 이러한 서비스를 제공하는 것에 관한 다른 구성요소를 이해해야 한다. Moore와 Kearsley(1996)는 **원격교육**을 일반적으로 교수자원(source of the instruction)과는 다른 지리적 위치에서 행해지는 계획된 학습이라고 정의했다. 원격교육은 테크놀로지를 사용함으로써 가능한 다양한 효과적인 교육학적 특성들을 포함하고 있는 잘 정의되고 계획된 테크놀로지기반 교수전달 시스템이다. 다른 중요한 원격교육 요소로는 (a) 촉진자와 학습자 간의 효과적인 의사소통방식을 위한 설계, (b) 행정적・조직적인 고려, 그리고 (c) 장애학생을 위한 환경과 교수(instruction)에 대한 접근성의 문제가 있다.

원격교육 구성요소

IEP 팀이 준호를 위한 서비스를 계획할 때, 두 가지의 원격교육 구성요소를 이해해야 한다. 첫 번째는 **원격수업**(distance teaching)인데, 그것은 촉진자(facilitator) 또는 교수자(instructor)가 교수(instruction)를 자신이 물리적으로 나타날 수 없는 곳에 전달하기 위하여 사용하는 교육학적 요소로 구성되어 있다. 이 요소는 촉진자의 관점에서 본 것이다(Belanger & Jordan, 2000). 다른 구성요소인 **원격학습**(distance learning)은 학습자의 관점에서 본 것이며, 원격수업과 밀접하게 관련되어 있다. 그러나 성공적인 원격학습자는 교수자와 상호작용할 수 있고 교수로부터 혜택을 받을 수 있도록 해 주는 테크놀로지에 완전히 접근할 수 있어야 한다. AT는 교수적인 편의제공뿐만 아니라 장애 학생이 원격교육을 통해 일반교육 교육과정에

> **Webquest 10.1**
> 여러 가지 유형의 온라인 학습기회에 관하여 좀 더 보려면, http://distancelearn.about.com을 보라.

접근하기 위하여 요구될 수 있다.

원격교육은 학생에게 다양한 방식으로 전달될 수 있다. IEP 팀은 실시간 원격교육과 비실시간(asynchronous) 원격교육 둘 다를 고려하기 원할 수도 있다.

준호의 아버지는 준호가 친구들과 관계를 유지하며 학습을 계속하기를 원했다. 준호를 위한 실시간 원격교육은 수업활동이 있을 때 준호가 집에서 또는 병원에서 수업활동에 참여할 수 있는 기회를 줄 수 있다. 그는 동료 및 촉진자와 상호작용하고 질문하며 답할 수도 있다. 그의 수업참여는 수업에 실질적으로 참여할 수 있도록 하는 장점이 있을 뿐만 아니라 학급 동료들이 참여할 때 실제적인(authentic) 학습기회를 가질 수 있다. 예를 들어, 준호는 매일 12:30 pm부터 2:15 pm까지 웹캠을 사용하여 온라인에 접속하여 과학과 사회 수업에 참여할 수 있다. 준호의 촉진자는 준호에게 이메일이나 수업 웹사이트를 통해 수업 개요와 노트를 보냄으로써 준호로 하여금 교수(instruction)를 준비할 수 있게 한다. 준호는 숙제 전화상담 서비스(hotline)를 위해 학교 웹사이트에 접속할 수 있다. 준호의 촉진자는 또한 준호가 동료들과 함께 참석하는 것이 요구되는 학습활동을 계획할 수 있다.

가정방문교사라는 용어를 위해 사용된 다른 용어들은 무엇인가?

준호의 질병의 심각성과 그에게 요구되는 추가적인 의학적 절차 때문에, 준호는 수업에 참여하는 것이 항상 아주 좋다고 느끼지 않을 수도 있다. 그러한 경우, 준호는 비실시간 원격교육을 통해 혜택을 받을 수 있는데, 그것은 준호와 같은 학생들이 자기 자신의 학습속도와 자신이 원하는 시간에 학습을 할 수 있도록 해준다. 온라인 학습모듈(learning modules)은 교육청의 특정 학년 수준을 위한 교육과정 표준을 달성하도록 설계되었다. 학생의 가정환경에서 학생에게 교수를 제공하는 가정방문교사(homebound teacher)는 몇 번 하루의 특정 시간대에만 방문할 수 있는 스케줄을 가질 수 있지만, 그 시간은 해당 학생에게 최적의 학습 시간대가 아닐 수도 있다. 온라인 강좌는 준호가 자신에게 가장 좋은 시간대에 교수에 접근할 수 있도록 해준다. 준호와 같은 학생들은 촉진자로부터 모듈을 사용하는 방법에 관한 교수가 필요하다. 준호의 아버지와 형 또한 준호를 도와줄 수 있도록 훈련이 필요할 수 있다.

다른 비실시간 학습기회는 학습환경으로부터 지리적으로 멀리 떨어져 있는 학생의 학습을 신장시킬 수 있다. 학교와 교실 웹페이지, 이메일, 전자신문, 그리고 숙제 전화상담 서비스는 장애 학생을 지원하기 위하여, 그리고 그가 학습에 지속적으로 참여하도록 하기 위하여 고려되어야 하는 자원이다. 이러한 학습기회가 이용 가능할 때, IEP 팀은 학생이 그러한 기회에 어떻게 접근하며 AT가 접근을 위해 필요한지를 고려해야 한다.

다른 장애 학생들과 비장애 학생들은 질병과는 다른 이유들 때문에 비실시간 원격교육에 참여할 수 있는 기회를 가질 수 있다. 그러한 한 예는 학교에서는 이용할 수 없지만 온라인 또는 실시간 원격화상(teleconferencing)을 통해 이용 가능한 강좌의 혜택을 받고 있는 중등환경에 있는 학생이다. 많은 중등학생이 이러한 방식으로 외국어, 고급수학, 그리고 대학 준비 수업과 같은 강좌에 참여하고 있다.

가정이나 병원을 방문하는 가정방문교사의 서비스와 통합된 실시간 원격교육과 비실시간 원격교육은 장애 학생이 성공적인 학습자가 될 수 있는 최상의 기회를 제공한다. 이 책 전체에서 언급한 바와 같이, IEP 팀은 학생이 학습기회에 접근하기 위하여 AT를 필요로 하는지, 그리고 AT가 필요하다면 어떤 AT가 학생의 개인적인 교육요구를 가장 잘 충족시켜 줄 수 있는지를 고려해야 한다.

원격수업

준호는 실시간 수업에 참여하기 위하여 어떤 종류의 AT 장치가 필요한가?

실시간 수업

IEP 팀은 학생이 일반교육 교육과정에 접근하기 위하여 어떻게 원격교육을 사용할 것인지를 결정할 때, 몇 가지 문제를 고려해야 한다. 준호의 경우, IEP 팀은 준호가 촉진자 및 동료와 생산적이고 성공적으로 상호작용할 수 있는 기회를 제공하기를 원한다. IEP 팀은 어떤 장비가 요구될 것인지, 촉진자, 동료, 가족, 그리고 학생을 위해 필요한 훈련은 무엇이며, 어떤 유형의 AT가 학생으로 하여금 이러한 유형의 학습에 접근할 수 있도록 해줄 것인지를 고려해야 한다.

원격화상. 대부분의 사람들이 실시간 원격학습에 대해 생각할 때, 원격화상을 떠올린다. 단과대학이나 대학교와 같은 다른 곳에서 제공되는 강좌를 수강하고 있는 장애 학생의 경우, 원격화상이 주요한 교수방식이 될 수 있다. IEP 팀은 학생이 수업에 참여하기 위하여 어떤 편의제공이 필요할 수 있는지를 고려해야 한다. AT도 요구될 수 있다. 예를 들어, 청각장애 학생은 교수를 받을 수 있기 위해 자막 제공 모니터(closed caption monitor)가 필요할 수 있다. (자막 제공 매체는 제7장에서 논의되었다.)

수업지도안을 검토해 보라. 교사로서 여러분은 준호와 같은 학생들을 위한 지도안을 어떻게 만들겠는가?

준호의 경우, 원격화상을 통한 학습기회 제공은 불필요하다. 비록 학교가 그렇게 할 수 있는 장비(인공위성 또는 웹캠)를 가지고 있을지라도, 학교가 학생의 가정이나 병원 환경에 비슷한 장비를 제공하는 일은 없을 것이다. 준호가 교실에 접근하기 위해 그리고 그의 동료와 촉진자가 그에게 접근하기 위해 어떤 종류의 장비가 필요한지를 살펴보자.

장비. 이러한 학습경험을 제공하기 위한 상대적으로 효율적인 방법이 있다. 학교와 가정이나 병원에 있는 학생은 개인용 컴퓨터, 인터넷 접속, 웹캠이나 네트워크 카메라, 소프트웨어, 그리고 마이크가 필요할 것이다. 몇몇 컴퓨터는 인터넷 접속 시 사용할 수 있도록 준비된 내장형 웹캠과 마이크를 장착하고 출시된다. 대부분의 부착형 웹캠이나 네트워크 카메라는 필요한 소프트웨어와 자체 내장된 마이크를 장착하고 출시된다. 웹캠의 유형과 그것의 특성에 따라 다르기는 하지만, 가격은 충분히 구매할 만하다. IEP 팀은 필요한 경우 한 환경(집)에서 다른 환경(병원)으로 이동할 수 있고 병원에 있는 동안에도 컴퓨터를 사용할 수 있기 때문에 준호를 위해 무선 기능이 있는 노트북을 구입하는 것을 고려해야 한다.

훈련 문제. 장비가 구입되고 조립된 후, 다음 단계는 촉진자에게 교수를 제공하기 위하여 해당 장비를 사용하는 방법에 관한 훈련을 제공하는 것이다. 촉진자는 가정에 있는 학생이 실제로 무엇을 볼 수 있는지를 알아야 한다. 학생은 지도, 게시판, 또는 다른 시각 보조물을 볼 필요가 있는가? 만약 학생에게 이러한 것을 분명하게 제시할 수 없다면, 촉진자는 이러한 교수자료를 유인물이나 CD와 같은 다른 형식으로 제공해야 한다. 다른 고려 사항으로는 교수를 수정하거나 편의제공을 할 수 있도록 훈련을 시킴으로써 교수가 학생의 요구에 더 적합하도록 만드는 것이 있다. 또한 촉진자는 학생이 수업에 참여할 수 있도록 어떻게 포함시킬 것이며, 학생이 학습한 것을 결정하기 위하여 어떻게 사정을 할 것인가? 촉진자가 각 수업을 준비할 때, 분명히 촉진자는 학생을 컴퓨터를 통해 교실과 연계하는 방안을 고려해야 한다. 예컨대, 학습을 위한 편의제공과 심지어 몇 가지 수정이 행해져야 할 것이다.

촉진자를 위한 훈련과 더불어, 교실에 있는 학생들은 컴퓨터를 통하여 학생과 상호작용하는 것에 대한 정보를 가져야 한다. 교실에 있는 학생들이 가정이나 병원에 있는 학생과 적절하게 상호작용하는 방법을 알 수 있도록 규칙과 일정을 세심하게 설명해야 한다. 교실에 있는 학생들의 교육은 원격교육 요소를 투입함으로 인해 지장이 초래되어서는 안 된다. 대안적인 환경에서 학습하고 있는 학생도 정규교실에 있는 학생에 의해 지장을 받아서는 안 된다.

학교로부터 떨어져 있는 학생도 또한 훈련이 필요하다. 교실 촉진자는 가정에 있는 학생이 교실의 규칙과 일정 및 장비 사용방법을 이해하고 있음을 명확하게 하기 위하여 AT 전문가, 원격교육 전문가, 그리고 가정방문교사와 협력하여 일해야 한다. 가정방문교사는 또한 만약 어떤 것이 적절하게 작동하지 않을 때의 행동 계획을 포함하여 학생의 가족에게 훈련을 제공할 필요가 있다. 한 가지 예를 든다면 인터넷이 순간적으로 다운되는 경우이다.

접근성. IEP 팀은 또한 장애 학생을 위한 접근성의 문제를 고려해야 한다. 학생이 교수에 접근하기 위하여 어떤 종류의 AT가 필요한가? IEP 팀은 어떤 AT가 장애 학생이 실시간 원격교육을 위해 컴퓨터를 사용할 수 있도록 해 주는지를 확인해야 한다. 컴퓨터의 사용은 입·출력 장치의 사용을 요구한다. 예를 들어, 제한된 소근육운동 기술을 지닌 학생은 대체 입력장치가 필요할 수 있다. 〈표 10-1〉은 원격교육 자원을 열거한 것이다. AT을 고려하지 못하면 학생이 성공적인 학습자가 될 수 있는 기회는 줄어든다.

비실시간 수업

온라인 강좌 전달. 교육자들, 특히 고등교육 기관에 근무하는 교육자는 여러 해 동안 온라인 강좌가 보다 전통적인 학교 내(on-campus) 수업과 대등한지에 대해 논쟁을 해왔다. 원격학습(distance learning)의 개념이 사범대학에서는 새로운 것이 아니다. 1800년대 후반에 통신학교들(correspondence schools)이 개교하였으며, 학위를 따기 위한 실용적인 수단으로 인식되었다. 1950년대와 1960년대에 라디오와 텔레비전이 출현함에 따라, 대학교는 훨씬 더 많은 학생들에게 도달할 수 있었다.

> **Webquest 10.2**
> 온라인 수업 도구인 Blackboard에 대해 좀 더 알고 싶으면, http://www.blackboard.com을 보라.

〈표 10-1〉 원격교육을 위한 자원

보편적 설계(Universal Design) http://www.cast.org/udl	• 모든 학습자를 위한 학습자료 및 활동의 설계를 지원하는 자원, 연구, 사례가 제공됨
정보공학기술지원훈련센터(Information Technology Technical Assistance and Training Center, ITTATC) http://www.ittatc.org	• 훈련과 지원을 통해, ITTATC는 미국에서의 접근 가능한 테크놀로지의 활용 가능성을 증진하기 위해 노력하고 있다. 특히, ITTATC는 컴퓨터, 웹사이트, 그리고 전화기와 같은 정보통신공학의 접근성과 사용성(usability)을 증진하는 데 초점을 두고 있다.

피닉스 대학교(University of Phoenix, http://www.universityofphoenix.com)는 웹기반 교수(Web-based instruction)를 통해 학부와 대학원 학위를 제공하는 인증기관이다. 이 대학교는 학습 향상을 위한 협력과 의사소통을 증진하는 학습자원에 대한 접근성을 확대하기 위한 수단으로 테크놀로지를 사용한다. 2005년에 가장 높은 등록률을 보인 대학교가 피닉스 대학교 온라인캠퍼스(University of Phoenix Online Campus)로, 117,309명의 학생이 등록했다(NCES, 2008). 더 나아가, 2003년에는 미국 인구의 5.5%와 대학생의 14.9%가 온라인 교수를 위해 인터넷을 사용했다(NCES).

WebCT는 고등교육 기관에게 학생 등록률을 높이면서 학생을 참여시킬 수 있는 역량을 제공한다. WebCT의 비전은 인간과 테크놀로지를 연결하는 교육혁신을 제공하는 것이다(WebCT, 2006). WebCT는 원격교육을 통해 교수를 제공할 수 있다. 이러한 비전은 두 가지 이유 때문에 중요하다. 첫째, 그것은 교수가 더 이상 단독 건물이나 환경에 의해 제한될 필요가 없음을 시사한다. 교수는 학생이 수업에 참석하는 것 대신에 학생에게 전달될 수 있다. 둘째, 그것은 교수가 더 이상 지리학적인 경계, 단지 웹 접근에 의해서만 제한되지는 않음을 시사한다. 이는 온라인 교수를 단지 캠퍼스 전역에 있는 공동체에뿐만 아니라 다른 청중에게 제공할 수 있는 기회를 창출한다. 예를 들어, 그것은 준호가 동료로부터 떨어져 있는 동안 또는 그가 아버지의 근무지역 중 한 곳에 아버지와 동행하기를 선택한 경우에도 교수를 받을 수 있는 많은 여지를 제공한다. 온라인 교수는 준호로 하여금 거의 끊임없이 학습하고 급우들과 교육을 마칠 가능성을 제공한다. 준호는 지리적인 위치에 상관없이 급우들과 함께 동일한 학교시스템에서 교육을 마칠 수 있다.

원격학습과 고등교육. 국립교육통계센터(NCES)(2000-2001)에 따르면, 공립학교 2년제 기관 중 90%와 공립 4년제 기관 중 89%가 원격교육 강좌를 제공했다. 2000-2001년에 모든 2학년제와 4학년제 기관 중 19%가 완전히 온라인으로 이수할 수 있도록 설계된 학위나 자격증 프로그램을 가지고 있었다. 2000-2001학년도에 원격교육 강좌를 제공했던 2년제와 4년제 기관 중 전체 45%가 장애 학생을 위한 원격교육 강좌에서 편의제공을 할 것을 요구받았다.

원격학습은, 주변 테크놀로지보다 훨씬 더 많이, 전 세계에 있는 기관이 자신의 핵심(mission-critical) 목표를 진전시킬 수 있도록 도와주는 데 있어 통합적인 역할을 수행하고 있다. 북미의 경우, 거의 모든 고등교육 기관이 몇 가지 형태의 원격학습을 행하고 있다. 호주는 인구밀집지역(population center)을 분리하는 거리(distance)를 메우기 위하여 광범위한 원격학습 테크놀로지를 채택하였다. 영국, 유럽, 그리고 일본은 교수를 전달하기 위하여 원격학습 테크놀로지를 사용하고 있으며, 전 세계의 다른 지역에서도 관심이 고조되고 있다(WebCT, 2003).

온라인 교수는 교수를 위해 장거리 여행을 할 필요가 있는 사람과 자신의 스케줄을 면대면(onsite) 또는 학교 내(on-campus) 교수에 맞출 수 없는 장애인을 위한 대안이다. 학생은 스케줄의 융통성과 사용 용이성에 대해 좋은 반응을 보여 왔다(Beard & Harper, 2002; Beard, Harper, & Riley, 2004). 그러나 웹기반 교수를 프로그램 속에 통합하는 주요한 이유는 다음과 같다. (a) 테크놀로지가 대학이 이전에는 도달할 수 없는 것으로 고려되었던 광범위한 학생에게 도달할 수 있도록 해준다. (b) 새로운 테크놀로지는 대학이 학생에게 새로운 교수전략과 기법을 시범 보일 수 있도록 해준다. (c) 이러한 테크놀로지는 대학이 교사교육 프로그램에 테크놀로지를 통합하고 학생을 위한 새로운 전략을 설계할 수 있도록 하는 다른 방법을 제공한다(Mehlinger & Powers, 2002).

원격학습과 중등교육. 중등학교 환경에서의 원격교육은 교수를 전달하기 위해 벽이 있는 전통적인 교실을 넘어 벽이 없는 교실로 확장된다. 원격학습은 초등학교와 중등학교가 강좌를 제공하는 것을 확장할 수 있고 스케줄과 교수전달에 융통성을 가질 수 있도록 해준다(Doherty, 2002; Kennedy-Manzo, 2002; Trotter, 2002; Wildavsky, 2001). NCES에 따르면, 2002-2003학년도, 12개월 동안 1/3 이상의 공립교육구(36%)에 원격교육 강좌에 등록한 학생들이 있었다. 이러한 강좌로는 외국어 과목과 수학, 과학, 언어(language arts), 그리고 사회과목과 같은 교과영역, 그리고 우등반 배정(advanced placement) 또는 대학수준 강좌 등이 있다. NCES는 또한 어떤 원격 강좌를 위한 주요한 교수전달방식으로 사용되는 테크놀로지 유형으로는 실시간 컴퓨터기반 교수를 사용하는 인터넷 강좌, 비실시간 컴퓨터기반 교수를 사용하는 인터넷 강좌, 비실시간 인터넷기반 교수를 사용하는 인터넷 강좌, 쌍방향(two-way) 상호작용 비디오, 그리고 일방향(one-way) 사전 녹화된 비디오가 있다. 원격학습을 사용하는 이유로는 그렇지 않으면 학교에서 이용할 수 없는 강좌를 제공할 수 있으며, 특정 집단 학생의 요구를 충족시켜 주고, 우등반 배정 또는 대학수준 강좌 제공 등을 들 수 있다. 아울러, 교육구들은 학생의 스케줄이 충돌하는 것을 줄이는 것이 원격교육을 활용하는 중요한 이유라고 말했다(National Center for Education Statistics, 2002).

한 가지 관련된 문제는 학생이 온라인 강좌 전달을 통해 자신이 면대면 수업을 통해 학습할 수 있는 것만큼 학습할 수 있는가에 초점이 있다. 장애 학생 혹은 원격학습을 필요로 할 수 있는 다른 학생의 경우, 온라인 전달 방법은 매우 효과적일 수 있다. 학생의 요구에 맞게 개발된 AT 장치를 사용하기 때문에, 온라인 전달은 실제 학교 상황으로부터 한동안 떨어져 있을 필요가 있는 학생을 위해 매우 효과적인 수단이 될 수 있다.

학생의 IEP 팀이 온라인 강좌 전달을 고려할 때, IEP 팀은 학생이 어떻게 성공적인 온라인 학습자가 될 수 있는지를 결정하기 위하여 일련의 질문에 답해야 한다([그림 10-1] 참조). 이러한 질문은 학생의 IEP 모임 동안 그리고 사정 동안 다루어져야 한다. 이 문제들은 어떤 온라인 전달을 시작하기 전에 학생에게 분명하게 전달되어야 한다.

1. 학생이 성공적으로 학습하기 위해 어떤 유형의 AT 장치나 소프트웨어가 필요한가?
2. 누가 AT 장치와 소프트웨어가 학생을 위해 제대로 작동하고 있는지를 보장하는 책임을 질 것인가?
3. 누가 온라인 자료의 갱신에 대한 책임을 질 것인가?
4. 누가 다루어지는 강좌나 교과목 전체에서 학생의 진전도(progress)를 모니터링할 책임을 질 것인가?

[그림 10-1] 온라인 강좌 전달을 위한 IEP 팀의 고려사항

온라인 강좌 전달을 고려할 때, 개발자는 학생이 수업집단의 일부분처럼 느낄 수 있도록 하기 위하여 계속 어떤 세부사항들을 염두에 두어야 한다. 개발자는 학생을 가능한 한 실제적인 집단활동에 참여시키기 위하여 매우 상호작용적인 토론을 증진해야 한다. 급우와의 토론 포럼(discussion forum)은 학생이 급우들과 특정 시간대에, 특정 교과영역에서 상호작용하도록 할 때 매우 유용하다. 탁월한 장애 학생의 경우, 그는 IEP 팀에 의해서 결정된 적절한 AT 장치를 갖추고 서비스를 받아야 한다.

학생들은 또한 교실 내에서 토론방(discussion board), 인스턴트 메시지, 또는 다른 수단을 통해 토론과 관련된 생각과 아이디어를 게시할 수 있기 때문에 비실시간 토론을 통해 혜택을 받을 수 있다.

그러한 토론은 촉진자가 교과내용을 다루기 위해 필요하다고 느끼는 한 지속될 수 있다. 촉진자는 또한 장애 학생이 온라인 강좌 전달을 활용하는 동안 다루어지고 있는 주제와 관련된 가상 방문(virtual visits)을 만들 수 있는 기회를 갖는다. 학생은 백악관과 마틴 루터 킹(Martin Luther King Jr.)의 출생지와 같은 역사적인 장소, 박물관, 그리고 주제와 관련이 있는 실외 장소에 대한 가상 여행을 할 수도 있다. 이러한 유형의 학습은 모든 학생에게 자신의 지식을 풍부하게 할 수 있는 기회를 제공할 수 있다. 상호작용과 지원은 전자적인 슬라이드 프레젠테이션, 사정 피드백, 그리고 이메일과 함께 온라인 전달(online delivery)을 통해 제공될 수 있는데, 이를 통해 교수자는 학생에게 학습에 대한 피드백을 제공할 수 있다. 온라인 전달은 장애 학생이 교실로부터 떨어져 있는 주요한 시간 동안 장애 학생의 통합을 강화시킬 수 있는 채팅방, 토론방, 그리고 다른 집단활동과 같은 옵션을 제공한다(Kassop, 2003).

이 장의 서두의 보조공학 스냅샷의 준호에 대해 생각해 보고 [그림 10-1]을 참고하라. IEP 팀은 그 질문들에 어떻게 답할 것인가?

학문적인 발전

인터넷 활용. 장애 학생은 종종 통합환경에서 연구 프로젝트를 수행하는 데 어려움을 겪는다. 인터넷은 현재 강좌 프레젠테이션용 원격교육을 지원하기 위하여 사용되는 고급 기술방식이다(Owston, 1997; Rossman, 1992). 그러한 강좌는 고등교육에서 사용되지만, 인터넷은 또한 K-12 환경에서도 교수와 정보원(source of information)의 수단으로써 유용하다. Chamberlin(2001)은 교수자는 면대면과 온라인 수업의 교육학적 장점을 취함으로써 학생에게 학습자로서의 자신의 장점과 단점을 발견하고 성공할 수 있는 최상의 기회를 찾을 수 있는 가장 큰 기회를 제공할 수 있다고 주장했다. 몇몇 학생의 경우, 인터넷은 이러한 목적을 달성할 수 있도록 도와줄 수 있다.

인터넷기반 원격교육에 참여하는 학생은 교실에서 훨씬 더 적은 시간을 보내며 자기 자신이 선택한 환경 내에서 편리하게 강좌를 이수할 수 있다. 준호와 같은 학생의 경우, 이러한 접근법은 그가 실제 교실을 떠나 있는 동안에도 학습할 수 있도록 해준다. 그것은 준호에게 교실 과제와 활동에 동료들과 함께 참여할 수 있는 기회를 보장해 준다. 온라인 의사소통은 종종 의사소통에 관한 학생의 억제를 제거한다. 그것은 학생과 촉진자 간의 상호작용에 대한 심리학적 · 사회적 장애를 제거할 수 있다(Chamberlin, 2001).

웹퀘스트(Webquest). 많은 학생에 의해 사용되고 장애 학생에게 유용할 수 있는 원격학습과 관련된 한 가지 도구는 몇몇 인터넷 사이트의 활용을 필요로 하는 매우 구조화되고 스캐폴딩된(scaffolded) 연구도구인 웹퀘스트(Webquest)다. 이 연구도구는 모든 학생이 자신의 연구를 할 수 있도록 지원할 수 있다. Webquest가 성공적이려면 주의 깊게 조직화되고 구조화되어야 한다. 인지장애 학생은 종종 설계 구조 때문에 이 과정이 더 쉬움을 알게 된다. 학생이 Webquest를 활용하는 데 있어 따라야 할 기본적인 개요에는 주제, 간략한 소개, 기대, 과정 개요, 그리고 사정을 포함할 수 있다. 이러한 분야는 보다 작은 절로 세분화될 수 있는데, 서로 관련되어 형성된 각 절에는 여러 가지 활동들이 포함되어 있다. Webquest의 한 가지 좋은 특징은 촉진자가 그것을 온라인 강좌 전달을 위해 또는 교실 내 협동학습 집단을 위해 사용할 수 있다는 것이다. 그렇게 함으로써 장애 학생의 통합을 보다 신장시켜준다. 예를 들어, 준호는 교실을 떠나 있는 동안 Webquest 과제에 참여할 수 있다.

가상현실(virtual reality). 장애 학생은 가상현실을 긍정적인 학습경험을 위한 수단으로 경험할 수 있다. 모든 학생은 컴퓨터 게임과 시뮬레이션을 통해 가상현실을 경험한다. 가상현실의 한 가지 긍정적인 측면은 모든 학생이 일상적인 학교생활 동안에는 제공되지 않을 수 있는 환경에 참여함으로써 혜택을 얻을 수 있다는 것이다.

AT는 장애 학생을 위한 가상현실의 일부분이 될 수 있다. 센서(sensor)는 테니스, 축구, 또는 탁구와 같은 컴퓨터 게임에서 움직임을 제공할 수 있다. 학생은 박물관 견학, 사냥 여행(safari), 그리고 외국과 다른 교육적인 장소 방문과 같은 실제생활 상황을 제공하는 많은 학문 주제 분야에 참여할 수 있다. 가상현실 프로그램은 또한 적절한 행동 기술을 지닌 학생을 지원하기 위하여 개발될 수 있다. 학생은 사회성 기술을 연습할 수 있거나 프로그램을 창의성이나 자기표현을 위한 표현수단으로 사용할 수 있다(McComas, Pivik, & Laflamme, 1998). IEP 팀은 가상경험이 장애 학생을 위한 유의미한 학습사태(learning events)가 되기 위하여 어떤 AT가 요구되는지를 결정해야 한다.

웹 개발과 접근성

1990년대부터 활용되기 시작한 인터넷은 엄청난 정보원이 되었다. 현재 다양한 계층의 사람들이 인터넷을 사용한다. 인터넷은 뉴스개발에서부터 책, 온라인 회사로부터의 주문에 이르기까지 모든 것에 관한 가장 최신의 정보를 제공한다. 오늘날의 상호작용적인 형태의 사진, 만화, 그리고 오디오 프로그램은 인터넷을 교실 촉진자를 위한 유용한 수업도구로 만든다. 인터넷은 장애 학생이 정보에 접근할 수 있도록 해줄 뿐만 아니라 통합환경에서 정보 재생을 위한 가상의 기회를 제공하는 AT 장치와 소프트웨어를 사용할 수 있도록 해 주는 뛰어난 도구가 될 수 있다.

1998년 재활법 개정(1998 Rehabilitation Act Amendments) 제508조(Section 508)는 연방정부로부터 자금지원을 받은 프로그램과 서비스에 대한 접근을 다루고 있다. 이 법률은 연방정부에 의해 제공되는 전자정보공학에 대한 접근을 요구한다. 연방기관들은 접근을 제공하는 기관에게 무리한 부담(undue burden)을 부과하지 않는 한 장애를 지닌 고용자와 일반인에게 테크놀로지를 접근 가능하게 만들어야 한다(Amendment to Section 508 of the Rehabilitation Act of 1998, 1998). 미국 연방기관들이 웹 접근성을 달성할 수 있도록 지원하는 책임을 맡고 있는 정부기관인 접근성위원회(U.S. Access Board)는 정부기관들이 제508조를 준수할 수 있도록 도와줄 수 있는 지침(guidelines)을 발표했다. 법률과 일치시키기 위한 노력 속에서, 위원회는 연방기관들이 "무리한 부담이 기관에 부과되지 않는 한" 장애인을 포함하여 모든 연방 고용자들과 모든 공적인 개인들에게 전자정보를 이용 가능하게 만들 것을 명령했다(Access Board, 2001). 지침은 연방기관들을 지도하기 위해서 부과되었지만, 지침은 또한 교실 촉진자가 모든 학생이 웹에 접근하는 것을 보장하기 위하여 활용될 수 있다.

자신의 교실, 학문적인 내용 영역, 또는 학교와 관련된 웹사이트를 만드는 촉진자는 개발 과정에서 지침에 관한 해설이 유용함을 알게 될 것이다. [그림 10-2]에서 열거한 것과 같은 해설은 웹이 모든 사람을 위해 접근 가능하도록 개발되었음을 보장한다(Access Board, 2001).

지침	해설
텍스트 태그	텍스트가 아닌 요소를 표현하기 위해 단어를 추가해야 한다.
멀티미디어 프레젠테이션	동등한 대체물은 프레젠테이션과 동시에 제시해야 한다.
색상	웹페이지는 색상(color)으로 전달되는 정보가 색상 없이도 이용 가능하도록 설계되어야 한다.
가독성	문서는 연계된 스타일시트를 사용하지 않고도 읽을 수 있도록 조직해야 한다.
서버 측 이미지맵	서버 측 이미지맵(server-side image map)의 각 활성화된 영역에 대한 부가적인 텍스트 링크를 제공해야 한다. 웹페이지가 사용자에게 옵션의 선택을 제시하기 위하여 서버 측 이미지맵을 사용할 때, 브라우저들은 URL을 나타낼 수 없다. 따라서 부가적인 텍스트 링크는 맵을 보거나 정확하게 클릭할 수 없는 사람에게 페이지에 대한 접근을 제공해야 한다.

클라이언트 측 이미지맵	저자가 각 이미지맵 "핫스팟(hot spot)"에 텍스트를 할당할 수 있어야 한다. 이러한 유형의 맵은 스크린리더에 의해 읽을 수 있는 다른 URL을 가진 맵의 영역을 확인할 수 있도록 해준다.
프레임	각 프레임(frame)의 본문에 있는 텍스트는 프레임을 확인할 수 있도록 해 주어야 한다.
깜박이는 비율	웹페이지는 주파수가 2Hz~55Hz로 스크린이 깜빡거리지 않도록 설계되어야 한다. 몇몇 광과민성 발작장애를 지닌 사람은 플래시가 매우 강하고 어떤 주파수 범위 내에 있으면 깜빡거리거나 번쩍이는 디스플레이에 의해 발작을 일으킬 수 있다.
텍스트만으로 된 대체물	텍스트만으로 된(text-only) 페이지는 웹사이트의 주요한 페이지와 동일한 정보와 기능성(functionality)을 포함하고 있어야 한다. 텍스트로만 된 페이지는 주요한 페이지가 갱신될 때마다 갱신되어야 한다.
스크립트	스크립트(script)에 있는 동일한 정보는 AT를 사용하여 읽을 수 있는 기능적인 텍스트(functional text)와 동일해야 한다.
애플릿과 플러그인	웹페이지가 애플릿(applet), 플러그인(plug-in), 또는 다른 애플리케이션을 필요로 할 때, 해당 페이지는 적절한 링크를 제공해 주어야 한다.
전자적인 서식	서식이 온라인상에서 완성될 때, 해당 서식은 AT 사용자가 지시와 단서를 포함하여 서식의 완성과 제출을 위해 요구되는 정보, 필드 요소, 그리고 기능성을 제공해야 한다.
내비게이션 링크	AT 사용자에게 반복되는 내비게이션 링크들을 건너뛰기 할 수 있는 옵션을 제공하는 페이지 콘텐츠를 쉽게 추적할 수 있도록 해 주는 방법이 제공되어야 한다.
시간 지연	사용자가 더 많은 시간을 필요로 하는지를 나타내기 위해 사용자에게 경고하고 충분한 시간을 주어야 한다.

[그림 10-2] 웹 접근성 해설

보편적 학습설계(Universal Design for Learning: UDL)의 개념(제1장 참조)은 제품들을 광범위하고 수많은 사람들에 의해 이용 가능하도록 만듦으로써 많은 제품의 설계를 신장시켜 왔다. 몇몇 개인에게 필요했던 것은 상당히 많은 국민에게 여러 가지 편리함을 제공해 주었다. 많은 회사들은 보다 편리한 테크놀로지 활용방법을 개발해

왔으며, 그것을 모든 사람들에 의해 사용될 수 있도록 AT 장치와 통합하고 있다. 한때 장애인들에 의해서만 사용되어 왔던 터치스크린은 이제 돈을 지불하고, 비행기 예약을 체크인하며, 현금자동지급기(ATM)에서 돈을 인출하는 등 여러 면에서 거의 모든 사람들에 의해 사용되고 있다.

장애 학생의 일반교육 교육과정 또는 원격교육 환경에의 통합을 증진하기 위하여 사용되는 AT 장치는 오늘날 전통적인 기술(conventional technologies)과 동일하다. 그러한 세 가지 분야로는 입력, 처리, 그리고 출력이 포함된다. 장애 학생이 전통적인 기술을 적절하게 사용할 때, 그 학생은 인터넷에 완전히 접근할 수 있다. 이러한 장치는 그것이 특정 장애와 밀접하게 관련이 있을 때 앞 장들에서 논의되었다.

장애 학생은 적절한 대체 키보드를 사용하여 웹상에 있는 많은 정보에 접근할 수 있는데, 이는 더 나아가 일반교육 교육과정에서의 해당 학생의 성공을 보장할 수 있다. 그러한 것을 고려할 때, 촉진자는 학생을 위한 적절한 유형의 스위치(switch)를 고려해야 한다. 다양한 웹사이트는 웹브라우저, 모뎀, 그리고 인터넷서비스 제공자(ISP)를 사용하여 접속할 수 있다. 통합환경에 있는 장애 학생에게 유용한 브라우저의 경우, 입력과 출력 방법이 적절하게 처리되어야 한다. 이것은 학생의 IEP의 일부분으로서 행해질 수 있다. 다양한 소프트웨어 프로그램은 말로 읽어주는 워드프로세서를 사용할 수 있으며, 학생에게 청각적인 피드백을 제공할 수 있다. 몇몇 프로그램은 시각과 인지장애를 모두 지닌 학생에게 혜택을 줄 수 있다. 워드프로세서는 해당 학생에게 큰 스크린 없이 텍스트를 볼 수 있는 옵션을 제공한다. 입력, 처리, 출력 AT 장치에 관한 몇 가지 예가 [그림 10-3]에 열거되어 있다.

입력장치	처리장치	출력장치
대체 키보드	브라우저	말로 읽어주는 워드프로세서
접근성 유틸리티	단어 보호	음성합성기
스위치	메뉴 관리	스크린리더
음성 인식		점자번역기
조이스틱	AT 입력	화면상에 있는 대상물 조작
트랙볼	AT 입력	손바닥으로 볼을 돌려 사용하는 대체 포인팅 장치; 화면상에 있는 대상물 조작

[그림 10-3] 보조공학 입력, 처리, 출력장치의 예

웹 저작자의 도구(toolkit). 사회의 일원으로서 우리는 웹에 접근하고 성공적인 학생이 되고자 하는 장애 학생을 위해 많은 웹사이트에서 존재하는 장애를 인정하고 치유해야 한다. 사람들은 모든 사람들에게 접근성을 보장하기 위하여 웹사이트를 개발할 때 몇 가지 도구를 사용할 수 있다. 이러한 도구는 웹페이지를 검사하고, 잠재적인 접근성 문제를 확인할 수 있다. 그러한 장애를 검증하고 수정하는 것이 표준 관례(standard practice)가 되어야 한다. 웹 접근성 도구는 웹페이지를 평가 · 수정 · 교정하는 데 유용하다. 이러한 도구에 관한 자원은 〈표 10-2〉에서 찾을 수 있다.

〈표 10-2〉에서 볼 수 있는 도구와 같은 웹 접근성 도구뿐만 아니라, Adobe Systems Incorporated(2005)와 같은 온라인 회사들은 장애인이 전자적인 정보에 보다 접근 가능하게 만들 수 있도록 돕고 있다. Adobe Systems Incorporated는 선도적인 테크놀로지 회사들과 협력하여 사용자가 다음과 같은 것을 할 수 있도록 도울 수 있다.

〈표 10-2〉 웹 접근성 도구

웹 접근성 도구(Web Access Tools) http://trace.wisc.edu/world/web	• 웹 접근성 도구와 접근 가능한 웹사이트 지침에 관한 정보
평가 도구(Evaluation Tool) http://validator.w3.org	• 이것은 HTML과 XHTML과 같은 포맷으로 된 웹 문서가 W3C의 권고와 다른 표준을 준수하고 있는지를 검증하는 무료 서비스인 W3C 마크업 검증 서비스(Markup Validation Service)다.
웹 접근성 검증도구(Web Accessibility Verifier) http://aprompt.snow.utoronto.ca	• 웹 저작자는 자신의 웹페이지를 장애인도 접근 가능하도록 만들기 위하여 A-Prompt를 사용할 수 있다. A-Prompt 소프트웨어 도구는 웹페이지의 접근성에 대한 장애를 검사하며, 가능한 경우 자동 수정을 수행하고, 필요한 경우 저작자가 수동으로 수정할 수 있도록 지원한다.

- 스크린리더나 화면확대기와 같은 보조공학을 사용하여 콘텐츠에 접근
- Adobe 저작 도구를 사용하여 접근 가능한 콘텐츠 제작
- 접근 가능한 Adobe PDF 파일을 만들기 위하여 Adobe Acrobat 소프트웨어 사용
- 접근 가능한 서식을 만들기 위하여 Adobe 도구 사용

웹 설계자와 개발자는 Adobe Systems Incorporated로부터 이용할 수 있는 것과 같은 제품과 서비스가 미국 재활법 제508조와 같은 접근성 법률을 준수할 수 있도록 지원함을 알 수 있다(Adobe Systems Incorporated).

학습을 위한 보조공학

뉴스레터

많은 학교들은 학부모와 공동체에 학교 내에서 무슨 일들이 행해지고 있는지를 계속적으로 알리기 위하여 정기적인 뉴스레터

(newsletters)를 만들어 왔다. 뉴스레터는 전자적인 형태나 인쇄물 형태로 발간될 수 있다. 전자적인 형태로 발간했을 때의 한 가지 장점은 학교행정가나 촉진자에 의해 재빨리 갱신될 수 있어서 학부모들이 정보를 신속하게, 심지어 매일 받아볼 수 있다는 것이다. 장애인은(학교 안팎에 있는) 전자적인 형태에 접근하기 위하여 AT 장치가 필요할 수 있다. 학교 뉴스레터를 통해, 준호는 그가 학교를 떠나 있는 동안 학교에서 진행되고 있는 활동과 관련 정보를 계속해서 알 수 있다. 개발자는 이러한 전자 뉴스레터나 웹사이트 설계 시 모든 사람들이 해당 콘텐츠에 접근 가능한지를 명확히 해야 한다. 접근 가능한 웹 저작자의 도구는 웹사이트가 접근 가능함을 보장해 줄 수 있다. 만약 인쇄물 형태가 사용된다면, 그것을 시각장애인을 위해서 점자로 변환할 필요가 있을 수 있다.

숙제 전화상담 서비스

많은 학교시스템들은 이제 학생이 교실 밖에서도 과제를 수행할 수 있도록 지원하기 위하여 숙제 전화상담 서비스(homework hotline)를 통합하고 있다. 자격을 갖춘 교과내용 분야 전문교사는 숙제 전화상담 서비스 직원으로 근무하며 학생이 전화를 걸었을 때 해당 학생을 지원한다. 텍스트 전화(text telephone)는 농아나 말을 할 수 없는 학생이 전화를 사용하여 의사소통할 수 있도록 해준다. 학생은 키보드를 사용하여 질문을 입력하고 답변을 시각적인 화면을 통해 본다(Lewis & Doorlag, 2003). 이에 관하여 좀 더 알고 싶으면, 제7장을 보라.

숙제 전화상담 서비스는 또한 학생에게 적절한 경우 이메일과 연결하기 위하여 AT를 사용할 수 있도록 설치할 수 있다. 준호는 숙제 전화상담 서비스를 통해 수업에 참석할 수 없을 때 숙제에 관한 추가적인 지원을 받을 수 있다. 숙제 전화상담 서비스를 통합한 지방 교육기관들은 모든 학생들이 서비스를 이용할 수 있도록 접근성 문제를 해결해야 한다.

이메일

이메일(e-mail)은 의사소통을 위한 효과적이고 효율적인 방법이다. 오늘날의 교실에 있는 대부분의 학생들은 컴퓨터와 이메일에 접근할 수 있다. 이메일은 많은 인쇄자료들을 대체해 왔다. 촉진자와 학생은 거의 매일 이메일을 통해 의사소통한다. 장애 학생의 경우, 이메일은 AT 장치를 사용하여 접근할 수 있다. 여러 장에서 언급한 바와 같이, AT 소프트웨어 프로그램은 장애 학생이 이메일을 효과적으로 사용할 수 있도록 도와주기 위하여 이용 가능하다. 대체 키보드, 컴퓨터 모니터, 그리고 소프트웨어는 특정 장애를 위해 설계되고 또한 학생의 이메일 활용을 증진시킬 수 있다. 이메일은 또한 실제 교실에 있을 수 없는 학생에게 촉진자 및 다른 학생들과 의사소통할 수 있는 기회를 제공할 수 있다. 준호는 매일 동료 급우들과 의사소통하기 위하여 이메일을 사용할 수 있으며, 이메일은 준호에게 최신의 의사소통과 사회적인 기회를 제공할 것이다.

여러분의 PC에서 접근성 특성과 옵션을 찾아보라. 여러분은 키보드 사용을 어떻게 바꿀 수 있는가?

소셜 네트워킹

학생은 학교 시설 밖에서 친구를 만나고 사귀기 위하여 많은 인터넷 자원을 이용할 수 있다. 이러한 서비스들 중 대부분이 온라인 만남을 제공하며 이상적인 이성 친구를 만날 수 있을 것이라고 약속한다. 그러나 여러분이 동창과 친구를 만나거나 새로운 친구를 사귈 수 있도록 해 주는 서비스도 있다. Facebook(www.facebook.com), MySpace(www.myspace.com)와 같은 서비스는 학생이 전 세계에 있는 다른 사람들과 만날 수 있고 가상적인 우정을 쌓을 수 있도록 해 주는 소셜 네트워크(social network)다. 이메일 주소록과 인스턴트 메시징 관련 프로그램은 사용자가 기존의 친구들을 계정에 개별적으로 추가하지 않고도 자동으로 추가할 수 있도록 해준다. 이러한 서비스는 내비게이션하기가 약간 복잡하며 문자 작성 능력과 함께 계속해서 전화번호를 요구하지만, 시간이 지나면 그러한 서비스는 사회적인 관계를 유지할 수 있는 좋은 방법이 될 것이다.

[보조공학 적용 10-1]

여러분의 학생들은 원격학습을 받을 준비가 되어 있는가?

원격학습은 많은 자기훈련(self-discipline)을 요구한다. 따라서 모든 사람들이 원격학습에 적합하지는 않다. 다음의 지침은 어떤 학생이 원격학습을 받을 수 있는 자격을 갖추었는지를 결정하는 데 도움을 줄 수 있다. 질문은 학생의 연령과 학습수준에 따라 수정될 필요가 있다. 학생이 질문들 중 어떤 것에 "아니요"와 "잘 모름"에 답하면, 이 질문은 학생이 온라인 강좌를 수강하기 전에 개발할 필요가 있는 분야일 수 있다.

1. 나는 현재 관심을 가지고 있는 원격교육 수업을 수강하기 위하여 필요한 장비나 교재를 가지고 있다.
   예 아니요 잘 모름

2. 강좌를 수강하고 있는 도중에 내 컴퓨터가 망가진다면, 나는 그것을 즉시 고치고 그동안 다른 시스템을 사용할 것이다.
   예 아니요 잘 모름

3. 나에게는 수업과 공부 스케줄에 융통성이 있는 것이 중요하다.
   예 아니요 잘 모름

4. 나는 새로운 테크놀로지를 사용해 보면서 배울 예정이다.
   예 아니요 잘 모름

5. 나는 중간에서 고급수준의 컴퓨터 기능을 가지고 있다.
   예 아니요 잘 모름

6. 독자로서 나는 항상 도움 없이도 텍스트를 이해한다.
   예 아니요 잘 모름

7. 나는 자기 수양되어 있으며(self-disciplined), 자기 동기유발되어 있고(self-motivated), 혼자서 일할 수 있다.
   예 아니요 잘 모름

8. 나는 다른 학생들이나 강사에게 쉽게 도움을 구한다.
   예 아니요 잘 모름

9. 나는 원격교육 수업에서 어떤 문제가 있을 때 이메일, 전화, 또는 다른 방법들을

통해 기꺼이 강사에게 접촉할 것이다.
예 아니요 잘 모름

10. 나는 원격교육이 나에게 전통적인 방법(면대면)을 통해 전달되는 강좌와 동등한 교육수준을 제공할 수 있다고 느낀다.
예 아니요 잘 모름

11. 강사가 과제에 대한 지시문을 나누어 줄 때, 나는 항상 지시문을 혼자 힘으로 이해하려고 한다.
예 아니요 잘 모름

12. 내 개인생활을 고려해 볼 때, 내가 온라인 강좌에서 공부해야 하는 시간 양은 충분하다.
예 아니요 잘 모름

13. 내가 시험을 치르거나 실험을 끝마치기 위하여 학교에 가야 한다면, 나는 내 스케줄을 조정하여 갈 수 있는 시간을 만든다.
예 아니요 잘 모름

14. 나는 워드프로세서를 사용하는 것이 편하다.
예 아니요 잘 모름

15. 나는 이메일 계정을 가지고 있고 그것을 주기적으로 사용한다.
예 아니요 잘 모름

16. 나는 주기적으로 이메일 첨부물을 보내고 받는다.
예 아니요 잘 모름

학습점검

• 원격교육은 교수자원과는 다른 지리적 위치에서 행해지는 계획된 학습이라고 정의된다. 원격교육은 원격수업과 원격학습으로 구성되어 있다. 원격수업은 촉진자 또는 교수자가 교수(instruction)를 자신이 물리적으로 나타날 수 없는 곳에 전달하기 위하여 사용하는 교육학적 요소로 구성되어 있다. 원격학습은 학생이 교수자와 상호작용할 수 있고 학생이 교수(instruction)로부터 혜택을 받을 수 있도록 해 주

는 테크놀로지에 완전히 접근할 수 있기를 요구한다. AT는 장애 학생이 원격교육을 사용하기 위해 요구될 수 있다.

- 원격교육은 실시간 또는 동시적인 원격학습으로 또는 비실시간 원격학습으로 전달될 수 있다. 실시간 수업은 학생이 촉진자 및 급우들과 생산적이고 성공적으로 상호작용할 수 있는 기회를 제공하며, 컴퓨터, 인터넷 접속, 웹캠이나 네트워크 카메라, 소프트웨어, 그리고 마이크를 장착한 원격화상을 포함할 수 있다. 즉, 접근성 문제가 다루어져야 한다. 원격화상이 잘 행해지려면 어떤 장비의 사용 시 촉진자와 학생 모두를 위한 훈련이 필요하다. AT는 실시간 원격교육을 위한 컴퓨터를 사용하는 장애 학생을 위한 고려사항이 되어야 한다.
- 비실시간 수업에는 온라인 전달, 학문적인 개발, 인터넷, 그리고 Webquest를 포함할 수 있다. 웹 개발과 접근성은 인터넷을 사용하는 모든 사람들을 위해 중요하다. 인터넷은 최신의 정보를 제공할 수 있으며, 많은 유형의 AT 장치들과 소프트웨어를 통해 접근할 수 있다. 1998년 재활법 수정 제508조는 연방정부에 의해 제공되는 전자정보공학에 대한 접근을 요구한다. 연방기관들은 테크놀로지가 고용자와 장애인에게 접근 가능함을 명확히 하여야 한다. 지침이 연방기관들에게 부과되었지만, 이러한 지침은 교실을 위한 웹사이트를 만들고자 하는 교육자에게도 유용할 수 있다.
- 보편적 학습설계는 제품을 광범위하고 수많은 사람들에 의해 이용가능하도록 만듦으로써 많은 제품의 설계를 신장시켜 왔다. 많은 회사들은 제품이 모든 사람들에 의해 사용될 수 있도록 하기 위하여 테크놀로지의 보다 전통적인 방법과 AT 장치를 통합하고 있다.
- 웹사이트를 저작하고 그것을 모든 사람들도 이용 가능하도록 만들기 위하여 다양한 도구들이 이용 가능하다. 그러한 도구들은 웹페이지를 검사하고 잠재적인 문제를 확인할 수 있다.
- 많은 학교들이 테크놀로지 분야에서 사용하는 세 가지의 주요한 분야는 전자 뉴스레터, 숙제 전화상담 서비스, 그리고 이메일이다. 전자형태의 뉴스레터는 신속하게 갱신될 수 있으며, 정보는 쉽고 빠르게 보내지고 받을 수 있다. 장애인은 전자적인 형태에 접근하기 위하여 AT 장치를 필요로 할 수 있다. 숙제 전화상담 서비스는 어떤 AT를 가지고 모든 학생들에 의해 사용될 수 있다. 청각장애 학생은

원격커뮤니케이션 장치가 필요할 수 있다. 숙제 전화상담 서비스는 이메일과 적절한 AT 장치와 연결될 수 있다. 이메일은 효율적이고 쉽게 접근될 수 있다. 대체 키보드, 컴퓨터 모니터, 그리고 소프트웨어는 특정 장애를 위해 설계되고 또한 학생의 이메일 사용을 증진할 수 있다.

- 학생은 친구 및 급우들과 지속적으로 접촉하기 위하여 인터넷을 사용할 수 있다. Facebook과 MySpace와 같은 소셜 네트워킹 서비스는 학생이 옛 친구들과 지속적으로 접촉할 수 있게 할 뿐만 아니라 새로운 친구들도 사귈 수 있게 해 주는 우수한 방법이다.

참고문헌

Access Board. (2001). *Web-based Intranet and Internet information and applications guidelines*. Retrieved May 8, 2006, from http://www.accessboard.gov/sec508/guide/1194.22.htm

Adobe Systems Incorporated. (2005). *What is Adobe PDF? More secure, reliable, electronic document distribution and exchange*. Retrieved August 16, 2005, from http://www.adobe.com/products/acrobat/adobepdf.html

Amendment to Section 508 of the Rehabilitation Act of 1998 (1998). Retrieved March 10, 2005, from http://www.section508.gov/index.cfm?FuseAction=Content&ID=14

Beard, L., & Harper, C. (2002). Student perceptions of online versus on campus instruction. *Education, 122*(4), 658-663.

Beard, L., Harper, C., & Riley, G. (2004). Online versus on campus instruction: Student attitudes and perceptions. *Tech Trends, 48*(6), 29-31.

Belanger, F., & Jordan, D. H. (2000). *Evaluation and implementation of distance learning: Technologies, tools, and techniques*. Hershey, PA: IDEA Group.

Chamberlin, W. S. (2001). Face to face vs. cyberspace: Finding the middle ground. *Syllabus, 15*, 11.

Doherty, K. M. (2002). *Students speak out*. Retrieved May 8, 2006, from http://counts.edweek.org/sreports/tc02/article.cfm?slug=35florida.h21

Kassop, M. (2003). *Ten ways online education matches, or surpasses, face-to-face learning*. Retrieved May 8, 2006, from http://technologysource.org/article/ten_ways_online_education_matches_or_surpasses_facetoface_learning.

Kennedy-Manzo, K. (2002). *Sizing up online content*. Retrieved May 8,

2006, from http://www.teachermag.net/sreports/tc02/article.cfm?slug=35curric.h21

Lewis, R. B., & Doorlag, D. H. (2003). *Teaching special students in general education classrooms.* Upper Saddle River, NJ: Merrill/Pearson Education.

McComas, J., Pivik, J., & Laflamme, M. (1998). *Current uses of virtual reality for children with disabilities.* Retrieved May 9, 2006, from http://citeseer.ist.psu.edu/mccomas98current.htrnl

Mehlinger, H., & Powers, S. (2002). *Technology and teacher education: A guide for educators and policymakers.* New York: Houghton Mifflin.

Moore, M., & Kearsley, G. (1996). *Distance education: A systems view.* Belmont, CA: Wadsworth.

National Center for Education Statistics. (2000-2001). *Postsecondary education quick information system.* Retrieved March 16, 2009, from http://nces.ed.gov/surveys/peqis/publications/2003017

National Center for Education Statistics. (2002). *Distance education courses for public elementary and secondary school students.* Retrieved August 22, 2005, from http://nces.ed.gov/surveys/frss/publications/2005010

National Center for Education Statistics. (2007). *Digest of education statistics.* Retrieved January 27, 2010 from http://nces.ed.gov/pubs2008/2008022.pdf

Owston, R. (1997). The World Wide Web: A technology to enhance teaching and learning. *Educational Researcher, 26*(2), 27-33.

Rossman, P. (1992). *The emerging worldwide electronic university: Information age global higher education.* Westport, CT: Greenwood Press.

Trotter, A. (2002). E-learning goes to school. *Education Week.* Retrieved May 9, 2006, from http://teachermagazine.com/sreports/tc02/article.cfm?slug=35elearn.h21

WebCT. (2003). *Learning without limits: Flexible e-learning solutions for institutions across the educational spectrum.* Retrieved April 4, 2005, from http://www.webct.com/service/ViewContentcontentID=l7980017

Web CT. (2006). *The WebCT vision.* Retrieved May 8, 2006, from http://www.webct.com/vision

Wildavsky, B. (2001). *Want more from high school?* Retrieved May 9, 2001, from http://www.keepmedia.com/pubs/USNewsWorldReport/2001/10/15/220261?ba=a&bi=4&bp=24

찾아보기

<내용색인>

1965년의 초·중등교육법(Elementary and Secondary Education Act of 1965) 13
1973년의 재활법 제504조(Section 504 of the Rehabilitation Act of 1973) 12
1975년의 전장애아교육법(EAHCA) 8, 54
1996년의 통신법(Telecommunication Act of 1996) 6
1998년의 보조공학법 39
2004년의 보조공학법(Assistive Technology Act of 2004) 8
2004년의 장애인교육증진법(Individuals with Disabilities Education Improvement Act of 2004) 11, 26, 28, 30, 43, 56, 62, 65, 86, 103, 113, 114, 200, 237
AT 사정 56, 69
AT 연속선 92
AT 전문가 56
Brazelton 신생아진단척도(Brazelton Neonatal Assessment Scale) 84
Carl D. Perkins 직업기술교육법(Carl D. Perkins Vocational and Technical Education Act) 6
EI 서비스 103
FM 시스템 216
IEP 팀 114, 136, 138, 145, 153, 250
Nemeth Code(The Nemeth Code of Braille Mathematics and Science Notation) 222
SCANS 역량 243
SCANS 역량 지도 260
STT(speech-to-text) 217
TDD(Telecommunications Device for the Deaf, 농아인을 위한 통화장치) 218
TRS(telecommunication relay service, 통신전달 서비스) 218
TTS(text-to-speech) 프로그램 117, 175
TTs(Text telephones, 텍스트 전화) 218
TTY(Teletype, 텔레타이프) 218
UDL 41, 44, 141

ㄱ

가상현실(virtual reality) 280
가정방문교사(homebound teacher) 270
가족 사정(family assessment) 70
가족, 보조공학, 시간표, 환경(FATTE) 모형 105
가족교육권리 및 사생활보호법(Family Educational Rights and Privacy Act: FERPA) 30
감각신경계 청각손상(sensorineural hearing loss) 204
감각장애(sensory impairments) 198
개념지도(concept mapping) 127
개념지도(concept-mapping) 소프트웨어 123
개별화가족서비스계획(Individualized Family Services Plan: IFSP) 9, 87, 181
개별화교수(individualized instruction) 63
개별화교육프로그램(Individualized Educational Program: IEP) 2, 9, 65, 87, 181
개별화전환계획(Individual Transition Plan: ITP) 9
거대세포바이러스(cytomegalovirus: CMV) 197
경도학습장애 113
경직성 사지마비 장애 136
고부담 사정(high-stakes assessment) 28
고빈도 발생 장애(high-incidence disabilities) 113
고용으로의 전환 244
고정 제시 의사소통판(fixed display communication board) 161, 168
고정키(stickykey) 176
관련 서비스(related services) 59, 63, 94, 113
교수(instruction) 3, 39
구문론(syntax) 164
구어(spoken language) 164
그래픽 조직자(graphic organizer) 127, 187
그림 스케줄(picture schedule) 101
그림 의사소통 시스템 101
그림판(picture board) 171

긍정적 행동중재지원(Positive Behavioral Intervention Supports: PBIS) 10
기능적인 맹(functionally blind) 200
기능적인 사정(functional assessment) 53
기능적인 의사소통(functional communication) 102

ㄴ

낙오아동방지법(No Child Left Behind Act: NCLB) 13, 26
난청(hard of hearing) 203
노테크(no tech) 15, 67, 172
놀이(play) 96
농(deaf) 203
농난청(deaf and hard of hearing) 203
농맹(deaf-blindness) 206
눈응시 장치 173
눈응시(eye-gaze) 의사소통판 102

ㄷ

다면평가(multifactored evaluation) 63
다중수준 음성출력기 176
다학문 모형(multidisplinary model) 54
다학문 팀 88, 104, 202, 213
단일수준 음성출력기 175
달팽이관 이식(cochlea implants) 11
대여자 프로그램(loaner program) 74
대응적인 접근방법 63, 64
대인 간 문제해결 기술(interpersonal problem-solving skills) 249
대인관계 기술(interpersonal skills) 249
대체의사소통(alternative communication) 168
두 귀 보청기(bilateral aid) 215

ㄹ

라이트테크(light tech) 15, 16, 102, 172
레크리에이션 250

ㅁ

말(speech) 165, 184
말장애(speech impairment) 165, 166
무상의 적절한 공교육(Free Appropriate Public Education: FAPE) 8, 55, 58, 63
무선 읽기 장치(wireless reading devices: WRD) 116
문제해결(problem solving) 63
문해능력(literacy) 100, 102, 103, 115, 185
문해출현과정(emergent literacy process) 100
물리치료사(physical therapist: PT) 52, 59, 75
미국 특수아동협회(CEC) 22
미국장애인법(Americans with Disabilities Act: ADA) 12, 218
미숙아 망막증(retinopathy of prematurity) 196
미술(art) 225

ㅂ

발달장애 103
발달지체(developmental delay) 86
범학문 모형(transdisplinary model) 54
법률적인 맹(legally blind) 200
변경(adaptation) 26, 96, 121
보완대체의사소통 시스템(augmentative or alternative communication system) 167
보완대체의사소통(augmentative and alternative communication: AAC) 168
보완의사소통 장치 104
보완의사소통(augmentative communication) 168
보조공학 서비스(assistive technology services) 5
보조공학 장치(assistive technology devices) 5
보조공학(assistive technology: AT) 2, 4, 93, 250
보조공학법(Assistive Technology Act) 7
보조공학을 위한 의뢰와 사정(Referral and Assessment for Assistive Technology: RAAT) 65, 68, 93
보청기 215, 216
보편적 학습설계(Universal Design for Learning:

UDL) 11, 39, 103, 283
부분참여(partial participation) 226
부호화(encoding) 169, 170
불일치 모델 43
비상징적인(nonsymbolic) 의사소통 151
비실시간(asynchronous) 원격교육 270

ㅅ

사정(assessment) 67
사회복지사 60
상징적인(symbolic) 의사소통 151
생활보조금(Supplementary Security Income: SSI) 245
서비스코디네이터(service coordinator) 89
선천성 백내장(congenital cataracts) 196
선택판(choice boards) 174
소도구(props) 174
수동휠체어 145, 146
수정(modification) 26, 64, 101, 214
숙제 전화상담 서비스(homework hotline) 287
스위치(switches) 96
스캐닝(scanning) 169, 170
스캔/읽기 시스템 187
스쿠터(scooter) 148
스크린리더(screen reader) 210
시각장애 학생을 위한 특수교사(Teacher of Visually Impaired: TVI) 201, 221
시각장애(visual impairment) 199, 200
시각장애와 난독 장애인을 위한 녹음도서관(Recordings for the Blind and Dyslexic: RFB&D) 119
시각적인 표상(visual representation) 251
실무표준(professional standards of practice) 20
실시간 원격교육 270
실어증(aphasia) 166
실행(implementation) 170
쓰기(writing) 120, 187

ㅇ

안구응시 시스템(eye-gaze system) 151
안내된 읽기(guided reading) 187
안전벨트 149
양쪽 귀 보청기(binaural aids) 215
양측 감각신경성 청각장애(bilateral sensori-neural hearing impairment) 197
언어 기능(language skills) 91
언어(language) 163, 184
언어병리학자(speech-language pathologist: SLP) 60, 181
언어습득기 이전에 농(prelingual deafness) 203
언어습득기 이후 청각장애(postlingual hearing impairment) 204
언어장애(language impairment) 165, 166
언어치료사(SLP) 136, 167
여가 250
역동적인 제시 의사소통판(dynamic-display communication board) 161, 168
영・유아특수교육(IFSP) 93
영어학습자(English Language Learners: ELL) 3
예방적인(proactive) 접근방법 63, 64
오픈소스(open source) 120
원격교육(distance education) 268, 269
원격수업(distance teaching) 269
원격학습(distance learning) 269, 276, 277
원격화상 272
웹퀘스트(Webquest) 280
유아특수교육 85
유창성 장애(fluency disorders) 167
유치원특수교육서비스 103
윤리(ethics) 20
윤리강령(code of ethics) 20
윤리적 실무표준(ethical standards of practice) 19
음성 장애(voice disorders) 167
음성출력 장치(speech output devices) 174, 210
음소인식(phonemic awareness) 186
음운학(phonology) 163
의뢰(referral) 팀 42
의미론(semantics) 164

의미론적 지도(semantic mapping) 127
의사사통 오버레이(communication overlays) 176
의사소통 장애 165
의사소통(communication) 162, 249
의사소통판(communication board) 73, 97, 151, 173
이동(mobility) 98
이동성 150
이동성 보조기구 138
이동성 시스템(mobility systems) 145
이동성 장치 144
이메일(e-mail) 288
인공와우(cochlear implant) 216
인터넷 281
일반 특수교사 자격증(non-categorical type of license) 113
일반교육 교육과정(general education curriculum) 2, 4, 20, 28, 75, 114, 138, 154, 271
일반교육교사 56
읽기 115, 185

ㅈ

자금지원 17, 67, 95
자기결정(self-determination) 254
자기주도적 이동성(self-directed mobility) 142
자기주장(self-advocacy) 241, 254, 255
자기평가 25
자세유지(positioning) 98, 138, 150
자연스러운 환경(natural environment) 88, 103
작업치료사(occupational therapist: OT) 52, 59, 75, 136
장난감 98, 104
장애 학생을 위한 전환계획 247
장애인교육법(Individuals with Disabilities Education Act: IDEA) 9
장애인을 위한 테크놀로지 관련 지원법 (Technology-Related Assistance for Individuals with Disabilities Act) 4, 247
저빈도발생 장애(low-incidence disabilities) 198
저시력(low vision) 200
저체중출산아 87
적법 과정(due process) 30
적절한 지원 113
전도성 청각손상(conductive hearing loss) 204
전동휠체어 146
전맹(total blindness) 200
전미수학교사협의회(National Council of Teachers of Mathematics: NCTM) 125
전반적 발달장애(pervasive developmental disorder) 160
전자기 청각감응장치 216
전자식 점자(electronic refreshable braille display) 211
전자의사소통 장치 151
전자점자(refreshable braille) 227
전자책(e-books) 185, 186
전환(transition) 73
전환계획(transition plan) 85
전환교육 181
전환교육계획 181
전환서비스(transition services) 70
절차적인 보호(procedural safeguard) 30
점자 프린터(braille printer) 211
점자(braille) 211
접근성 153, 212, 274, 285
접근성 지침(accessibility guidelines) 6
정당한 편의제공(reasonable accommodation) 19, 64, 246
정보조직 114
정보표현 114, 120
정보획득 114, 115
정상화(normalization) 12
정서행동장애 113
정신지체 113
정형외과적 손상 137
조음 장애(articulation disorders) 166
중대시점(milestone) 90
중재반응(response to intervention: RTI) 42, 43
중증 장애 학생 245
지문자(finger spelling) 198
지역교육기관 대표 58
지원된 고용(supported employment) 245
지체장애(physical disabilities) 137, 150

직업재활(vocational rehabilitation: VR) 240
직업적인 사회적 기술(occupational social skills) 248
직접 선택(direct selection) 169, 170
집중 서비스(intensive services) 245
집중 지원(intensive supports) 245

ㅊ

철자법(spelling) 121
청각장애(hearing impairment) 203
초기중재(early intervention: EI) 프로그램 84, 86
촉감도식 키트(tactile graphic kit) 222
출현 연령 220

ㅋ

캡션미디어 프로그램(Captioned Media Program: CMP) 218

ㅌ

테이프 플레이어(tape player) 174
텍스트 음성전환(Text-To-Speech: TTS) 116
통합환경 28, 103
특수교육교사 57
특수보청기 214

ㅍ

편의제공(accommodations) 12, 26, 101, 214
평가(evaluation) 67
표준(standard) 28
표준기반(standard-based) IEP 28
표준지향 교수 28
필기(handwriting) 121
필기불능증(dysgraphia) 121
필터키(filter key) 176

ㅎ

하이테크(high tech) 15, 67, 175, 16, 102
학교 양호교사 60
학교상담사 59
학교심리학자 59
학교행정가 57
학부모 58
학생 관찰 서식 70
학습도움실 138
학제 모형(interdisplinary model) 54
합리적인 접근(reasonable access) 12
협력팀(collaborative team) 54
형태론(morphology) 163
혼합청각손상(mixed hearing loss) 204
화면제시 장치 176
화면확대 소프트웨어 208
화용론(pragmatics) 164
효율성(efficiency) 144
휠체어 설계 138

<인명색인>

Baker, S. K. 223
Bauer, A. M. 128
Baumgart, D. 227
Bos, C. S. 126
Burns, M. K. 44
Bursuck, W. D. 55, 61
Carl D. Perkins 6
Chamberlin, W. S. 279
Connell, B. R. 39
DeCoste, D. C. 100
Easterbrook, S. R. 223
Ellis, E. 114
Friend, M. 55, 61
Glennen, S. L. 100
Halpern, A. S. 236
Heward, W. L. 204
Jimmerson 44
Kapperman, G. 208, 212
Kearsley, G. 269
Lenz, B. K. 114
Mace, R. 39

Mandlawitz, M. 11
Moore, M. 269
Mueller, J. 39
Scherer, M. J. 66
Schumm, J. S. 126
Sitlington, P. L. 241
Sticken, J. 208, 212
Ulrich, M. E. 128
Vanderheiden, G. 15
VanDerHeyden, A. H. 44
Vaughn, S. 126

역자소개

노석준 / szroh@sungshin.ac.kr
전남대학교 교육학과(교육학사)
전남대학교 대학원 교육학과(교육학석사)
인디애나 대학교 교수체제공학과(교육이학석사)
인디애나 대학교 교수체제공학과(Ph.D.)(전공: 교육공학, 부전공: 특수교육, 인지과학)
현재 성신여자대학교 사범대학 교육학과 교수

나경은 / keunna@joongbu.ac.kr
고려대학교 교육학과(문학사)
고려대학교 대학원 교육학과(문학석사)
텍사스 주립대학교 특수교육학과(Ph.D.)
현재 중부대학교 중등특수교육과 교수

저자
인지

통합교육을 위한 보조공학

2011년 4월 20일 초판 인쇄
2011년 4월 25일 초판 발행

공역자 / 노석준 · 나경은
발행인 / 이 중 수
발행처 / **동 문 사**

서울특별시 서대문구 홍제동 137-8
Tel: (02) 736-3718(대), 736-3710, 3720
Fax: (02) 736-3719
등록번호: 제9-17호
가격: 16,000원

ISBN: 978-89-8251-474-6 (93370)
E-mail: dong736@naver.com
www.dongmunsa.com